CHUVA N'ALMA

CONSELHO EDITORIAL
André Luiz V. da Costa e Silva
Cecilia Consolo
Dijon De Moraes
Jarbas Vargas Nascimento
Luís Augusto Barbosa Cortez
Marco Aurélio Cremasco
Rogerio Lerner

Blucher

CHUVA N'ALMA

A função vitalizadora do analista

Fátima Flórido Cesar
Marina F. R. Ribeiro
Luís Claudio Figueiredo

Chuva n'alma: a função vitalizadora do analista
© 2023 Fátima Flórido Cesar, Marina F. R. Ribeiro, Luís Claudio Figueiredo
Editora Edgard Blücher Ltda.

Série Psicanálise Contemporânea
Coordenador da série Flávio Ferraz
Publisher Edgard Blücher
Editor Eduardo Blücher
Coordenação editorial Jonatas Eliakim
Produção editorial Thaís Costa
Preparação de texto Ana Maria Fiorini
Diagramação Guilherme Henrique
Revisão de texto MPMB
Capa Laércio Flenic
Imagem da capa iStockphoto

Blucher

Rua Pedroso Alvarenga, 1245, 4º andar
04531-934 – São Paulo – SP – Brasil
Tel.: 55 11 3078-5366
contato@blucher.com.br
www.blucher.com.br

Segundo o Novo Acordo Ortográfico, conforme
6. ed. do *Vocabulário Ortográfico da Língua
Portuguesa*, Academia Brasileira de Letras, julho
de 2021.

É proibida a reprodução total ou parcial por
quaisquer meios sem autorização escrita da
editora.

Todos os direitos reservados pela Editora Edgard
Blücher Ltda.

Dados Internacionais de Catalogação
na Publicação (CIP)
Angélica Ilacqua CRB-8/7057

Cesar, Fátima Flórido

Chuva n'alma : a função vitalizadora do analista / Fátima Flórido Cesar, Marina F. R. Ribeiro, Luís Claudio Figueiredo. – São Paulo : Blucher, 2023.

280 p. (Série Psicanálise Contemporânea)

Bibliografia
ISBN 978-65-5506-767-5

1. Psicanálise I. Título II. Ribeiro, Marina F. R. III. Figueiredo, Luís Claudio

23-1403 CDD 150.195

Índice para catálogo sistemático:
1. Psicanálise

Regar o jardim, para animar o verde!
Dar água às plantas sedentas! Dê mais que o bastante.
E não esqueça os arbustos também
Os sem frutos, os exaustos
E avaros! E não negligencie
As ervas entre as flores, que também
Têm sede. Nem molhe apenas
A relva fresca ou somente a ressecada:
Refresque também o solo nu.

Bertolt Brecht, "Regar o jardim".

Conteúdo

Introdução   9
Fátima Flórido Cesar, Marina F. R. Ribeiro

1. A dimensão vitalizadora da função analítica: da técnica ativa à elasticidade da técnica ferencziana   25
Fátima Flórido Cesar, Marina F. R. Ribeiro, Claudia Mazzini Perrotta

2. A matriz ferencziana de adoecimento psíquico e seus ecos: Balint e Winnicott   55
Luís Claudio Figueiredo

3. A tradição ferencziana de Donald Winnicott: apontamentos sobre regressão e regressão terapêutica   71
Luís Claudio Figueiredo

4. Vitalização como uma função analítica: uma proposição a partir do pensamento de Winnicott   101
Fátima Flórido Cesar, Marina F. R. Ribeiro

5. Figuras da sedução em análise: a vitalização necessária 137
   Luís Claudio Figueiredo

6. Eros no encontro analítico: a sedução suficientemente boa 153
   Fátima Flórido Cesar, Marina F. R. Ribeiro

7. A função vitalizadora do analista e a palavra viva na sala de análise: reflexões a partir de algumas ideias de Thomas Ogden 181
   Fátima Flórido Cesar, Marina F. R. Ribeiro

8. Réquiem para os nossos mortos. Promessa de futuro aos que sobrevivem: a "forração melancólica" na pandemia 207
   Fátima Flórido Cesar, Marina F. R. Ribeiro

9. Palavras aladas guiando o encontro analítico 243
   Fátima Flórido Cesar, Marina F. R. Ribeiro

Posfácio 271
   Claudia Mazzini Perrotta

Introdução

Fátima Flórido Cesar
Marina F. R. Ribeiro

> *Estar vivo é tudo.*
> Donald W. Winnicott, 1963, p. 174.

É com essa instigante afirmativa de Winnicott, apresentada nas linhas finais do texto "Comunicação e falta de comunicação levando ao estudo de certos opostos" (1963/1982a), que iniciamos este livro. A essa sentença aparentemente simples, mas desdobrável em complexidade e intensidades, acrescenta: "É um esforço constante chegar ao ponto inicial e aí se manter". E finaliza: "Num desenvolvimento normal, o lactente (teoricamente) se inicia (psicologicamente) sem vida e adquire estar simplesmente, de fato, vivo" (p. 174). "Simplesmente", o psicanalista inglês assim o diz, o que poderia nos enganar se acreditássemos que o estar vivo é facilmente alcançável. Mas o simples aqui demanda um árduo trabalho que é este de alcançar o ponto inicial – estar vivo e, ainda, manter-se nesse estado. Afinal, lembra-nos Clarice Lispector (1979), "viver é uma questão de vida e morte, daí a solenidade" (p. 112).

Na escrita deste livro, pretendemos entrelaçar a simplicidade (aparente), a qual, paradoxalmente, solicita uma pesquisa densa e um reconhecimento das inúmeras tarefas demandadas pelo viver, com a construção de uma metapsicologia da vitalização. Trata-se, pois, de uma reflexão sobre a função vitalizadora do analista, de modo a nos mantermos atentos e fiéis a essa dialética entre o simples e o complexo, considerando a espessura, as arestas, as camadas que se sobrepõem, se encontram e desencontram no que constitui a simplicidade. Aproveitamos para, mais uma vez, citar Clarice (2006): "Que ninguém se engane, só se consegue simplicidade através de muito trabalho" (p. 9).

Para além das categorias diagnósticas, para além da saúde e da doença e, paradoxalmente, delas tratando, este livro versa então sobre o que é essencialmente o *vivo* – por vezes se apresentando sob a forma de ausência, de uma vida franzina, um nada, um esmorecimento da vitalidade, que, lembramos, não tem sua acontecência apenas da parte do paciente, posto que é dança e/ou queda em que analista e paciente se envolvem. E isso sem desconsiderar o morto presentificado, também, nos casos das patologias neuróticas.

Consideramos o encontro inicial em que o amor vitalizador da mãe deve ir ao encontro do que Winnicott (1982b, p. 29) nomeia como *centelha vital* de seu bebê. E, a partir desse modelo, ampliamos nossa concepção para a relação analista-paciente, valendo-nos de autores que, nas entrelinhas ou de modo explícito, vão além do par saúde-doença e abrem campo de investigação para o par vitalidade--desvitalização. São eles: Sándor Ferenczi, Donald W. Winnicott, Thomas Ogden, Luís Claudio Figueiredo e Christopher Bollas. Pensamos, também, na função vitalizadora do analista em tempos de pandemia como algo fundamental.[1]

---

1 Este livro é fruto da pesquisa do segundo pós-doutoramento de Fátima Flórido Cesar, que vem sendo desenvolvida no Instituto de Psicologia da Universidade de São Paulo (IPUSP), tendo Marina F. R. Ribeiro como supervisora. Os textos foram produzidos no contexto do Laboratório Interinstitucional de Estudos da Intersubjetividade e Psicanálise Contemporânea (LipSic – IPUSP/PUCSP).

Ressaltamos as palavras de Figueiredo e Coelho Jr. (2018) quando nos adverte de que a revitalização não se

> *confunde com procedimentos tonificadores, algo que se pareça com uma injeção de ânimo. Trata-se, isso sim, de escutar e responder empaticamente às mais incipientes manifestações de vida psíquica, que ainda subsistem sepultadas debaixo das partes mortas ou entorpecidas da vida psíquica. (p. 29)*

É no campo do jogo e do brincar, como sugere Figueiredo – tão central na clínica de Winnicott –, que transcorrerão os chamados à vida aos semimortos, aqueles que tiveram subtraídas extensas áreas do psiquismo em função de traumas precoces, mas também aos que se debatem, como todo humano, com áreas de irrepresentabilidade.

Nessa perspectiva, enfatizamos a necessidade da função vitalizadora do analista para os severamente retraídos, mas também para os menos adoecidos, *como algo próprio do encontro analítico*. Façamos, porém, uma ressalva: não podemos tornar tal proposição absoluta ou propiciadora de conluios com aspectos maníacos, de negação, de falsos *selves*. Devemos ressaltar que uma análise que se pretende viva deve conviver com o mortífero, a "morte dentro" descrita por Winnicott (1935/1993a). O papel vitalizador do analista deve incluir tanto a recepção e o propiciar do vir à tona os aspectos vitalizados do paciente como o acolhimento do "morto", das áreas mais primitivas, do irrepresentável, dos afetos depressivos e das tendências a desistir da vida.

O primeiro pós-doutoramento da autora foi realizado na PUCSP, tendo Luis Cláudio Figueiredo como supervisor.

Quando a vida se mostra franzina, ela toda encharcada de desamparo e invasões bárbaras, voltamos a pensar em como a vitalização ganha proeminência junto aos casos difíceis. Pacientes em desistência do viver nos convocam para o empréstimo de nossa mente-corpo, seja empréstimo para o depósito de dejetos, seja como receptáculo para o recolher dos frágeis gestos ou de quase gesto-algum, fios de derradeira esperança.

Aqui, voltamos a atenção para a matriz ferencziana, assim nomeada por Figueiredo e Coelho Jr. (2018), que inclui aqueles pacientes atravessados pelo traumático de maior radicalidade – traumas precoces, cisões radicais, indefensáveis ou com defesas passivas, a agonia no lugar das barulhentas angústias, o quase morto. Contamos, então, com os textos de Luís Claudio Figueiredo nos dirigindo de modo mais específico para a atenção a esses mortos-vivos que, arrastando-se, vidas suspensas, não deixam de comparecer aos nossos consultórios.

Uma espécie particular de vínculo amoroso é demandada em nossa clínica, que também inclui vendavais e até fúrias, excluindo, dessa forma, qualquer possibilidade equivocada de sentimentalismo. Estamos falamos da sempre presente ambivalência, que sustenta a capacidade de cuidar, de modo a nos deixarmos afetar e afetando, alcançando o paciente e sendo alcançados por ele. Será, então, possível vincular esse amor que navega entre turbulências e ternuras à função vitalizadora do analista e, ainda, remetê-lo à semelhança do amor materno no que este tem de enlaçamento e coreografia entre os corpos, como tão bem descreve Dianne Lise, autora presente nestas páginas, nos auxiliando a propor a expressão *sedução suficientemente boa*.

De todas as maneiras que há de amar, a mãe acolhe seu bebê: com os braços, envolvendo-o em colo seguro; com o olhar, esquece-se de si para se oferecer como espelho: "sou visto, logo existo", diria o bebê. Chama-o para a vida e para a comunidade humana por meio da voz, esta que o toca com dedos acústicos embalando-o com canções, gracejando, marcando seu corpo com melodias e letras, consoantes e sílabas, antevendo a linguagem verbal. Com as mãos, com cuidados corporais, mas ainda com afagos e carícias, vai desenhando em seu corpo o desejo, vai celebrando cada parte, de modo a possibilitar que encarne e que, em júbilo, festeje o estar vivo – a mãe que, para alguns autores, erotiza, enquanto para outros desperta, pulsionaliza, libidiniza ou vitaliza. Em outras palavras, a mãe emite notícias encarnadas, traz a novidade para o recém-chegado: uma mensagem do vivo para que o vivo permaneça, continue.

Partindo da importância de pensar a função vitalizadora a partir dos estados de devoção materna de chamar/resgatar/estimular seu filho ou, como sugere Figueiredo (2019), "seduzi-lo" para a vida, destacamos a afirmativa de Alvarez de que o bebê precisa ter uma experiência com um cuidador que seja um "objeto animado", ou uma "companhia viva"; o objeto maternal precisa ser visto "como *puxando a criança, arrastando a criança, atraindo a criança, ou interessando a criança*" (Alvarez, 1992/1994, p. 128, grifos nossos). O resultado não é apenas retirar, por exemplo, uma criança de um estado deprimido, mas elevar uma criança que está em um "nível normal" para um *estado de encantamento, surpresa e prazer*. A novidade, o divertimento e o deleite desempenham um papel tão vital no desenvolvimento do bebê quanto a rotina e a serenidade. As mães denominadas por Winnicott como suficientemente boas fazem o que Alvarez chama de primeiro movimento, algo que podemos associar à atitude reivindicatória do analista em relação a seu paciente. Acrescentemos, ainda, que o cuidado terapêutico não se restringe a sintomas ou ao indubitável manejo na direção de resgatar o paciente de sofrimentos extremos, mas também amplia a experiência de viver, ou seja, inclui o "aprendizado" de vivências de estados de encantamento e prazer no processo analítico.

Encaminhamo-nos, assim, ao reconhecimento de que o cuidado do analista, como descrevemos aqui, segue no contexto de uma necessária e complexa reflexão. Como modelo para a díade analista-analisando, nos referimos ao cuidado mãe-bebê em sua função primordial de convidá-lo para a vida.

Ferenczi e Winnicott[2] apresentam como fundamental o investimento do psiquismo do adulto no infante, dando às suas pulsões de vida a força e a vitalidade necessárias à entrada no processo contínuo do viver. Supomos que esses dois autores se situam como precursores do reconhecimento do papel vitalizador do ambiente originário: a vitalidade do infante, precisando dos cuidados do outro, do objeto primário para se fortalecer e tirar aquele da tendência à regressão, à passividade absoluta da morte ou dos estados de cisão.

Alvarez (1992/1994, p. 128) ressalta que a função vitalizadora do analista deve incluir o lugar do prazer no encontro da dupla: "a novidade, o divertimento, o deleite" – convidar para um estado de encantamento e surpresa. Esse estado é alcançado quando atravessamos os desertos, a aridez, em companhia viva, assim como as superfícies de vida dos mares sedutores, em suas cores plenas de vitalização.

Assim como a mãe, o analista se oferece em muitas maneiras de amar, errando com palavras que rasgam, mas também ofertando palavras-acalanto – sim, com o amor que comporta o ódio, que não é puro sentimentalismo, também emprestando sua mente-corpo: precisa estar vivo, vitalizado, um contato do vivo para o vivo no paciente. Pouco se diz da voz do analista, mas é por ela que tocamos quem nos escuta, é ela que envia palavras, que emite sinais, que se propõe a despertar o que se mantém sonolento para a vida. É a voz

---

2 Ferenczi e Winnicott são autores anteriores àqueles da matriz transmatricial (Figueiredo & Coelho Jr., 2018) já mencionados: Thomas Ogden, Luís Claudio Figueiredo e Christopher Bollas.

com tônus que vai deter os arroubos desvairados do adolescente delinquente. Há que se falar do corpo, da voz do analista, dos gestos largos – se necessário for trazer à vida os que hibernam – ou tímidos – quando nós também estivermos imobilizados num estado de mortificação, se partes mortas do paciente forem em nós depositadas.

Então, é preciso sempre que saibamos de nós, que cuidemos do que em nós pode vir a soçobrar ante as ameaças de invasão do paciente indócil, para que se preserve a vida – garrafa que, portando uma mensagem em seu interior, atravesse mares e leve notícias que sejam recebidas como promessas de futuro.

Já falamos como a mãe e o analista tocam o corpo do bebê e do analisando com suas palavras: com dedos acústicos, desenham um mapa da vitalização. Mas as palavras sem a voz, sem o melodiar sensível de quem se comunica com empatia e capacidade para se colocar no lugar do outro, desamarradas de um vigoroso circuito de afetos, conduzem quem as recebe a uma aridez e a um deserto sem promessa de fertilidade. Esse melodiar sensível, que veicula uma "clínica do sensível", deve ser acompanhado pelo corpo expressivo, pela mutualidade nas trocas de amor e ódio, alargando o campo analítico, rompendo-o de uma concepção de transformação pela inteligibilidade e lançando-o para uma implicação ativa do analista.

Incluímos, nessa complexa implicação ativa do analista, a ternura, pensando-a de modo como teoriza a psicanalista Ana Lila Lejarraga – trata-se de outro elemento vitalizador na clínica do cuidado e do sensível. Ora, sim, existe amor, mas, como disse Winnicott, esse amor inclui ódio e destruição (na fantasia). Assim precisa ser o amor dos pais, e assim também o amor do psicanalista por seu ofício, e por seus pacientes. Afinal, "o sentimentalismo é inútil para os pais, pois contém uma negação de seu ódio" (Winnicott, 1947/1993b, p. 352). E, ainda: "Não me parece provável que uma criança humana, à medida que se desenvolve, seja capaz de tolerar a amplitude total de seu ódio em um ambiente sentimental. Ela precisa de ódio para odiar" (Winnicott, 1947/1993b, p. 352).

Nessa mesma direção, detemo-nos na noção de ternura, apoiando-nos no pensamento de Lejarraga (2005), procurando mostrar que, assim como o amor, a ternura merece tanto uma leitura complexa como um reconhecimento de sua importância no âmbito das relações amorosas, desde o amor materno até a situação analisante dentro do circuito vitalizador analista-paciente.

A ternura foi inicialmente definida por Freud como inibição de um alvo sexual; entretanto, em 1912, foi relacionada por ele à necessidade de ser amado e cuidado. Esta última concepção será enfatizada e desenvolvida de forma complexa por Ferenczi, Balint e Winnicott.

Em Ferenczi, veremos a linguagem da ternura infantil em contraposição à da paixão do adulto – à primeira vista como uma forma de vida erótica lúdica, diferente do amor passional adulto. Balint, discípulo de Ferenczi, reconhecerá na criança um desejo "passivo de ternura": desejo de ser cuidada de modo incondicional, sem dar nada em troca.

Assim, vemos com esses autores a ternura não como derivada da inibição do pulsional, segundo a primeira acepção de Freud, mas, ao concebê-la como uma modalidade precoce da relação mãe-bebê, como acentuação de sua positividade.

Winnicott, por sua vez, irá valorizar o amor tanto do ponto de vista dos cuidados amorosos do ambiente como da capacidade de amar. O amor seria a capacidade de reconhecer o outro e dele cuidar de forma criativa. No início da vida, a sensibilidade exacerbada da mãe de se identificar com seu bebê corresponde, segundo Lejarraga (2005), a "um sentimento de ternura intensificada" (p. 96). Continuando com a psicanalista: "o eu materno identifica-se com a condição dependente e frágil do recém-nascido, como se a mãe projetasse no bebê seu próprio desamparo infantil".

O fundamental da hipótese de Lejarraga é de que a ternura corresponde à capacidade de uma parte do eu de identificar-se com um aspecto desvalido do objeto, com a fragilidade do outro dependente. Propõe aproximar, ainda, "as necessidades psíquicas" do bebê ou do paciente, assim reconhecidas em Winnicott, ao "desejo passivo de ternura" nomeado por Balint, sendo que, quando o infante não recebe a necessária provisão de ternura materna, tem prejudicada a constituição de seu *self*.

Agora, podemos relacionar a capacidade de amar com a capacidade de sentir ternura, supondo aqui a conquista de se preocupar com o outro e se identificar ternamente com sua fragilidade. Nessas capacidades, identificamos a potência vitalizadora do analista, considerando o atravessamento de suas áreas e de seus tempos de desvitalização. A ternura ganha um *status* complexo, além do entendido pelo senso comum ou por uma leitura sentimentalista ou ingênua, correspondendo a uma forma de identificação, uma aquisição sofisticada do amadurecimento do indivíduo. Especialmente, definiremos ternura como a capacidade de identificar-se com a fragilidade, ganhando, assim, um *status* de convidar o paciente à vida.

A necessidade de ternura é reconhecida no bebê, no paciente em seus aspectos mais frágeis, no outro-semelhante ferido e vulnerável – ou seja, nossa condição de chegada na vida. Tal necessidade apenas será satisfeita no encontro com alguém capaz de identificar-se e enternecer-se: a mãe, o analista – que empresta tanto sua fragilidade como sua força ao que está sob seus cuidados, oferece sua devoção aos que sofrem em tempos bicudos. É em torno do desamparo que todos nos unimos: o desamparo da mãe, do analista, de todo humano. Esse mesmo desamparo, base da necessidade de ternura, nos capacita à identificação terna e amorosa com a dor que precisa ser aplacada, com o ser agônico de ternura, que precisa ser reconhecido e cuidado pelo semelhante. A ternura aparece aqui como vetor vitalizador na relação mãe-filho e analista-paciente.

Se falamos de função vitalizadora do analista, falamos de amor analítico sim, mas amor com tônus, amor que não abdica da ambivalência, que inclui o ódio e todo o leque de sentimentos que precisamos acessar, de modo a integrá-los e, assim, ajudar o paciente a integrar seus aspectos tanto adoecidos como saudáveis. A aproximação do analista ora precisará vir vigorosa – "a psicanálise se reinventa a cada paciente" (Ogden, 2010, p. 22) –, ora tênue, quando a névoa e o sombrio dominam. Nesses casos, precisamos chegar mansamente, iluminando com vagar, nada de luz que assuste o ser-crustáceo que se enrodilha em si mesmo, protegendo-se da intensa claridade que pode arrancá-lo em sobressalto do escuro protetor. Acendemos gradativamente a luz, ternamente: o amor analítico, a ternura, todo nosso repertório anímico (incluindo ódio e vigor) se alinhavam em torno do cuidado capaz de vitalizar o paciente.

"Parafusos de veludo", assim lemos em Manoel de Barros (2010, p. 176), e usamos tal expressão poética para pensarmos a clínica e essa aproximação delicada, sob medida e vitalizadora que deve se dar entre analista e paciente. Servem tão lindas palavras para todo encontro humano – essa aproximação cuidadosa entre gentes, que requer passos ora tímidos, ora de urgência, mas sempre atentos para o não derrubar selvagem das defesas do outro, de seus sonhos, seus medos, penumbras que precisam ser respeitadas enquanto os olhos se preparam para o abrir das cortinas, para o acolhimento do sol. Se chegamos inundando o "quarto próprio" antes do tempo necessário da hibernação nos dias de névoa e recolhimento, corremos o risco de cegar, de assustar olhos sombrios, de arrancar da cama quem ainda necessita da experiência – esta também humana – de imobilidade.

No Livro do Êxodo da *Bíblia* (2008), encontramos: "Tira as sandálias de teus pés, porque a terra em que estás é uma terra sagrada"

(p. 49), um alerta de que o outro é sempre solo a ser respeitado e que é descalços que precisamos pisar e percorrer seu território de dores e júbilo. É verdade que tanto o verso como a citação do livro sagrado tão mais apropriados serão quanto mais encontrarmos aqueles em estado de susto e recolhimento, de pele fina, carne viva a precisar de bálsamos e cuidados à beira do leito – aqueles pacientes da matriz ferencziana (Figueiredo & Coelho Jr., 2018) que precisam com urgência de estratégias vitalizantes.

A violência, os arroubos de tentar retirar na marra quem se debate em silêncio ou fúria ao se perder de sua vocação para a vida, própria de todos, própria do tornar-se humano, podem ser equívocos, ainda que bem sustentados teoricamente – na verdade, são deslizes que podem incorrer no perder o contato com o gesto de quem busca cuidado.

É verdade também que a delicadeza necessária para o não atravessamento selvagem das defesas e resistências não exclui firmeza e força, amalgamadas em afeto. É com o corpo desperto, eu bem e viva, envolvida com o drama que se me apresenta, que ouço de minha paciente adolescente[3] que sou "mais firme que a outra psicóloga". Ah! Não dou mesmo "moleza", não quero que se perca pela falta de contenção e contorno; e esse envolver com firmeza seus gestos com risco de perdição tem como "forração" o imprescindível afeto, aquele que banha e dá vida às relações. Mas nem por isso deixa de ser parafuso de veludo: o ferro que transmite vigor, o veludo que nos remete ao cuidado delicado com as palavras-atos que alcançam os que nos procuram.

Em outros tantos casos, os "defeitos", como no dizer de Clarice Lispector (2002) precisam ser respeitados: "Até cortar os próprios defeitos pode ser perigoso. Nunca se sabe qual é o defeito que sustenta

---

3   As vinhetas clínicas apresentadas neste livro são de Fátima Flórido.

nosso edifício inteiro" (p. 165). Leiam-se sintomas, dores, resistências, vícios: se não forem acessados por um hóspede discreto – o analista –, o edifício todo pode cair.

Assim, quando meu paciente aflito com seus hábitos repetitivos, sua profusão de limitações e restrições ao viver com mais prazer, me interroga: "Mas o que tenho que fazer?" – nesse momento, me vem uma imagem, algo que aprendi: diante de um esfaqueado, não podemos retirar em desespero a faca, pois aquilo que feriu tão gravemente sustenta a vida. Os cuidados que poderão salvá-lo serão outros, delicados procedimentos, no sentido de precisão e perícia cirúrgica.

Comunico minha imagem ao jovem aflito em sua ânsia e impossibilidade (imediata) de mudar: que a faca permaneça até que, em tempo e lugares seguros, ela possa ser retirada. Aos poucos, sustentando-nos na crença na natureza e na força vital humanas. Com todos, desde os que precisam ser alcançados com urgência até os que necessitam de tempo para abandonar velhos e doentios hábitos e ampliar sua experiência de viver, de igual modo, precisamos usar parafusos de veludo. É mesmo verdade que a psicanálise se reinventa a cada paciente, alguns precisando de chacoalhões, outros de gestos tênues. Os infinitos modos de aproximação requerem "parafusos de veludo".

Assim, chego à meia-luz, no lusco-fusco, para receber Lóri em sua fragilidade, cuja primeira comunicação foi: "Eu sou tristinha". De modo tão singelo e intensamente sofrido, assim falou de sua tristeza. Entendi que minha função era acolhê-la e tratar a tristeza, mas também chamá-la para suas facetas saudáveis. Atravessamos sessões em que desertos de desesperança dominavam o cenário, outras em que a esperança despontava graças à potência do encontro. Certa vez, me falou de seu medo da loucura num contexto em que pude vislumbrar os aspectos saudáveis também presentes, porém não integrados, ocultados pela sensação de estrago e empobrecimento no mundo interno. Disse-lhe então: "Do chão não passa". Lóri se tranquilizou, e me lembrei de uma parlenda, que narrei como um acalanto – ela logo me acompanhou, e o acalento se espalhou na sessão: "Hoje é domingo. Pede cachimbo. O cachimbo é de ouro. Bate no touro. O touro é valente. Bate na gente. A gente é fraco. Cai no buraco. O buraco é fundo. Acabou-se o mundo".

Falamos juntas, naquele momento, vislumbrando nela que uma espécie de fé se acendia, que seu buraco não era desses, não era esse cair para sempre – talvez a mais tenebrosa das agonias impensáveis nomeadas por Winnicott (1963/1994, p. 72) – a que se refere a aparentemente inocente parlenda. O chão era, aqui, como lugar de descanso e solidez para o assentamento do vir a ser.

Na sessão seguinte, ela conta que atravessou o intervalo entre nossos encontros, embalada e apaziguada pela fala "do chão não passa". Reconheço aqui um modo de vitalização que se deu num espaço de jogo, mas apenas possível porque alcancei a paciente em sua verdade emocional a partir de suas próprias comunicações. Vitalidade e vitalização são sempre do par analítico: não é a mãe, nem o analista que dão vida ao outro filho/paciente. É um entrelaçamento de forças e fragilidades, uma interpenetrabilidade das mentes e corpos entre júbilos e estados de desalento.

É pelo compartilhar dos afetos que tanto as necessidades do bebê como as do paciente podem ser contempladas. Nessa perspectiva, a palavra seca pede voz: desde a vitalizada até a vigorosa, a que propõe oposição. Ternura e "parafusos de veludo" que, paradoxalmente, requerem implicação não flácida: a oposição é necessária/indispensável tanto para a criança quanto para o analisando. Tocá-los pelas palavras com voz viva, encantá-los com histórias para despertar a pulsão (vitalização) e também para contê-la.

Finalizamos com as palavras de Barthes (1991), que tão bem expressam o que acima apresentamos: "A linguagem é uma pele, esfrego minha linguagem no outro... é como se eu tivesse palavras em vez de dedos, ou dedos na ponta das palavras" (p. 64).

Esperamos que o presente livro também alcance leitoras e leitores, tocando-os com letras vivas, lembrando-os não apenas da vida, mas também da morte, dos vazios e desvarios, do acesso aos vários estados de ser; mas que, ao final, compartilhem conosco do pensamento de Jurandir Freire Costa (1995): "a psicanálise é cúmplice de Eros, não de pesadelos atrasados ou sonos feitos de infelicidade" (p. 18).

Referências

Alvarez, A. (1994). *Companhia viva: psicoterapia psicanalítica com crianças autistas, borderline, carentes e maltratadas*. Artes Médicas. (Trabalho originalmente publicado em 1992)

Barros, M. (2010). *Poesia completa*. Leya.

Barthes, R. (1991). *Fragmentos de um discurso amoroso*. Francisco Alves.

Bíblia sagrada (2008). Imprensa Bíblica Brasileira.

Costa, Jurandir Freire (1995). Uma fonte de água pura. In T. Pinheiro, *Ferenczi: do grito à palavra*. Jorge Zahar Ed.

Figueiredo, L. C., & Coelho Jr., N. E. (2018). *Adoecimentos psíquicos e estratégias de cura: matrizes e modelos em psicanálise*. Blucher.

Figueiredo, L. C. (2019). Figuras da sedução em análise: a vitalização necessária. *Percurso*, 63, 51-60.

Lejarraga, A. L. (2005). Sobre a ternura, noção esquecida. *Interações*, *10*(19), 87-102.

Lispector, C. (1979). *A paixão segundo G. H.* Nova Fronteira.

Lispector, C. (2006). *A hora da estrela*. Rocco.

Lispector, C. (2002). Carta. In T. Montero (Org.), *Correspondências*. Rocco.

Ogden, T. H. (2010). A arte da psicanálise. In T. H. Ogden, *Esta arte da psicanálise: sonhando sonhos não sonhados e gritos interrompidos*. Artmed.

Winnicott, D. W. (1982a). Comunicação e falta de comunicação levando ao estudo de certos opostos. In D. W. Winnicott, *O ambiente e os processos de maturação* (pp. 163-174). Artes Médicas. (Trabalho originalmente publicado em 1963)

Winnicott, D. W. (1982b). O bebê como organização em marcha. In D. W. Winnicott, *A criança e seu mundo* (pp. 26-30). LTC.

Winnicott, D. W. (1993a). A defesa maníaca. In D. W. Winnicott, *Textos selecionados da pediatria à Psicanálise* (pp. 247-261). Francisco Alves. (Trabalho originalmente publicado em 1935)

Winnicott, D. W (1993b). O ódio na contratransferência. In D. W. Winnicott, *Textos selecionados da pediatria à psicanálise* (pp. 341-353). Francisco Alves. (Trabalho originalmente publicado em 1947)

Winnicott, D. W. (1994). O medo do colapso. In D. W. Winnicott, *Explorações psicanalíticas* (pp. 70-76). Artes Médicas. (Trabalho originalmente publicado em 1963)

1. A dimensão vitalizadora da função analítica: da técnica ativa à elasticidade da técnica ferencziana

Fátima Flórido Cesar
Marina F. R. Ribeiro
Claudia Mazzini Perrotta

No livro *Esta arte da psicanálise: sonhando sonhos não sonhados e gritos interrompidos*, de Thomas Ogden (2010), encontramos logo no segundo capítulo, intitulado "Do que eu não abriria mão", a enumeração do que ele considera como valores essenciais sustentadores de um trabalho analítico. O autor adverte que não se trata de estabelecer um código de conduta ou de destacar um conjunto de conceitos, ainda que estes sejam essenciais, e sim de traçar "modos de ser e modos de ver que caracterizam a maneira específica na qual cada um de nós pratica psicanálise" (p. 39). O primeiro da lista de Ogden, que ele chama de "a estrela guia da psicanálise": ser humano, ou forma de honrar a "dignidade humana". Segue então precisando o que entende desse valor, e finaliza afirmando: "A meu ver, um analista continua sendo um analista quando engajado em formas de relacionamento com o paciente que não são vistas como 'psicanálise padrão'" (p. 41). Ressalta, ainda, que intervenções dessa natureza "têm valor analítico porque são tanto humanas quanto facilitadoras de elaboração psicológica consciente e inconsciente" (p. 41).

Neste capítulo, seguimos a trilha de um psicanalista que, certamente, inaugurou formas de intervenção que pouco tinham a ver com o que se convencionou chamar de psicanálise padrão. Trata-se de Sándor Ferenczi, também conhecido como *enfant terrible* da psicanálise.[1] Sua crítica à "insensibilidade" e "hipocrisia" dos analistas, mais preocupados em manter rigidamente uma postura desafetada e artificial, abriu campo para o que Kupermann (2008) nomeia de "clínica do sensível" (p. 152). E, aqui, sua inventividade e abertura a experimentações nos servem de inspiração, pois entendemos que se trata de condições fundamentais para a análise manter-se viva e como lugar de afeto.

De modo a precisarmos o que denominamos como a dimensão vitalizadora da função analítica, iniciamos este artigo trazendo um episódio clínico, para então seguirmos destacando aspectos da obra de Ferenczi que sustentam aquilo de que não abrimos mão na sala de análise.

No começo era a "pega": a analista diante de uma alma desesperada

Almas desesperadas eu vos amo.
Almas insatisfeitas, ardentes.
Detesto os que se tapeiam,
Os que brincam de cabra-cega com
a vida, os homens "práticos".
Viva São Francisco e vários suicidas e amantes suicidas,
os soldados que perderam a batalha, as mães bem mães,
as fêmeas bem fêmeas, os doidos bem doidos. ...
estou no ar,

---

[1] Ideia também apresentada no texto "Sobre reciprocidade e mutualidade no conceito de terceiro analítico de Thomas Ogden" (Ribeiro, 2020).

> *na alma dos criminosos, dos amantes desesperados,*
> *no meu quarto modesto da praia de Botafogo,*
> *no pensamento dos homens que movem o mundo,*
> *nem triste nem alegre, chama com dois olhos andando,*
> *sempre em transformação.*
>
> Murilo Mendes, "Mapa", 1930.

Certa vez, em um grupo de estudos em psicanálise formado apenas por mulheres, dentro do contexto do que estava sendo discutido, emergiram experiências pessoais em torno de partos e amamentação. É sempre assim: quando vozes femininas se juntam, surge a necessidade de contar como cada uma viveu a gestação, as dores e as delícias de amamentar, os vínculos poderosos ou enigmáticos que foram se formando com seus bebês, tão familiares e ao mesmo tempo tão desconhecidos.

Naquele dia, a amamentação surgiu exercendo sobre todas uma atração singular, tanto como fonte de maravilhamento como de dificuldades ou mesmo uma mescla de júbilo e desconfortos. Algumas de nós falamos com certa nostalgia dessa experiência de tamanha intimidade e magia. Outras, das dores, feridas e sangramento nos mamilos, da dificuldade inicial de "acertar a pega" – como se chama o abocanhar do bebê na auréola, os lábios para fora de modo a possibilitar a sucção, o esvaziar dos seios. A "pega correta", entretanto, revela mais além. Trata-se de um momento inaugural em que têm lugar inúmeras e complexas sensações e emoções, até que o encontro possa se dar de forma serena.

Envolta nesse clima de memórias tão intensas, foram me ocorrendo outras associações, e acabei sonhando e me recordando de meu jovem paciente, a quem dei o nome de Tomás.[2]

---

2 O caso apresentado é uma construção clínica que atende aos critérios éticos.

Quando me procurou, Tomás estava com 26 anos, e, sessão após sessão, chegava com uma angústia intensa, uma tristeza que não parecia cessar. A desesperança aguda acompanhava seus dias, a melancolia, que já vinha de alguns anos, ia se arrastando, deixando-o sem vontade e descrente de seus recursos internos, minando todas as suas tentativas de se ligar à vida, inclusive à análise.

Sem lugar em meio à sua própria família, sua sensação de estrago interno fazia com que se sentisse devedor eterno. A vivência de catástrofe fora selada com o diagnóstico de HIV positivo – se a dívida e o sentir-se estragado, havia tempos, já tinham feito sua aparição, agora se consolidavam. Dívidas consigo mesmo, perseguido por cobranças, e com os pais – com eles, tentava circunscrevê-las a questões financeiras, o que dificultava o pedido para que pagassem sua análise.

Foi esse nosso começo. Já na terceira sessão, Tomás me ligou para avisar que não poderia estar comigo, pois não conseguira sair de sua inércia. Insisti, dizendo que viesse desse jeito mesmo. E assim fomos seguindo – a cada sessão, uma batalha era travada na direção de chamá-lo a continuar o trabalho. Flexibilizei o valor, a frequência dos encontros, até que, depois de muito sofrimento, Tomás conseguiu pedir ao pai para bancar o tratamento e me contou das condições impostas, as quais aceitei. Queria que ele ficasse e estava disposta a ajudá-lo nisso.

Todos esses movimentos em seu encalço, mesclados à espera, me remetem aos movimentos da mãe antes que se inaugure a "pega": idas e vindas, avanços e recuos, tentativas de encontrar atalhos para alcançá-lo, cultivar um tantinho de fé nesse campo de desespero.

Uma sessão se destacou nesse cenário. Tomás chegou particularmente agoniado nesse dia – nada do que eu falava o tranquilizava; ao contrário, a angústia parecia aumentar cada vez mais. Era como se eu ofertasse meus seios fartos, pedindo para serem sugados, e

Tomás, arisco, em profundo desalento, sem força para se alimentar, virasse o rosto, sugasse um pouco, mas logo esmorecesse.

Passei então a tentar de tudo, a ser mais ativa, como as mães durante a amamentação, desejosas de alimentar o filho: "De tudo que te falo, algo te acalma?", perguntei. "Quando você diz que vai passar". Diante da resposta, repeti: "Vai passar". Ele se acalmou por um momento e comemorei comigo mesma o acerto da pega, como se ele tivesse conseguido abocanhar por instantes o mamilo ofertado. Mas logo avalanches de agonia retornaram e ele voltou a virar o rosto, afastando-se da fonte de alimento. Lembro-me de ter pensado, aflita, que ele estava prestes a morrer de inanição, perdendo peso a cada dia, e me perguntava como ele estaria em nosso próximo encontro.

Em desespero, foi me contando da falta de comunicação com os familiares – ansiava por lhes revelar o quanto estava mal, mas não conseguia. Um deserto afetivo parecia dominar a casa. Certa vez, tentou chegar no pai: "Por que vocês me tiveram?". Em meio a crenças espiritualistas, ele respondeu: "Foi você quem nos escolheu".

Lançado para bem longe, numa terra inóspita, com estéreis laços de família, sem chance de encontros genuínos e esperançosos, Tomás poderia mesmo morrer de inanição. Não falamos sobre os efeitos da fala do pai, mas, a partir das entrelinhas, banhando de mal-estar o relato da cena, ficou claro o sentido dolorosamente apreendido: não é o desejo dos pais que trazem o filho à vida – ele, sozinho, precisa se nutrir e se autoengendrar. Restava como tarefa, na medida de minhas condições, entrar no drama de Tomás.

Convocada a lhe prover compaixão ali onde ele desconfiava do amor dos pais, continuei em seu encalço. E, como a mãe que muda de seio, tenta inúmeras posições para facilitar o encaixe da auréola na boca de seu bebê, entre esperançosa e desesperada, tentei mais uma vez, visitada que fora por algo que falara em mim antes que eu lhe dissesse: "Tive uma ideia, talvez você ache maluca: e se conversássemos nós quatro [os pais, ele, eu]?". Finalmente, Tomás se acalmou: "Sim, pode ser bom" – uma esperança emergiu, levando-o a sugar com algum vigor.

Ao final da sessão, entendendo que eu estava em companhia de um frágil prematuro, sugeri que pensássemos com vagar (a pressa o assusta). Ele sugou novamente. Saímos, ele voltou e me disse com um tantinho de vivacidade, outro de esperança: "Pode ser primeiro com meu pai?" (a mãe o assustava com sua distância e agressividade). "Sim, sim", respondi, e completei: "Vamos conversando".

E assim, mais uma vez, fomos seguindo, com nada garantido. A cada encontro, uma rede de confiabilidade precisava sempre ser novamente tecida, pois se esgarçava com facilidade pelo desalento do rapaz – ele volta e meia escapando, e eu buscando alcançá-lo com sonhos e gestos.

Mas o pulso ainda pulsa. E, enquanto o pulso ainda pulsa, a partir do encontro e do trabalho conjunto, fui me ancorando na esperança de resgatar o paciente de seu turbilhão de tormento e adoecimento. Para ir ao encontro de seus instintos vitais, tal qual a mãe às voltas com o primeiro abocanhar do bebê no seio, busquei lhe oferecer o alimento de uma análise: escuta e respostas empáticas às demandas que foram sendo trazidas – um lugar de vida –, de modo a conservar e enriquecer a capacidade do estar vivo.

Nessa direção, podemos pensar que foi necessário que me disponibilizasse para a invenção, que foi constituída de modo conjunto na dupla. E isso nos remete à tradição ferencziana de traçar caminhos inéditos e até inusitados frente aos obstáculos que surgem na sala de análise – tema deste artigo.

Ferenczi como precursor de uma prática vitalizadora no encontro analítico

Desde o começo de sua trajetória na psicanálise, Ferenczi se mostrou um analista envolvido, nada passivo, com uma participação atuante e diligente, que trabalhava junto com o paciente em busca da diminuição do tempo do tratamento. É nessa perspectiva que surge a "técnica ativa" (1918-1926), assim denominada diante de casos refratários.

Trata-se de procedimentos técnicos além da interpretação que visavam superar as dificuldades diante de casos em que o processo analítico se mostrava estagnado, levando o analista a lançar mão de conselhos, encorajamentos e, inclusive, de injunções e proibições desagradáveis. Na visão de Ferenczi (1921/1988a), os pacientes que mais necessitavam da técnica ativa eram aqueles que, por meio de determinadas ações, obtinham benefícios primários e secundários, fixando a libido em fantasias inconscientes e, assim, não investindo energia no trabalho analítico.

Com o tempo, porém, Ferenczi passou a reconhecer objeções ao uso da técnica ativa, pois, embora ela se mostrasse eficaz em alguns casos, em muitos os sintomas retornavam ou se apresentavam com maior gravidade. Então, no texto de 1926 intitulado "Contraindicações da técnica ativa" (1926/1988c), o autor afirma que a intenção de obter um material novo do paciente não era alcançada; ao contrário, a resistência era exacerbada, incitando seu ego a opor-se ao analista. Principalmente no início do tratamento, adverte, não se deve forçar o ego, tratando-o com prudência, de modo a favorecer o estabelecimento de uma sólida transferência positiva. Além disso, a provocação de injunções demasiadamente rígidas acabava por representar um perigo, na medida em que o analista, ao impor sua vontade, repetia a situação traumática pais-filho, levando a uma maior submissão por parte dos analisandos, que, na fantasia, viam o analista como agente traumatogênico.

Interessante observar que, simultaneamente ao abandono da técnica ativa, Ferenczi passou a reconsiderar a sedução real e desenvolveu sua teoria acerca do trauma. Trata-se, de fato, de um momento importante, pois, além do reconhecimento de fatores ambientais adoecedores, o autor voltou-se a um pensamento da técnica, ainda dentro do perfil clínico de atividade, mas agora de um modo diverso: na direção do que denominou *elasticidade* terapêutica.

Em contraposição à técnica ativa, propunha certa flexibilização que seria favorecedora das manifestações afetivas. Assim, ainda nesse texto de 1926, ressalta que as indicações ativas deveriam ser encaminhadas não segundo uma "intransigência estrita, mas [segundo] uma maleável elasticidade" (Ferenczi, 1926/1988c, p. 273). Aqui, vemos que Ferenczi já se direcionava para uma postura de valorização da *qualidade de relação analista-analisando*, consolidada a partir do texto "A elasticidade da técnica psicanalítica" (1928/1988d), em que o *posicionamento subjetivo* do analista ganha papel central, sendo destacados aspectos como a benevolência e a indulgência. Ambos os termos indicam seu comprometimento subjetivo, remetendo a uma qualidade afetiva e implicada que caracteriza a técnica ferencziana.

É principalmente a partir de 1928 que vão ganhando cada vez mais espaço elementos vivificadores na obra de Ferenczi: o lugar predominante do afeto, o movimento do analista em busca de seus pacientes traumatizados, o acolhimento do infantil, a oferta de "tato" e "benevolência", a pessoa real do analista, a importância do encontro analista-analisando. Trata-se, de fato, de uma postura mais ativa e viva, de afetação mútua que veio se delineando com vigor no decorrer de seu percurso teórico-clínico.

Nessa perspectiva, o texto "A elasticidade da técnica psicanalítica" (Ferenczi, 1928/1988d) se constitui como um verdadeiro divisor de águas na história da teoria da técnica psicanalítica. A flexibilização da técnica, acrescida da presença viva e empática do analista, nos encaminha para o reconhecimento da importância de Ferenczi como precursor de uma prática analítica de vitalização. Logo nas primeiras páginas, já se fazem presentes o afeto e a intenção do analista de "alcançar" o paciente, seguidos do aprofundamento da noção de "tato", já proposta por Freud em "Recomendações aos médicos que exercem a psicanálise" (1912/1969). O tato passa a ser central na fundação de um estilo clínico peculiar, abrindo caminho para o encontro de sensibilidades e razões criativas, não intelectualizadas, e sim ancoradas nas potencialidades de vigor do encontro.

Importante destacar que tato difere de empatia – em alemão, *Einfühlung* –, que significa "sentir o outro dentro de si", estar apto a "sentir com", como se fosse o outro, mas sem se misturar a ele, mantendo-se diferenciado. Tato, por sua vez, se refere à forma, ao tom da intervenção e ao momento em que ela deverá se dar, de modo a se constituir como uma comunicação com "empatia", prevenindo que a interpretação privada do contato sensível por parte do analista se torne patogênica.

Ambos os conceitos são igualmente importantes e falam de uma disposição de corpo-mente ativa, viva, sensível e "interessada" em fazer contato com o paciente. O tato, em particular, que ganhou tanto destaque no pensamento ferencziano, se mantém especialmente central junto aos casos difíceis, ditos "à flor da pele", em toda a clínica psicanalítica. Mas acrescentamos que no analista deve haver uma abertura à empatia, aos seus próprios recursos anímicos, assim como aos momentos em que atravessa caminhos estéreis dentro do campo analítico. Seguindo na compreensão do "tato", Ferenczi destaca que tal modo de encaminhar as comunicações dará ao paciente a impressão de bondade – ideia que abordamos mais adiante.[3]

---

3 Se o tato é relacionado a uma exigência ética, a bondade constitui um aspecto da compreensão analítica; entretanto, retirar sua libido do paciente deve preceder o

O tato e o "sentir com" no pensamento da técnica ferencziana são eixos que guiam e definem a posição analítica. Embora seja imprescindível o cuidado com os próprios sentimentos (e aqui Ferenczi coloca como segunda regra fundamental a análise pessoal), tal estilo clínico requer uma presença implicada (cuidando de uma necessária "reserva", como propõem Figueiredo e Coelho Junior, 2000)[4] e estratégias terapêuticas capazes de convidar o paciente a participar do processo analítico, reduzindo assim suas resistências. Não deixa de ser um convite a um encontro vivo e à construção de um campo de compartilhamento do afeto. Assim definido, o campo transferencial se dá a partir de um encontro lúdico, berçário da produção de sentidos, não apenas na experiência do analisando, mas também na do psicanalista.

Retornando ao jovem paciente Tomás, não apenas ele comparecia com suas angústias, hesitações e lampejos de esperança; também a analista se viu envolvida, procurando, a partir do tato e de seus recursos de sensibilidade, ir ao seu encontro e lançar iscas, *pérolas aos poucos*, para vitalizá-lo na medida de suas possibilidades. Naquele primeiro momento, vitalidade significava chamá-lo para o tratamento e construir no entre da dupla a pavimentação de caminhos para o advir de esperanças que pudessem vinculá-lo à fé em seus próprios recursos e na possibilidade de resgatá-lo da penumbra e das sombras em que se encontrava imerso. Então, com "benevolência" e "bondade", disponibilizou-se para a escuta de seu sofrimento.

---

    comunicado por parte do analista, que não pode se deixar guiar somente pelos sentimentos.

4 Usamos aqui os conceitos de Figueiredo e Coelho Junior (2000, p. 31) quando se referem a uma "clínica da implicação e da reserva" que requer uma alternância paradoxal entre presença e ausência, proximidade e distância; o analista se apresentando como "presença reservada".

Benevolência, bondade e a elasticidade da técnica na perspectiva ferencziana

A utilização das palavras benevolência e bondade por Ferenczi chama a atenção mais uma vez para um contato afetivo. Mas como compreendê-las?

A partir do texto "Elasticidade da técnica psicanalítica", como já dissemos, Ferenczi (1928/1988d) passou a dar cada vez maior importância à qualidade do vínculo entre analista e analisando, destacando a metapsicologia dos processos psíquicos e a posição subjetiva do analista.

Num rigoroso pensamento teórico-técnico, Ferenczi propõe o abandono da hipocrisia profissional, da frieza emocional, da neutralidade e abstinência clássicas, características pessoais capazes de retraumatizar o paciente. Traz então para o centro do encontro um afeto isento de sentimentalismo, que não se confunde com ingenuidade. Em seu *Diário clínico* (1932/1990), ressalta:

> *O que é que pode levar aqui a uma mudança? Unicamente a confiança na bondade e na compreensão do analista. Este deve ser capaz de reconhecer todos os seus movimentos emocionais negativos e de libertar assim o paciente do sentimento de sua hipocrisia. Mas é necessário, além disso, que o paciente seja levado a sentir a bondade verdadeira do analista. Essa simpatia permitirá aos pacientes partilharem seus sofrimentos conosco e, desse modo, encontrarem-se em grande parte libertos. Em tais circunstâncias, a bondade e a energia do analista permitem evitar a explosão quando do*

> *contato entre o mundo dos sentimentos e o do pensamento, e consentem que a rememoração assuma, enfim, o lugar das repetições. (p. 252)*

Vale esclarecer que a palavra em alemão traduzida nas obras de Ferenczi como benevolência e bondade é *freundlichkeit*, que significa "afabilidade, amabilidade, fineza e gentileza" (Kahtuni & Sanches, 2009, p. 77), sugerindo uma atmosfera emocional de acolhimento e empatia propiciada pelo analista. A bondade tem relação com a percepção do analista dotado de tato, que, ao mesmo tempo que intervém, é cuidadoso. Daí advém a impressão de bondade. Ferenczi usa ainda as palavras simpatia (sobre a qual falamos adiante), confiança e energia, nos remetendo à ideia de um analista engajado e comprometido, atento ao propiciar de mudanças e à construção de um espaço de confiabilidade.

Mas como surgiu a expressão "elasticidade da técnica"? Emprestada de um paciente, Ferenczi (1928/1988d) assim a define: "Deve-se, como um elástico, ceder às tendências do paciente, mas sem abandonar a pressão na direção de suas próprias opiniões, enquanto a insistência de uma dessas duas opiniões não estiver plenamente comprovada" (p. 307).

O analista precisa ter a mesma flexibilidade de um elástico, que, de acordo com as necessidades do paciente, pode se comprimir (pensemos aqui em reserva) ou se esticar (como numa atitude implicada), ressaltando-se que o elástico tem uma maleabilidade limitada e pode se romper caso se estenda forçadamente. Esse interjogo entre avançar e recuar não deixa de significar uma clínica implicada, pois esta não deve ser remetida apenas aos atos do analista, necessitando ser pensada em termos de sua criatividade (psíquica, anímica). Trata-se de o analista se manter ativo não apenas pelos seus atos, mas pelo cuidado com sua própria maleabilidade psíquica, seu trânsito entre seus próprios aspectos vitalizados e desvitalizados e sua disponibilidade para atender às necessidades que vão se delineando no decorrer do processo analítico, sempre guiado pela empatia, pela simpatia e pelo tato.

A preservação de uma neutralidade, agora diversa da clássica dos pós-freudianos, é salientada por Ferenczi (1928/1988d), que assim conclui seu pensamento sobre a elasticidade da técnica:

> A elasticidade que aplico e recomendo não equivale certamente a ceder sem resistência. Buscamos, é óbvio, nos colocar no mesmo diapasão do doente, sentir com ele todos os seus caprichos, humores, mas nos mantermos firmes, até o fim, em nossa posição ditada pela experiência analítica. (pp. 311-312)

Novamente, destaca-se aqui a disposição de acompanhar as necessidades do paciente, o que não significa atendê-lo ilimitadamente; ao contrário, o analista deve manter a firmeza e uma posição ética a serviço da verdade. É, pois, a análise pessoal que protegerá o analista de intervenções ligadas a uma postura sentimentalista ou motivadas por uma implicação excessiva e guiada por seus próprios complexos.

Como temos visto, o "sentir com" aparece como central no pensamento ferencziano, um eixo norteador do encontro analista-analisando. Constrói-se, dessa forma, a partir da empatia e da presença vigorosa e sincera do analista, um campo em que forças vitais podem advir de modo tal que a dupla se dispõe a se lançar em uma "aventura" de combate aos fatores adoecedores, mesmo nos "casos desesperados", como afirma Ferenczi (1928/1988d, p. 308).

O propósito de uma técnica elástica vincula-se à necessidade de trazer o paciente à vida, compondo um campo lúdico de adaptação às suas demandas terapêuticas, invertendo a ideia de que este é quem deve se adaptar à técnica. Trata-se de um campo vivo, que se movimenta, que se libera de estereotipias e rigidez, com o analista se disponibilizando a acolher as mais diversas manifestações afetivas do analisando.

A partir do uso de sua "técnica elástica", Ferenczi acompanhou em seus analisandos experiências regressivas que apresentavam manifestações afetivas extremas, as quais se aproximavam das de crianças tanto no aspecto lúdico como no traumático. "Neocatarse" foi o termo escolhido para tais regressões.

De modo a evitar equívocos, Kupermann (2008) procura esclarecer o porquê do uso de tal termo, assinalando que Ferenczi pretendia resgatar "a palavra encorpada e encarnada proferida pelas histéricas" (p. 94) dos primórdios da psicanálise. Se, pela rigidez do enquadre e pela extrema abstinência, uma série de defesas obsessivas conduzia ao controle das intensidades no encontro analítico, era preciso "re-histericizar a palavra" (Kupermann, 2008, p. 94), ou, segundo Ferenczi, "desatar a língua" (1933/1992, p. 349) novamente nas análises. Para isso, o analista precisava "ficar quieto" novamente, evitar invadir o paciente com seu saber excessivo e, dessa forma, promover um *laissez-faire* ou relaxamento que permitisse o encontro de inconscientes. Para desatar a língua do analisando, era preciso que o analista comparecesse com sua sinceridade, sua pessoalidade, e ofertando seus recursos anímicos libertos de "hipocrisia" e "insensibilidade".

Vemos então em Ferenczi o acolhimento do infantil em análise, possibilitando a revivência de experiências traumáticas e a criação de novos sentidos para o que fora ferido sem testemunho ou chances de recuperação espontânea.

Estratégias de acolhimento da criança no adulto

Importante lembrar que a atenção de Ferenczi ao infantil advém não apenas de sua clínica de traumatismos precoces, mas ainda do estilo clínico que aqui apresentamos e que ganhou destaque no texto, de 1931, "Análise de crianças com adultos". Assim, não se trata mais de falar *da* criança, mas de falar *com* a criança, consolidando o campo de jogo que caracteriza sua clínica. Nesse texto, a análise de adultos se aproxima da análise de crianças – uma prática vivificadora e confiante no processo analítico: "Penso que, enquanto o paciente continua a comparecer, o fio de esperança não está rompido" (1931/1988f, p. 335).

Em outras palavras: se o pulso ainda pulsa, continuemos habitando um lugar de esperança, cuidando desse lugar, mesmo quando o paciente está prestes a abandoná-lo. E, aqui, buscamos ampliar a preocupação de Ferenczi com uma técnica junto aos casos difíceis, propondo que as estratégias terapêuticas devem manter sua elasticidade também no que concerne aos casos não graves, e se constituir como espaço de jogo: que se fale às crianças, tanto as mais traumatizadas como as menos feridas, que habitam os adultos que nos procuram.

A análise de crianças com adultos consistia em propor uma "relaxação" mais profunda, um abandono mais completo às impressões e aos sentimentos. Como resultado, palavras e manifestações do paciente se tornavam mais ingênuas, infantis. Isso era possível porque Ferenczi abandonava "a espera fria e muda", assim como a reação indiferente manifestada na "pergunta estereotipada": "O que pensa a propósito disso?" (Ferenczi, 1931/1988f, p. 335).

Ferenczi exemplifica o modelo da chamada "análise pelo jogo" com o relato de um paciente que revivia acontecimentos de sua própria infância, identificando o analista com seu avô. Subitamente, enlaçando-o no pescoço, diz: "Olha, avô, acho que vou ter um filhinho..." (Ferenczi, 1931/1988f, p. 336). Em vez de interpretar a transferência, Ferenczi lhe devolve a questão: "Sim, por que você acha isso?" (1931/1988f, p. 336).

Assim se dava a análise de crianças com adultos, por meio da relaxação infantil, sendo fundamental, entretanto, que o material lúdico revivenciado fosse submetido a uma aprofundada investigação psicanalítica.

A importância desse texto se situa na esteira da "elasticidade da técnica", e optamos por mencioná-lo na medida em que os "experimentos" do autor revelam envolvimento e presença, assim como seu esforço para resgatar o paciente de seus sofrimentos, remetidos, nos casos descritos, a traumatismos infantis. Em um trecho desse texto, Ferenczi diz: "Pode-se, com razão, afirmar que o método que emprego com meus analisados consiste em *'mimá-los'*" (1931/1988f, pp. 341-342, grifo nosso). Mas a que o uso do intrigante termo "mimá-los" nos remete?

Ante a paralisia apresentada pelo paciente (e podemos pensar que todo analisando procura a análise para se libertar de suas áreas de paralisias, mais ou menos graves), encaminham-se procedimentos técnicos na direção de acolher a criança (menos ou mais ferida – de qualquer modo, todos vivenciamos algum grau de desamparo proveniente do ambiente inicial) e resgatar sua espontaneidade. Aqui, espontaneidade pode ser entendida como o libertar-se para as mais diversas manifestações afetivas. Nessa perspectiva, o uso do verbo "mimar" pode ser associado a um injeção de vida, de confiança e esperança, e não apenas ao favorecimento da regressão ao infantil. Um trecho adiante pode ir ao encontro dessa hipótese:

> *a criança que se sente abandonada perde, por assim dizer, todo o prazer de viver. Isto vai às vezes tão longe que o paciente começa a se sentir em vias de se ir ou de morrer; vêm-lhe à face uma palidez mortal e estados próximos do desmaio, assim como um aumento geral do tônus muscular, podendo ir até o opistótono.* (Ferenczi, 1931/1988f, p. 342)

Retornar à vida, ou mesmo chegar a ela, parece constituir o propósito da análise de crianças com adultos: processo longo que se inicia com o *mimar* (entendendo o mimar como uma presença sensível e acolhedora), favorecedor da regressão e da revivência do trauma. Assim, no lugar de privilegiar a interpretação e a abstinência, dá-se espaço para o jogo e para a regressão, abrindo espaço para o cuidado e centralizando o trabalho analítico nas intensidades e qualidades afetivas que atravessam o campo analítico.

Função vitalizadora do analista enunciada por Ferenczi

Iniciamos por esse breve discorrer sobre a técnica em Ferenczi, especificamente destacando a elasticidade da técnica e a importância do jogo, buscando relacionar tais aspectos à vitalização do campo analítico. Detenhamo-nos agora em importantes colocações de Ferenczi também ligadas à função vitalizadora do analista.

Sua clínica se concentrava no cuidado dos quase mortos, dos bebês-sábios, dos que agonizavam, situando-se a etiologia desses adoecimentos na ocorrência de traumatismos severos e precoces. Na perspectiva de Figueiredo e Coelho Jr. (2018), esse é o principal aspecto que sugere a existência de uma matriz ferencziana.

Aqui, vale uma digressão. No livro *Adoecimentos psíquicos e estratégias de cura* (2018), os autores identificam as formas e modalidades psíquicas dos adoecimentos psíquicos segundo duas matrizes: a freudo-kleiniana e a ferencziana. A primeira, na qual se inserem Freud, Klein e seguidores, em especial Bion, tem como característica fundamental as experiências de angústia e as formas ativas de defesa de seu psiquismo. Os adoecimentos ocorrem em função do próprio sucesso dessas defesas, que se apresentam inesgotáveis, mesmo que conduzindo à interrupção da saúde. Já na matriz ferencziana, partindo do pensamento de Ferenczi e continuando com Balint e Winnicott, entre outros, o fundamental é o reconhecimento de "traumatismos precoces" e cisões mais radicais, conduzindo a experiências de ruptura que produzem uma verdadeira aniquilação de defesas. As angústias, não chegando a se formar (no lugar delas falamos de agonias), são evitadas por extinção de áreas do psiquismo que morrem, ou deixam-se morrer. Como estratégia terapêutica frente a esses adoecimentos – em que o paciente se apresenta numa modalidade de "defesa passiva", com o psiquismo traumatizado entregue ao desamparo mais radical, em estados variados de morte psíquica –, os autores falam de revitalização, de vitalização ou de reanimação psíquica.

Voltando à obra de Ferenczi: no texto "A criança mal acolhida e sua pulsão de morte" (1929/1988e), o húngaro descreve casos de epilepsia, convulsões seguidas de coma profundo, asma brônquica, inapetência total e emagrecimento sem explicação orgânica, espasmos de glote que foram por ele interpretados como tentativas de suicídio por autoestrangulamento, e relaciona tais casos a tendências de autodestruição inconsciente. Esses sintomas combinavam bem com o funcionamento psíquico desses pacientes que precisavam lutar contra tendências suicidas.

Mais importante será sua compreensão da gênese dessas tendências – em sua história inicial, crianças mal acolhidas na família terão arrefecida sua vontade de viver:

> *Queria apenas indicar a probabilidade do fato de que crianças acolhidas com rudeza e sem gentileza morrem fácil e voluntariamente. Utilizam um dos numerosos meios orgânicos para desaparecerem rapidamente ou, se escapam, fica-lhes certo pessimismo e desgosto da vida. (Ferenczi, 1929/1988e, pp. 315-316).*

Continuando, Ferenczi afirma que o recém-nascido está mais próximo do não ser individual, destacando que a força vital não seria muito forte no nascimento. Sublinhemos que o adoecimento nesses casos, com tais características tão dominadas por forças antivitais, será relacionado à precocidade do trauma.

Diante de pacientes com tamanha diminuição do prazer de viver, Ferenczi cita também a necessidade de recorrer à "elasticidade da técnica", reduzindo cada vez mais as exigências quanto "à capacidade de trabalho dos pacientes" (1928/1988d, p. 316). Mas o que isso significava?

> *Deixa-se o paciente à vontade, durante algum tempo, como uma criança, o que se assemelha à "preparação ao tratamento" que Anna Freud considera necessária numa análise de criança. Com esse "à vontade", permite-se, propriamente falando, a estes pacientes fruir, pela primeira vez, da irresponsabilidade da infância, o que equivale a introduzir impulsões de vida positivas, e razões para a continuação da existência. (Ferenczi, 1929/1988e, p. 317, grifos nossos)*

Só mais tarde estará o paciente preparado para tolerar as exigências da frustração que caracterizam a análise, que também deverá seguir pela desobstrução das resistências e pela capacidade de adaptação à realidade rica em frustrações, mas também propiciadora de alegrias.

Vemos assim, depois da referência à proximidade à análise de crianças – a preparação para o tratamento – a importante expressão "introduzir impulsões de vida positivas", que nos conduz de modo muito claro ao papel vitalizador do analista. É verdade que esse texto se refere a pacientes que abandonaram precocemente a vontade de viver, mas se estende aos períodos em que, mesmo em casos menos graves, atravessamos momentos de desvitalização, inclusive no campo analítico.

A "preparação para o tratamento", primordial junto aos pacientes mais adoecidos, não deixa de ser essencial em qualquer processo analítico. Podemos usar aqui a expressão "sedução", como aponta Figueiredo (2019), a começar da "sedução para o tratamento", e não somente "sedução para a vida": um início que aqui nomeamos de "forração" – um leito de acolhimento e impulsos vitais, preparador para o vir a ser do processo analítico. Algo que demonstramos no relato dos primeiros encontros com Tomás.

A pessoa real do analista como elemento fundamental para a vitalização do encontro analítico

Na tradição psicanalítica, a ênfase era dada à personalidade do paciente, visto então em seu funcionamento como condutor central do processo terapêutico. Entretanto, já com o próprio Freud, foi-se dando a inclusão do psicanalista no campo do analisável, assim como destaque à sua individualidade como vetor de potência na direção da cura, levando-se em conta o reconhecimento de seus próprios erros, tão relevantes na determinação tanto das perspectivas do tratamento como das resistências do paciente.

Ressaltamos, entretanto, que Ferenczi foi um dos precursores da inclusão do analista como parte constituinte do interjogo do encontro analista-paciente. Assim, o analista precisa estar sempre atento à sua contratransferência, ao seu narcisismo (este podendo suscitar uma contratransferência narcísica, encaminhando para uma relação em que prevaleça sua idealização ou a construção de si como autoridade opressora). Ferenczi destaca, ainda nessa perspectiva, a inclusão do analista como testemunha com qualidade afetiva, mas de modo a se deixar afetar de modo equilibrado, ou seja, sem sucumbir aos afetos contratransferenciais (Ferenczi, 1924/1988b).

A importância da pessoa real do analista – sua pessoalidade, tão reconhecida, atualmente, como fator terapêutico – já era destacada por Ferenczi. Daí a necessidade imperiosa de renunciarmos ao que ele chamou de hipocrisia profissional, capaz de retraumatizar o paciente, na medida em que se aproximaria do desmentido ocorrido na infância – quando o adulto nega que o trauma realmente aconteceu. A hipocrisia, a insensibilidade e a distância do analista diante da dor do paciente impossibilitam a constituição de um campo de confiabilidade essencial para o estabelecimento do processo psicanalítico. Atualiza-se nesse contexto de desencontro a "confusão de línguas" vivida na infância.

Não será um dos mais relevantes propósitos do tratamento alcançar o paciente a partir do acesso de sua "língua", tornando possível dessa forma a sobreposição das línguas do analista e do paciente?

A sinceridade do analista, tanto em relação ao reconhecimento de seus erros como ao seu real interesse pelo sofrimento do paciente, ganha papel central no encaminhamento de um encontro vivo e fértil no desenrolar da análise.

No texto "Confusão de língua entre os adultos e a criança", Ferenczi ressalta a importância da sinceridade e da autenticidade do analista, destacando ainda a "simpatia do analista" como um fator igualmente curativo: "Sem simpatia, não há cura. (No máximo, uma visão geral sobre a gênese do sofrimento)" (Ferenczi, 1932/1990, p. 248).

Devemos, entretanto entender como ele utilizava o conceito de simpatia. Derivada do grego *sumpátheia* e do latim *sympathĭa*, que significam principalmente "compaixão", trata-se da "sensibilidade em relação ao sofrimento do outro", "capacidade de compartilhar alegrias e tristezas do outro" (Kahtuni & Sanches, 2009, p. 349). Sinceridade, simpatia, compaixão, sensibilidade estão no centro de um encontro genuinamente terapêutico, devendo ser consideradas fatores de vitalização – com potencial para trazer o paciente para o (início do) tratamento, para a cura e para a vida. A presença de um outro capaz de escutar e compartilhar seu drama, assim como conquistas pessoais, uma presença que se deixa afetar e que afeta o paciente segundo a língua deste é condição terapêutica fundamental. Só na companhia de um outro – nesse caso, do analista – o paciente pode ser resgatado de sua solidão (concreta ou vivenciada a partir da insensibilidade dos que o cercam), esta por si só capaz de constituir-se num fator patogênico.

Trata-se do que podemos denominar "competências emocionais", necessárias para que se instaure um campo terapêutico e vitalizador. Tais "competências" – que em seu conjunto constituem a condição psíquica do analista – ancoram-se no trabalho desenvolvido por este em relação à sua própria saúde mental, aqui concebida não apenas como a ausência de sintomas, mas como fonte de riqueza, criatividade e como capacidade de se sentir vivo. Tal capacidade inclui tanto o acesso a aspectos vitalizados como a tolerância aos desvitalizados, assim como ao trânsito entre os vários humores e estados – trânsito este mantenedor de uma experiência de unicidade a partir do múltiplo.

Aqui, somos remetidos à segunda regra fundamental da psicanálise, enunciada pelo autor no texto "Elasticidade da técnica psicanalítica" (1928/1988d): se o principal instrumento do trabalho psicanalítico é a personalidade do analista e, como ressaltamos há pouco, sua condição psíquica, a análise pessoal se destaca como essencial para a garantia de sua saúde mental e, consequentemente, de sua liberdade criativa. Assim, a elasticidade da técnica levada a cabo de maneira adequada, ou seja, com rigor, dependerá da análise pessoal, garantia para o cuidado com a contratransferência e com as dificuldades emocionais do analista, de modo especial aquelas referentes ao seu narcisismo. A aptidão para a maleabilidade no manejo do processo terapêutico que caracteriza a elasticidade da técnica e que implica ir ao encontro das necessidades do paciente, sem perder a posição ética de manutenção do rigor, vincula-se, portanto, diretamente à conquista de uma plasticidade psíquica advinda da análise pessoal. Como escreveu Ferenczi (1928/1988d): "a única base confiável para uma boa técnica analítica é a análise terminada do analista" (p. 36) Para completar, associamos plasticidade psíquica à riqueza de recursos anímicos e à oferta de uma presença viva de alguém que se mantém em abertura para o afetamento mútuo.

Além da interpretação

Partindo do estudo da técnica ativa em direção a outros textos, nos deparamos com a constatação de que muitas falas e atos analíticos, que não a interpretação propriamente dita, permeiam nossa clínica e têm como objetivo "alcançar" o paciente. Tais intervenções, que estão inseridas num contexto de confiabilidade, mantêm como característica o funcionar como um "elástico" (Ferenczi, 1928/1988d): ora se esticam, na busca de um contato mais ativo; ora se comprimem (recuando para uma posição de reserva), aguardando o tempo do paciente. Esse recuar corresponde, ele também, a uma atitude de atividade, pois o analista precisa estar atento e vivo para, por meio do tato e da empatia, saber como e quando atuar (não cognitivamente, mas com algo sendo pensado-sonhado nele: um estado de corpo-mente paradoxal em que sabe e não sabe de seus movimentos dentro do campo analítico). O que chamamos aqui de atividade (que corresponde a uma postura mais ativa, mas também a um reservar-se na sombra) e a vitalidade do analista deverão cuidar para a salvaguarda desse jogo com o elástico: cuidar para não forçar demais, para que ele não arrebente. Cuidar do vínculo, cuidar para que o paciente fique, cuidar dos recursos de fertilidade e da maleabilidade vital da dupla.

Portanto, a proposição de atividade de Ferenczi deixou seu legado, sem dúvida de modo transformado e, principalmente, deixou-nos como preciosa herança sua atitude de engajamento e implicação, seu compromisso com o favorecimento do resgate, ou mesmo da instalação da capacidade de viver e de se sentir vivo, considerando aqui patologias graves em que o indivíduo se encontra ou semivivo ou quase morto. De qualquer modo, o trazer para a vida perpassa todo o percurso clínico do psicanalista húngaro.

"Soltando as línguas": de volta ao encontro com Tomás

Penso que, quando atendo Tomás e vou seguindo diversos caminhos/atalhos para alcançá-lo, estou de posse de uma maleabilidade elástica: meu objetivo é comunicar algo que lhe possibilite a experiência de se sentir compreendido, condição esta de tranquilização e vivificação suficientes para impedir que o excesso de sofrimento o desespere e o faça desistir do tratamento.

Essas intervenções movidas pelo tato poderiam ser designadas interpretações? Ou compreendemos esses movimentos entre analista e analisando como um campo de jogo construído a partir das necessidades deste e guiado por uma expressão de liberdade afetiva – liberdade esta resgatada por Ferenczi?

Penso que fui abrindo espaço para a expressão das mais diversas manifestações afetivas por parte de Tomás: acessei o infantil que se encontrava amedrontado face aos sentimentos de persecutoriedade em relação aos pais e, me disponibilizando a ser "usada" na mediação da comunicação que aparentava estar rompida, alcancei a criança assustada, que então se sentiu protegida e com esperança quanto à possibilidade de ser cuidada. Na verdade, não foi necessário que os pais viessem, o vislumbre desse encontro a quatro (eu, Tomás e seus pais) foi suficiente para o ultrapassar de resistências, o que talvez não fosse possível se eu seguisse o tratamento padrão. Apesar dos 26 anos, estava diante de um menino acuado, e era com este que eu precisava falar: falar *com* a criança, não falar *da* criança.

Propiciei dessa forma o acolhimento sensível, condição para que palavras vivas e encarnadas, possuídas de afeto e atravessando os corpos de ambos, pudessem circular com uma liberdade criativa. Procurava resgatar Tomás das sombras do medo e de forças mortíferas, na direção do "vivo"; para isso, me vali da ampliação dos limites, herança da "elasticidade da técnica" proposta por Ferenczi, que convocou em mim maior "tato" e disponibilidade afetiva, meu devir criança conectado ao devir criança de Tomás.

Podemos identificar em tal estilo clínico a função vitalizadora do analista, conjugadora de atividade, inventividade e ancorada no movimento de atenção tanto aos aspectos desvitalizados quanto aos vitalizados do paciente. De qualquer modo, desde os escritos sobre a técnica ativa, passando pela virada com "Elasticidade da técnica" e demais textos, uma aposta na centelha vital se delineava, cabendo ao analista perseverar na busca da constituição de uma atmosfera fértil e viva advinda do encontro analítico – encontro este agora concebido não apenas como dependente da ação do analista ou dos recursos criativos do analisando, mas a partir do entrelaçamento da criatividade de ambos.

Destaco, ainda, uma direção ético-técnica na posição terapêutica rumo ao reinventar do viver, da capacidade imaginativa e de brincar, da criação de futuros das subjetividades traumatizadas e aprisionadas num presente sem porvir.

Continuo acompanhando Tomás, sigo buscando adaptar-me enquanto analista às suas necessidades e ao seu ritmo. A atmosfera dos encontros se caracteriza por uma postura minha de "vigília" diante do que Tomás comunica de sofrimento, respondendo com "benevolência" e "tato". Devemos lembrar que "benevolência" não deve ser entendida como maternagem e que um dos sinônimos de sua tradução para o alemão é "gentileza", o que identifico como contraponto a uma atitude fria, pedagógica (Ferenczi, 1933/1992, p. 101) e mesmo mentalizada.

Também com o cuidado de não "derrapar" no sentimentalismo, procuro me relacionar com meu jovem paciente via "linguagem da ternura", emprestando essa expressão do relevante texto de Ferenczi "Confusão de língua entre os adultos e a criança" (1933). Não poderia ter êxito em comunicar-me com Tomás via "linguagem da paixão": seria mesmo um desastre apresentar-me insensível ou com alguma forma de violência, ainda que esta se manifestasse não de forma explícita, mas quando me equivocasse com uma compreensão muito distante de alcançar suas necessidades. O distanciamento sensível poderia ser mesmo aproximado à "linguagem da paixão", considerando-se seus possíveis efeitos de desamparo e retraumatização: o abandono como vivência de quase morte. Desse modo, o que se configuraria seria uma prática oposta à ética do cuidado e da vitalização.

No contato com Tomás, procuro me apresentar como presença viva, emprestando meu corpo-mente, os gestos libertos avessos ao corpo engessado, ofertando não apenas palavras, mas palavras vivas, povoadas de afeto, minha voz em diversidade de entonações, interpretações que se modulem mais como razões/epistemes criativas e menos como convite a uma compreensão intelectualizada. Identifico aqui o que Kupermann (2008, p. 122) destaca: a concepção da clínica proposta por Ferenczi teria como objetivo e consequência o restituir ao espaço analítico a "liberdade linguageira". Tal liberdade atinge corpo, palavras, voz, entonações diversas, gestos livres; enfim, uma presença viva e de posse de minha sensibilidade e afetos.

Era nesse clima de "soltar as línguas" – palavra-corpo-afetos – que vínhamos caminhando... Tomás parecia precisar que eu lutasse por ele – nosso início foi fundamental para que se tecesse um campo de confiabilidade e esperança. Lampejos de fé emergiam em meio à angústia, assim como surgiam momentos em que ele se lamentava, "patinando" às voltas com repetidas queixas. Numa ocasião em que se queixava, como se caminhasse num lodo lamacento – assim me veio à mente a imagem – quando mais adiante uma praia poderia estar a seu alcance, me mexi na poltrona e, com gestos e tom de voz vigorosos, lhe disse: "Para com isso, mulher!".

Assustei-me! Fiquei muito constrangida, "língua solta"; que "destrambelhamento" fora esse? Depois veio o pior: me "enrolei" toda, comecei a teorizar (ai! A teoria que nos abriga desabrigando), desastre total! Tomás nada falou. Terminada a sessão, continuei ligada, pensei tê-lo ferido em sua homossexualidade. Como reagiria? Voltaria?

Na sessão seguinte, nada foi falado. Na outra, no meio de algo que falávamos, Tomás ficou em silêncio. Dei-lhe um tempo, o suficiente para que algo fosse gestado. Chamei-o: "O que você está pensando?".

Foi a vez de Tomás soltar a língua:

– É que quando você me chamou de mulher, gostei muito. Quando estava na faculdade, nós nos tratávamos assim: o Toni, por exemplo, era Antônia. Aqui em casa preciso tomar cuidado com os gestos, queria muito ter essa liberdade de usar o feminino ou ser chamado desse jeito.

Lembrei de que ele já havia me falado que gostava de se "montar", algo dito fazia tempo e que agora entrava de novo no campo do encontro, algo que ficara na "nuvem" e que construímos juntos quando minha "língua se soltou". Falei:

– Lembrei que você gosta de se "montar".

– Já que estamos juntos, vou te mostrar uma coisa.

Era uma foto dele como mulher, orgulhoso(a) de como assim ficava bonito(a). Reagi com voz vibrante:

– Que linda!

E seguimos comentando sobre a peruca perfeita, a maquiagem que eu gostaria de saber fazer, a boca linda e bem desenhada...

Considerações finais

Buscamos compartilhar neste capítulo uma pequena mostra da função vitalizadora do analista, que se ancora numa clínica do cuidado e da hospitalidade, incluindo testemunho e legitimação de uma posição ética na direção de cuidar e curar.

Nessa perspectiva, nos utilizamos de Ferenczi, que entendemos ser o psicanalista que dá origem a essa função, pensada aqui como fundamental no encaminhamento terapêutico das mais diversas formas de adoecimento psíquico – não apenas aquelas mais graves que caracterizavam sua clínica, mas nos servindo de inspiração para uma posição livre, não ortopédica ou obsessiva, atrelada a uma direção simultaneamente de responsabilidade e inventividade. Uma função vitalizadora que demanda do analista um abandono de racionalizações, uma abertura inconsciente e uma escuta não apenas da palavra desafetada ou desencarnada, mas também à palavra que se apresenta como letra morta (escutar os silêncios e os anestesiados).

Função vitalizadora que solicita de nós tanto urgência como passos lentos a partir do empréstimo de nosso corpo (animado-com alma), aliados à palavra e ao pensamento vivos e à recepção do corpo do outro que precisa de cuidado – o acontecimento da presença num campo de mutualidade. É disso que não abrimos mão.

Referências

Ferenczi, S. (1988a). Prolongamentos da "técnica ativa" em psicanálise. In S. Ferenczi, *Escritos psicanalíticos 1909-1933* (pp. 182-197). Taurus. (Trabalho originalmente publicado em 1921)

Ferenczi, S. (1988b). Perspectivas da psicanálise. In S. Ferenczi, *Escritos psicanalíticos 1909-1933* (pp. 215-230). Taurus. (Trabalho originalmente publicado em 1924)

Ferenczi, S. (1988c). Contra-indicações da técnica ativa. In S. Ferenczi, *Escritos psicanalíticos 1909-1933* (pp. 271-280). Taurus. (Trabalho originalmente publicado em 1926)

Ferenczi, S. (1988d). Elasticidade da técnica psicanalítica. In S. Ferenczi, *Escritos Psicanalíticos 1909-1933* (pp. 301-312). Taurus. (Trabalho originalmente publicado em 1928)

Ferenczi, S. (1988e). A criança mal acolhida e sua pulsão de morte. In S. Ferenczi, *Escritos psicanalíticos 1909-1933* (pp. 313-317). Taurus. (Trabalho originalmente publicado em 1929)

Ferenczi, S. (1988f). Análise de crianças com adultos. In S. Ferenczi, *Escritos psicanalíticos 1909-1933* (pp. 333-346). Taurus. (Trabalho originalmente publicado em 1931)

Ferenczi, S. (1990). *Diário clínico*. Martins Fontes. (Trabalho originalmente publicado em 1932)

Ferenczi, S. (1992). Confusão de língua entre os adultos e a criança. In S. Ferenczi, *Obras completas* (Vol. IV, pp. 97-106). Martins Fontes. (Trabalho originalmente publicado em 1933)

Figueiredo, L. C. (2019, dez.). Figuras da sedução em análise: a vitalização necessária. *Revista Percurso, 63*, 51-59.

Figueiredo, L. C., & Coelho Jr., N. E. (2000). *Ética e técnica em psicanálise*. Escuta.

Figueiredo, L. C., & Coelho Jr., N. E. (2018). *Adoecimentos psíquicos e estratégias de cura – matrizes e modelos em psicanálise*. Blucher.

Freud, S. (1969). Recomendações aos médicos que exercem a psicanálise. In S. Freud, *Edição standard das obras psicológicas completas de Sigmund Freud* (Vol. XII, pp. 149-163). Imago. (Trabalho originalmente publicado em 1912)

Kahtuni, H. C., & Sanches, G. P. (2009). *Dicionário do pensamento de Sándor Ferenczi*. Elsevier/Fapesp.

Kupermann, D. (2008). *Presença sensível: cuidado e criação na clínica psicanalítica*. Civilização Brasileira.

Mendes, M. (1930). Mapa. In M. Mendes, *Poemas*. Nova Aguilar

Ogden, T. (2010). *Esta arte da psicanálise: sonhando sonhos não sonhados e gritos interrompidos*. Artmed.

Ribeiro, M. F. R. (2020). Sobre reciprocidade e mutualidade no conceito de terceiro analítico de Thomas Ogden. In D. Kupermann, J. Gondar & E. C. Dal Molin (Orgs.), *Ferenczi: inquietações clínico-políticas* (Vol. 1, pp. 133-148). Zagodoni.

2. A matriz ferencziana de adoecimento psíquico e seus ecos: Balint e Winnicott[1]

Luís Claudio Figueiredo

Retomando uma sugestão de Robert Hinshelwood

Em texto recentemente publicado, Hinshelwood (2015) aproxima e compara as contribuições de Donald Winnicott e Wilfred Bion: mostram-se convergentes em diversos aspectos, mas, ao mesmo tempo, criam, a partir de uma herança comum, dois legados diferentes e também divergentes em dimensões igualmente importantes. O artigo torna-se ainda mais relevante se considerarmos que esses dois autores costumam ser articulados na construção das obras mais significativas do pensamento psicanalítico atual, como as de André Green, Antonino Ferro, Thomas Ogden, Christopher Bollas, René Roussillon e muitos outros.

A primeira convergência apontada refere-se à importância atribuída ao ambiente e ao objeto primário na constituição do psiquismo. Winnicott nos fala da operação de *holding* materno, enquanto Bion

---
[1] Originalmente publicado na Revista Brasileira de Psicanálise, v. 51, pp. 153-165, 2017.

focaliza a operação do *containing* e a *rêverie* da mãe: "os dois termos são gritantemente similares na superfície [*strikingly similar on the surface*], mas derivam de origens muito diferentes" (p. 62), nos diz Hinshelwood. Ele começa por aí sua aproximação entre os dois autores para nos mostrar o que eles agregam ao pensamento de Melanie Klein: vão aparentemente nesta mesma direção, que é a de dar relevo às funções maternas exercidas pela "mãe real", mas também se diferenciam em profundidade. Embora ambas as operações ressaltem as funções do ambiente e do objeto primário, subjazem a esses conceitos alguns pressupostos até certo ponto incompatíveis.

Bion parece muito mais próximo a Melanie Klein, acrescentando, todavia, ao pensamento kleiniano elementos novos e originais, como é o caso da função de continência e de transformação das angústias primitivas do bebê como efetuadas pela *rêverie* materna. Já o *holding*, como concebido por Winnicott, não funciona para acolher, transformar, modificar ou atenuar angústias primitivas projetadas sobre ou para dentro da mãe, mas para impedir a queda do bebê no estado de desamparo absoluto que pode vir a ser a ocasião de uma experiência de agonia: trata-se de uma queda a ser evitada por uma presença segura e discreta da mãe que oferece sustentação.

No campo kleiniano, que será também o de Bion, tanto há atividade por parte do bebê, que, atacado pelas angústias primitivas, ativa uma defesa igualmente primitiva – a cisão seguida de projeção (*split off*, ex-cisão, como na boa tradução brasileira), como deve haver atividade por parte da mãe que *resgata* ativamente o bebê, contendo e transformando suas ansiedades sem nome. De fato, a atividade desponta já na própria noção de uma pulsionalidade mortífera que ataca de dentro e de saída, gerando desde o começo da vida as angústias incontroláveis e incontornáveis e, desde aí, acionando todas as operações ativas de projeção e introjeção. Nesta medida, a própria resposta materna faz parte desta cadeia de atividade e ativações, e muitos adoecimentos psíquicos – principalmente os mais graves – decorrem de falhas em que a cadeia é rompida pela incapacidade da mãe ou seu substituto de responder adequadamente, seja por excesso de angústias próprias que a deixam incapacitada, seja pela depressão, pela indiferença etc. Sem usar os conceitos de "continência" e "*rêverie*", naturalmente, são falhas dessa ordem que Melanie Klein já reportara no histórico do caso Dick (1930).

No campo winnicottiano – que neste aspecto não é absolutamente o de Melanie Klein –, há uma relativa passividade, seja no estado de não integração original do bebê, como no seu sofrimento de "sentir-se caindo para sempre" (*falling apart for ever*), seja na própria qualidade de presença da mãe que sustenta o bebê, sem se meter demais, sem exigir respostas, protegendo-o em sua inconsciência e onipotência tanto do mundo como de um excesso de si mesma.

Na sequência do capítulo, Hinshelwood aponta outros aspectos em que alguma convergência entre Winnicott e Bion é, simultaneamente, a ocasião de emergência de algumas diferenças básicas entre os dois legados. O texto de Hinshelwood assinala essas discrepâncias sem, contudo, apontar para suas razões. Ocorre que ele trata Bion e Winnicott como herdeiros de Melanie Klein, herdeiros muito originais que reclamam dessa fonte comum legados diferentes. Isso não está errado, mas não me parece suficiente, em especial no que diz respeito a Winnicott. Este não me parece pensável em termos unicamente dessa herança kleiniana por ele transformada e infletida. Há em seu pensamento, além da singularidade de seu percurso e de sua experiência clínica, outras conexões a considerar. Nellie L. Thompson (2015), por exemplo, tem se dedicado à conexão de Winnicott com Phyllis Greenacre, uma autora americana ligada à *ego psychology*. O próprio Winnicott (1992) em suas anotações assinala uma imensa variedade de "fontes" ou conexões entre seus pensamentos e os de muitos autores da *ego psychology*, como H. Hartmann. Quanto às suas possíveis dívidas com Ferenczi, contudo, ele é evasivo: "O que devo a Ferenczi não saberia dizer", o que sugere que pode ser muito e, quem sabe, algo bem decisivo.

O que interessa no presente contexto é nossa hipótese de que Hinshelwood não alcança as razões de fundo das divergências entre Bion e Winnicott, por ele bem assinaladas, em que pesem suas convergências, em função de sua premissa historiográfica: a de tratar Winnicott como uma espécie de "kleiniano diferente", extraviado, posto que genialmente extraviado. Para irmos mais fundo, precisamos considerar a posição singular de Winnicott: ele se situa entre duas versões da tradição freudo-kleiniana (Melanie Klein e os freudianos da América do Norte) e uma tradição ferencziana que não pode ser ignorada. É nessa linhagem, marcante em seu estilo clínico e em seu pensamento teórico, que a aproximação com Balint pode tornar-se mais significativa.

As duas tradições

Uma observação de André Green no primeiro capítulo de *La folie privée* nos ajudará a explicitar nossa hipótese: "Não era motivo de dúvida para Freud que as piores infelicidades sofridas pelo aparelho psíquico não o deixavam sem recursos. O psiquismo encontrava ainda e sempre um meio de transformar o trauma, de qualquer natureza que ele fosse..." (Green, 1990, p. 34). Logo adiante, Green nos oferece outra sugestão importante: "Vê-se como esta controvérsia, velha de sessenta anos [escrevia ele em 1990], prefigurava a evolução da psicanálise moderna, anunciando Balint e Winnicott, de um lado, Melanie Klein e Lacan, de outro" (p. 37). A controvérsia a que se refere é a que se instalou entre Freud e Ferenczi no final da década de 1920 e perdurou até a morte do húngaro.

Ou seja, há uma tradição freudo-kleiniana, à qual poderíamos acrescentar o nome de Lacan e à qual também pertenciam seus arqui-inimigos, os freudianos emigrados aos Estados Unidos, e há outra tradição, a ferencziana, à qual pertencem autores como Balint e Winnicott. Como caracterizá-las?

De um lado, a dominância da atividade e da natureza inesgotável dos recursos psíquicos para enfrentar todas as situações de angústia geradas por ataques externos e internos que colocam o psiquismo às voltas com o desamparo original. Por mais sério que seja o estado do desamparo e por mais agudas e primitivas que sejam as angústias, haverá sempre uma resposta ativa, um recurso defensivo. Mesmo que tais defesas causem estragos terríveis, como os estados de desintegração e confusão psicóticas, ou os enclausuramentos autísticos e esquizoides, a atividade psíquica não cessa em resposta às situações traumáticas. Essa é a premissa fundamental da matriz freudo-kleiniana. O ataque às ligações intrapsíquicas e intersubjetivas, tão bem descrito e analisado por Bion, pertence a este campo, o das defesas ativas radicais que aparecem na clínica como resistências. Como nos mostra o próprio André Green em outro trabalho (2012), mesmo quando Freud admite alguma passividade, trata-se na verdade da inversão da atividade pulsional em termos de suas metas e de seu objeto, pois esta seria uma passividade basicamente associada ao gozo; ou seja, é a passividade como experiência de redução da tensão pela via da submissão e do sofrimento autoinfligido (por exemplo, no masoquismo como interpretado antes da segunda tópica e da segunda teoria pulsional).

Na linhagem ferencziana, encontraremos uma premissa bem diferente: sem desconhecer as verdades contidas na outra matriz, postula-se a possibilidade de, em casos extremos, o trauma ultrapassar os recursos defensivos, a capacidade de resposta ativa, mergulhando o psiquismo em um estado de morte, de semimorte, de morte parcial ou "morte em suspensão", um termo de Ferenczi. Green prefere para essa situação usar o termo "passivação", um processo que empurra o psiquismo de volta à inércia, ao não ser, isto é, à ausência de atividade.

Instalam-se no psiquismo áreas mortas e inertes. Ferenczi, de fato, concebia um retorno completo à inércia, isto é, à morte absoluta, quando um bebê é submetido a experiências traumáticas precoces. É o que vemos em seu impactante artigo "A criança mal acolhida e sua pulsão de morte" (Ferenczi, 1929). Trata-se aí, sem sombra de dúvida, de uma passivação radical, para empregarmos o termo sugerido por André Green.

Nelson Coelho Júnior, em texto ainda inédito (2015), aponta na obra de Ferenczi as inúmeras indicações deste retorno à inércia decorrente de experiências traumáticas que superam as capacidades defensivas ativas do psiquismo. Mais ainda, Coelho Júnior assinala a concepção ferencziana de uma passividade original, em nada associada ao gozo, e sim a uma modalidade primitiva de organização psíquica, ou somatopsíquica. Como bem assinala Alfredo Naffah Neto (2007), em seu *Diário clínico*, Ferenczi chegou a aventar uma "pulsão de repouso" que aponta na mesma direção e se aproxima ainda mais de Winnicott e Balint ao descartar a referência à pulsão de morte. A isso se seguiria também um "amor objetal passivo", pois a atividade não predomina nem no recurso a defesas, nem na procura de alguma "satisfação".

Já na situação traumática, antes de uma resposta ativa se completar (segundo Ferenczi, essa resposta ativa apenas se esboça e é logo abandonada) – como a alucinação –, o psiquismo passivamente sobrevive, entregando-se ao ambiente e o imitando. O texto de Coelho Júnior faz uma inspeção exaustiva dessa problemática nos escritos de Ferenczi, em especial em seu *Diário clínico* de 1932, e a ele remetemos o leitor interessado.

Resumindo: na matriz freudo-kleiniana os adoecimentos se dão pela *ativação* – a ativação das angústias e a ativação das defesas –, sendo que o pensamento de Bion pertence a esse campo. Já na matriz ferencziana – que abriga, em parte, o pensamento de Winnicott –, certos adoecimentos ocorrem pela *passivação*, em que as defesas e demais capacidades do sujeito são total ou parcialmente imobilizadas.

Voltando ao que dissemos há pouco, falta ao belo artigo de Hinshelwood a consideração da força dessa matriz ferencziana no estilo e no pensamento clínico de Winnicott. Mas é justamente isso o que afasta Winnicott de Bion, em que pesem as muitas convergências entre ambos, e o aproxima de Balint, algo bem assinalado por Green.

A ligação Balint-Winnicott

Em um texto já antigo, eu mesmo propus essa aproximação, sob a égide da linhagem ferencziana, assumida plenamente por Balint e presente de forma mais oculta em Winnicott (Figueiredo, 2002). Nessa ocasião, o argumento focalizava principalmente a ideia de regressão como tinha sido praticada por Ferenczi em sua clínica de pacientes muito difíceis, e por ele teorizada em seu grande texto *Thalassa* (1924). Apontava a continuidade direta dessas ideias na clínica e nas teorizações de Balint e sua emergência, ou resgate ou redescoberta, na clínica e nas teorizações de Winnicott. Para os três psicanalistas, essas experiências de regressão terapêutica enfatizavam a presença de um ambiente facilitador e de objetos primários capazes de instituir e sustentar tais ambientes, confundindo-se com eles. Aqui o conceito de *holding* assume plena eficácia e permite estabelecermos entre Ferenczi, Balint e Winnicott uma base comum, que é justamente o que falta ao conceito de *containing* proposto por Bion, como tão bem argumentou Hinshelwood.

Neste momento, retorno ao tema de outro ângulo e, creio eu, em nível mais profundo. Ao perceber a diferença básica entre as duas matrizes, sugiro que, para Ferenczi, Balint e Winnicott (aos quais poderia acrescentar Kohut, o que deixo para outra ocasião), há uma consideração da morte, seja a morte absoluta de um bebê mal acolhido pelo mundo adulto, sejam formas de morte em vida, a morte dentro (*death inside*), como se expressa Winnicott em seu texto sobre as defesas maníacas (Winnicott, 1935).

A consideração do adoecimento psíquico em torno da problemática de uma morte já acontecida e, no entanto, ainda não experimentada está no cerne do seu extraordinário texto *The fear of breakdown*, datado de 1963 e publicado em 1974. Falando de uma paciente psicótica que se suicidara, ele nos diz: "seu objetivo (como o vejo agora) era obter de mim a afirmação de que tinha morrido na primeira infância" (p. 93) A procura do suicídio nesses pacientes seria uma forma de matar um corpo cuja alma já estava morta desde o começo da vida, mas carregando pela vida afora uma morte impossível de experimentar e que precisava re-acontecer para tornar-se real. A única maneira de dispensar a paciente desse suicídio, como bem reconhece Winnicott, seria ele mesmo *testemunhar* a morte já ocorrida. Vale lembrar que esse *testemunho* é justamente o antídoto contra o *desmentido* que, segundo Ferenczi, colocaria a experiência traumática no campo do irrepresentável e não simbolizável, e a "consagra" em seu potencial destrutivo.

É nesse texto, também, que Winnicott introduz o termo *agonia*, *agonias primitivas*: "angústia, ou ansiedade [*anxiety*] não é uma palavra suficientemente forte neste momento" (1963, p. 72), diz ele. O momento, como vamos verificando, não é o do medo da morte, o da iminência da morte, não é o de uma situação traumática ou de uma situação de perigo, uma distinção importante proposta por Freud em *Inibição, sintoma e angústia*. O momento é o de uma morte já acontecida em decorrência da falha grave do ambiente de acolhimento e sustentação. Uma falha acontecida no período da dependência absoluta, quando o psiquismo não pode se defender: "[Pois] o ego não pode organizar-se defensivamente contra as falhas ambientais enquanto a dependência está em vigor" (p. 88). Ou seja, reencontramos nessa ideia winnicottiana a suposição da passividade original que já encontráramos em Ferenczi e que voltaremos a encontrar também em Michael Balint.

Enquanto as angústias e ansiedades são fenômenos da vida ameaçada, as agonias primitivas revelam silenciosamente a presença da morte já acontecida: "A morte, vista desta maneira, como algo já acontecido, mas quando o paciente ainda não era maduro o bastante para experimentá-la, tem o sentido de aniquilação" (Winnicott, 1963, p. 93). Nesta condição o psiquismo não se angustia: ele *agoniza*. Enquanto as angústias e ansiedades, como fenômenos da vida, são estridentes – e por isso podem funcionar como *sinais* de perigo, acionando defesas ativas –, as agonias são quase totalmente silenciosas e ocorrem justamente quando todos os recursos defensivos do sujeito já foram postos fora de combate, entraram em colapso. Esse é o sentido do *breakdown*, um estado de coisas impensável que subjaz às organizações defensivas e que emerge quando essas defesas são rompidas. Não se trata, nessa condição extrema, de lidar com as defesas ou resistências, mas de ouvir e responder aos balbucios do agonizante, entre os quais o medo do colapso futuro. Esse medo de um colapso ainda por vir revela e oculta a ocorrência efetiva de um colapso já passado, ocorrido nos primórdios da existência e que então não pode ser experimentado, significado nem, muito menos, poderá ser lembrado. A parte sobrevivente vai se angustiar e se defender, certamente, mas as organizações defensivas trarão sempre o colorido da "morte dentro" contra a qual se erigiram. Isso pode se dar pela via do contraste, como no caso das defesas maníacas. Uma pseudovitalidade – o termo é de Kohut – vai tentar proteger o psiquismo da efetiva condição mortiça que nele subjaz e impera. Outras defesas são mais obviamente tributárias da morte, como a apatia, a indiferença, o senso de futilidade, a anestesia e a mecanização psíquica do pensamento operatório que protegem o paciente, vítima de uma "depressão inexpressiva" – o termo é de Claude Smadja – da morte que carrega consigo.

Passemos rapidamente a Michael Balint. Como discípulo e herdeiro direto de Ferenczi, a presença deste último em sua obra é muito mais constante e explícita, sem prejudicar a originalidade e a independência de seu pensamento.

Desde seus primeiros trabalhos na década de 1930 até a publicação de seu derradeiro livro em 1968 – *A falha básica* –, Ferenczi e os temas ferenczianos comparecem insistentemente nos escritos de Balint. Em suas referências bibliográficas, um espaço imenso é ocupado pelas obras de seu mestre Ferenczi. Boa parte dessa presença já foi considerada por mim no texto sobre regressão terapêutica (Figueiredo, 2002). Agora quero apontar rapidamente para a presença de outros temas: a passividade original, os estados de "morte dentro" em pacientes precocemente traumatizados e as insurgências da vida.

Começo com o conceito criado ao final de sua trajetória. O "paciente da falha básica" é justamente o precocemente traumatizado e que carregará ao longo de toda a sua existência as cicatrizes dos agravos sofridos em suas relações primárias com o ambiente maternante na forma de áreas fraturadas. Balint (1968) observa que, quando o analista não consegue responder adequadamente às expectativas desse paciente, não emergem reações de raiva, crítica, confronto etc., como seria de esperar em pacientes neuróticos que sofrem no nível edípico. Nesses pacientes da falha básica, "somente pode ser observado um sentimento de vazio, de perda, morte e futilidade, associado a uma aceitação aparentemente sem vida de tudo o que lhe está sendo oferecido" (p. 43). A "falha básica" de que muitos pacientes diziam explicitamente a Balint estar sofrendo corresponde à presença no íntimo do psiquismo de áreas não ligadas ou mal ligadas, tecidos rompidos, fraturas do solo psíquico de base, em sentido geológico. É uma forma de se referir à "morte dentro" de que nos fala Winnicott, uma "morte dentro" acessada e reativada pelas eventuais falhas do analista quando o trabalho incide sobre essa área da mente: nessas ocasiões todos os afetos associados à morte podem emergir, como ele relata na transcrição feita anteriormente.

Ainda sem o recurso a tal conceito, desde o início Balint esteve interessado em pacientes apáticos, sem vida e sem esperança, crianças mal acolhidas cujas necessidades de resposta empática não haviam sido satisfeitas. Balint, assim, dava sequência à linha de pensamento desenvolvida por Ferenczi em seu texto de 1929 e em um anterior, de 1927, em que trata da adaptação necessária da família à criança pequena (Ferenczi, 1927). Em 1932, ele se surpreendia com a demanda de análise de pacientes sem queixas específicas, sem sintomas neuróticos, e cuja única queixa era "não encontrar seu lugar na vida" (Balint, 1932, p. 159). Realmente, tais indivíduos não encontram seu lugar na vida porque algo neles morreu, a confiança básica no mundo e na própria vida, como vemos na continuidade do texto.

Já o tema da passividade comparece fortemente na própria noção de "amor primário", em que *ser amado* – isto é, receber a "prodigiosa dose de afeto e atenção" de que nos fala Ferenczi no texto de 1929 – corresponde a uma modalidade fundamental de amor: "a criança não ama, mas é amada" (Balint, 1935, p. 194). É a partir do *amar na voz passiva*, sem esforço, sem intenção e sem reciprocidade, que pode se iniciar o processo de constituição de um psiquismo viável por meio desse poderoso investimento narcísico de que o bebê é objeto. "Essa forma de relação primitiva é sempre passiva" (Balint, 1935, p. 195). Trata-se enfim de uma forma primitiva de relação de objeto, na verdade de uma *relação pré-objetal* com o ambiente maternante em que a passividade do sujeito em devir é fundamental. Como sabemos desde Ferenczi, na ausência desse investimento, a passividade original é empurrada drasticamente na direção da inércia completa, a morte absoluta produzida pelas pulsões de morte. De alguma forma, os pacientes balintianos mais graves sobreviveram a essas falhas ambientais, mas trazem e carregam consigo as marcas da morte parcialmente ocorrida.

Poderia, na verdade, parecer que, mais próximo a Ferenczi que Winnicott, ficaria faltando a Balint uma consideração mais enfática da vitalidade, o que em Winnicott se dá pela via da valorização do verdadeiro *self*, da criatividade primária e do gesto espontâneo. Contudo, não podemos esquecer a ligação igualmente profunda do pensamento de Balint com a obra de Freud, como, aliás, era também o caso do próprio Ferenczi, apesar das divergências surgidas entre aqueles dois. Essa ligação garante um lugar para as atividades de busca e evitação como as que se dão nos comportamentos de procura e "grude" (*clinging*) com objetos supostamente "salvadores" – no caso dos ocnofílicos – e de trânsito pelos espaços abertos, longe dos objetos supostamente persecutórios e serem continuamente evitados – no caso dos filobatas. Aliás, todo o seu livro *Thrills and regressions* (1959), no qual essas atitudes são descritas e nomeadas, contém um imenso elogio da pulsionalidade vital e das brincadeiras (infantis e adultas) que podem fazer daquelas duas tendências forças em equilíbrio dinâmico no seio de uma personalidade bem organizada. Sabemos, porém, que as atitudes denominadas por Balint de "ocnofilia" e "filobatismo" podem predominar de modo unilateral em indivíduos com transtornos de caráter, os pacientes difíceis, pacientes da falha básica, ou *borderline*. Ou seja, em condições psicopatológicas adversas, o indivíduo (se ocnofílico) passa a vida a procurar salvação perto de objetos poderosos, ou (se filobata) a fugir desesperadamente deles. Ambas as tendências – modalidades muito primitivas de relações de objeto – levam o sujeito a situações extremas, frustrantes e angustiantes, gerando decepções e grandes ambivalências; observam-se então as reversões de expectativa e humor que bem caracterizam a patologia *borderline*. O que subjaz, contudo, a toda essa dinâmica agitada e instável, e às atividades defensivas do sujeito, é uma parte profundamente traumatizada e agônica, em risco de morte, apassivada.

Em Balint e Winnicott encontramos, portanto, obras que resultam da introdução da linhagem da clínica ferencziana no campo da psicanálise. Essa linhagem nunca atua sozinha, e algum entrelaçamento com a matriz freudo-kleiniana será sempre necessário. No entanto, acredito que Balint e Winnicott chegam a resultados novos e em grande parte convergentes a partir de suas clínicas, mas, também, a partir de uma nova sensibilidade – novas possibilidades de escuta e formulação –, tornando-se assim capazes de criar estilos de prática e pensamento clínico que não teriam sido possíveis se ambos tivessem ficado restritos a Freud e demais freudianos, ou a Melanie Klein. Nesta medida, eles se reforçam mutuamente, apesar de diferenças entre suas teorizações.

Em contrapartida, a articulação entre Winnicott e Bion traz como principal vantagem, justamente, a de gerar um campo mais híbrido e tenso em que as duas matrizes se tocam e podem ser articuladas em pensamentos complexos, como o de André Green.

Referências

Anderson, J. W. (2015). Winnicott's constant search for the life that feels real. In M. B. Spelman & F. Thomson-Salo (Orgs.), *The Winnicott tradition. Lines of development. Evolution of theory and practice over the decades*. Karnac.

Balint, M. (1932). Character analysis and new beginning. In M. Balint, *Primary love and Psycho-Analytic technique*. Karnac, 1952.

Balint, M. (1935). The final goal of psychoanalytical treatment. In M. Balint, *Primary love and Psycho-Analytic technique*. Karnac, 1952.

Balint, M. (1959). *Thrills and regressions*. Maresfield Library.

Balint, M. (1968). *A falha básica. Aspectos terapêuticos da regressão*, Artes Médicas, 1993.

Coelho Jr., N. (2015). *Acerca da matriz ferencziana: o adoecimento psíquico nas concepções de Sándor Ferenczi.* Texto inédito.

Ferenczi, S. (1924). Thalassa. In S. Ferenczi, *Obras completas* (Vol. III). Martins Fontes, 1992.

Ferenczi, S. (1927). A adaptação da família à criança. In S. Ferenczi, *Obras completas* (Vol. IV). Martins Fontes, 1992.

Ferenczi, S. (1929). A criança mal acolhida e sua pulsão de morte. In S. Ferenczi, *Obras completas* (Vol. IV). Martins Fontes.

Figueiredo, L. C. (2002). A tradição ferencziana de Donald Winnicott. Apontamentos sobre regressão e regressão terapêutica. *Revista Brasileira de Psicanálise, 36*, 909-927.

Figueiredo, L. C., Tamburrino, G., & Ribeiro, M. (2012). *Balint em sete lições.* Escuta.

Freud, S. (1925-1926). Inibição, sintoma e angústia. In S. Freud, *Obras completas* (Vol. 17). Companhia das Letras, 2014.

Green, A. (1990). Le tournant des années folles. In A. Green, *La folie privée.* Gallimard.

Green, A. (2012). Passivité-passivation: jouissance et détresse. In A. Green, *La clinique psychanalytique contemporaine.* Éditions d'Ihtaque.

Klein, M. (1996). A importânica da formação de símbolos e o desenvolvimento do ego. In M. Klein, *Obras completas* (Vol. I; A. Cardoso, Trad.). Imago. (Trabalho originalmente publicado em 1930)

Hinshelwood, R. (2015). Winnicott and Bion: claiming alternate legacies. In M. B. Spelman & F. Thomson-Salo (Orgs.), *The Winnicott tradition. Lines of development. Evolution of theory and practice over the decades.* Karnac.

Naffah Neto, A. (2007). A noção de experiência no pensamento de Winnicott como conceito diferencial na história da psicanálise. *Natureza Humana, 9,* 221-242.

Ogden, T. (2004). On holding and containing, being and dreaming. *Intern. J. Psychoanalysis, 85*(6), 1349-1364.

Thompson, N. L. (2015). A measure of agreement: an exploration of the relationship of Winnicott and Phyllis Greenacre. In M. B. Spelman & F. Thomson-Salo (Orgs.), *The Winnicott tradition. Lines of development. Evolution of theory and practice over the decades.* Karnac.

Winnicott, D. W. (1935). The manic defense. In D. W. Winnicott, *Through paediatrics to psycho-analysis.* Hogarth Press, 1975.

Winnicott, D. W. (1963). Fear of breakdown. In D. W. Winnicott, *Psycho-analytic explorations.* Harvard University Press, 1989.

Winnicott, D. W. (1992). Postscript: D. W. W. on D. W. W. In D. W. Winnicott, *Psycho-analytic explorations.* Harvard University Press, 1989.

3. A tradição ferencziana de Donald Winnicott: apontamentos sobre regressão e regressão terapêutica[1]

Luís Claudio Figueiredo

Winnicott e as tradições da psicanálise

Há certa tendência de, para realçar as diferenças e a originalidade de um autor, separar e mesmo opor seu pensamento às tradições das quais se originou, que ajudou a desenvolver e de que faz parte, de modo a isolá-lo das interlocuções contemporâneas de que sua obra também se nutriu e fecundou. Contrariando essa tendência, vamos então, de forma esquemática e a exigir maiores desdobramentos, enfatizar aqui a inserção de D. W. Winnicott em uma *tradição clínica*, a ferencziana.

A tradição clínica ferencziana inclui tanto certa orientação de *pensamento* teórico (psicopatológico e metapsicológico) como um *estilo*. Nesse esforço, estaremos acompanhados de diversos autores nacionais e estrangeiros que se opõem a algumas tentativas recentes de secionar o pensamento winnicottiano do conjunto das tradições psicanalíticas. A propósito, em uma resenha publicada em 2002 na *Revista Brasileira de Psicanálise* ("As espirais de Décio Gurfinkel"),

---

[1] Originalmente publicado na *Revista Brasileira de Psicanálise*, v. 36, n. 4, p. 909-927, 2002.

Renato Mezan assinala, como um dos méritos de Gurfinkel, a sua capacidade de superar tais leituras simplificadoras e enviesadas da obra de D. W. Winnicott, restabelecendo os liames com seus contextos históricos. É com uma estratégia dessa natureza que nos sentimos identificados.

A insistência nas supostas cisões entre o "novo paradigma" de Winnicott e o que seria o velho paradigma da psicanálise dita "clássica" não é algo inusitado na história do movimento psicanalítico. Também Melanie Klein, Jacques Lacan, Heinz Kohut, Wilfred. R. Bion e alguns outros ainda passam ou já passaram por esse tipo de suplício – esquartejamento – infligido por seus seguidores mais entusiasmados. Mas é verdade, também, que muitas vezes tais autores contribuíram para tais leituras. Às vezes, não explicitaram claramente suas dívidas, e não por alguma "desonestidade", mas também, talvez, como consequência do que o crítico Harold Bloom (1973) chamou de "angústia de influência" – ou seja, o medo de perder a própria voz perante velhas autoridades do passado. Outras vezes, não explicitaram seus interlocutores privilegiados e companheiros de jornada, movidos, talvez, pelo que Freud denominou "narcisismo das pequenas diferenças". Finalmente, de forma excessiva, insistiram na extrema novidade da "boa-nova" de que se julgavam os mensageiros.

Não deixa de ser muito eficaz do ponto de vista retórico afirmar que tudo que determinado autor diz, escreve e pensa provém de sua experiência pessoal, como pessoa e como profissional, e não do que apreendeu com seus antecessores ou absorveu de certo clima intelectual de sua época. É claro que a experiência direta de cada um é uma fonte insubstituível de intuições e ideias e que, por si só, pode explicar afinidades e semelhanças. Mas há, talvez, certa ingenuidade, um pouco de arrogância e outro tanto de presunção em boa parte dos nossos mestres – o que não os desqualifica, mas exige alguma cautela para não os colocarmos em pedestais isolados e inatingíveis, correndo o risco de torná-los, aí sim, incompreensíveis.

É nossa crença, em contrapartida, que não apenas nada se perde como muito se ganha na compreensão do novo, quando ele é contraposto ao tradicional – no sentido preciso do termo – e quando é confrontado às linhas paralelas ou divergentes em que um mesmo tronco se "arborizou". Não se trata de reivindicar precedências, nem de mascarar e homogeneizar as transformações por que foram passando certas descobertas e certas intuições seminais. Estamos convencidos, ao contrário, de que o campo da psicanálise comporta tais disseminações e essa variedade, de modo que só temos a ganhar – na teoria e, principalmente, na prática clínica – com a possibilidade de nos movermos pelas e entre as diferentes linhas de transformação do nosso campo.

No caso de Winnicott, uma boa compreensão de seu pensamento exigiria, naturalmente, uma recapitulação de suas leituras e relações com vários momentos da obra de Freud (o que já tem sido feito por outros autores e, mais ainda, de Melanie Klein. Aliás, uma leitura não preconceituosa dos textos winnicottianos nos conduz facilmente a essas direções.

Chama nossa atenção, por exemplo, uma afirmação (entre outras) de 1964 que não pode ser atribuída, portanto, a um pensamento ainda imaturo e pouco afirmativo de Winnicott. Nela, o psicanalista inglês ressalta sua fidelidade a Freud e à técnica freudiana da *"standard psychoanalysis"*, dizendo: "Entender-se-á que os princípios básicos da análise são aceitos por mim e o que tento é seguir os princípios estabelecidos por Freud, que me parecem fundamentais a todo nosso trabalho" (Winnicott, 1964, p. 77).

Da mesma forma, salta aos olhos a ligação com Melanie Klein, tanto na teoria (em particular, a teoria da posição depressiva, que Winnicott, sem dúvida, reformou e desenvolveu sem renegar sua dívida; cf. Forlenza Neto, 1995; Winnicott, 1962) como na *índole* da sua clínica e da sua teorização (Aguayo, 2002). Refiro-me à radicalização operada por Winnicott no que era uma tendência claramente freudiana a que Melanie Klein havia dado um extraordinário impulso e aprofundamento: a ênfase teórica na importância do *arcaico*, do *precoce*, do *primordial* e o cuidado técnico com esses momentos e aspectos da vida mental. Isso incluía, no caso de Klein, as observações psicanalíticas de seus filhos e de seus pacientes muito pequenos e, mais tarde, as observações sistemáticas de seus netos quando ainda eram bebês de poucos meses. Como sabemos, no exercício da pediatria, Winnicott teve sua atenção desde cedo despertada para esses aspectos muito precoces da constituição da vida mental e relacional – certamente, a trajetória freudo-kleiniana o interessou no que diz respeito à investigação do precoce.

Em algumas passagens, a fidelidade às suas origens freudianas e kleinianas é explicitada conjuntamente: "Todo o tempo trabalhando com Klein, descobri que não há variação da aplicação estrita dos princípios freudianos relativos à técnica" (Winnicott, 1962, pp. 175-176). Em outras, ambas as heranças são assumidas, mas diferenciadas: "A importância para mim era de que, enquanto nada do impacto do complexo de Édipo era perdido, o trabalho [com Melanie Klein] agora era feito com base nas angústias relacionadas aos impulsos pré-genitais" (p. 175). Aqui, o foco no pré-genital e no pré-edípico é assumido como necessário à análise de casos mais graves e de eclosão mais precoce, sem que a problemática edipiana fosse por isso desconsiderada.

Para contextualizar Winnicott, não indo muito longe entre os contemporâneos, caberia também um confronto com os pensamentos de Fairbairn, Bion e Kohut. Ou, indo um pouco mais longe, mas ainda assim como uma aproximação e, principalmente, como um confronto pertinente, caberia tratar de Lacan.

Minha intenção no presente trabalho, porém, não é inédita e já foi realizada por alguns autores (cf. Forlenza Neto, 1998; Mello

Filho, 1997; Pereira & Teixeira, 1995): discorrer acerca da inserção de Winnicott em uma tradição clínica que emergiu do trabalho de Sándor Ferenczi e que chegou à Inglaterra, em certos aspectos, pela via kleiniana e, mais direta e explicitamente ainda, pela via dos Balint.

No conjunto, ao longo da década de 1920 e início da de 1930, encontramos um impacto na Inglaterra de algumas divergências, e quase dissidências, que opuseram Freud e Ferenczi como grandes fontes alternativas do *estilo clínico* da psicanálise.

Há em Melanie Klein, antiga paciente de Ferenczi, uma disposição de levar a psicanálise a novos rincões – o da análise de crianças, de pacientes psicóticos e, às vezes, de ambos simultaneamente – e de efetuar alterações na teoria e nas técnicas que nos parecem seguir de longe a inspiração do *enfant terrible* húngaro e de sua postura desassombrada, que raiava a heresia. O que veio a ser chamado por Winnicott de "análise modificada" leva ainda mais longe esse ímpeto renovador na teoria e na técnica, mas sempre tão estreitamente associado às exigências de uma clínica em processo de ampliação.

Longe de nós a crença de que Freud seria conservador em seu projeto teórico e em suas experiências clínicas. Poucos homens foram tão revolucionários como ele na história de nossa cultura. No entanto, nos parece evidente que ele se dispunha a correr menos riscos, era mais prudente, o que já não se pode dizer de Ferenczi e de seus seguidores na letra ou no espírito – estes não hesitaram em percorrer caminhos muito novos e a enfrentar desafios bastante perturbadores.

De fato, certa disponibilidade clínica para a "encrenca" – de que Ferenczi foi um grande patrono e, finalmente, uma vítima (talvez, uma vítima fatal) – será encontrada também em Donald Winnicott. Alguns dados recentemente divulgados sobre suas "estripulias", ou sua vista grossa para as "estripulias" bem mais sérias e comprometedoras de Masud Kahn – discípulo preferido e porta-voz oficial – apontam nessa direção (Hopkins, 1998, 2000). Muitas vezes, tais procedimentos heterodoxos implicavam notáveis desvios na manutenção do enquadre, podendo ser encarados como experimentos técnicos radicais, bem na linha inaugurada por Ferenczi na década de 1920. Outras vezes, como observa Linda Hopkins, desfazia-se a tênue linha que separa uma inovação técnica (teoricamente sustentada e justificada pela rigorosa consideração do caso) de uma efetiva perda de rigor e de controle na condução da análise, com graves consequências para o processo. Mas isso também, sem sombra de dúvida, faz parte de certa tradição ferencziana. Ou seja, para o bem ou para o mal, o *estilo clínico* de Ferenczi se deixa facilmente entrever na clínica winnicottiana.

Da mesma forma, o interesse no pré-genital e pré-edípico (na relação original mãe-bebê) é uma das marcas da produção ferencziana da década de 1920, da qual emergiu, inclusive, a obra dissidente de seu amigo e colaborador Otto Rank (antes do rompimento) acerca do chamado "trauma do nascimento". Na própria Hungria, um discípulo de Ferenczi, Imre Hermann (cf. Brabant-Gerö, 1993), deu à relação entre o filho e sua mãe uma prioridade que iremos também reencontrar em Melanie Klein, entre os kleinianos, entre os Balint, em Bowlby mais tarde (de cuja teoria do apego Hermann foi realmente um precursor) e, claro, em Winnicott e em seus seguidores.

No entanto – e aqui Winnicott se afasta tanto de Freud como, mais ainda, de Melanie Klein –, verificamos em sua obra uma persistente recusa da segunda teoria das pulsões: em particular, uma oposição à crença, colocada como especulativa por Freud, mas tomada como fato comprovado por Melanie Klein, em uma pulsão de morte. Melanie Klein não apenas dá um estatuto de "fato" ao que seria uma hipótese como, o que é mais insidioso, dá a ele uma interpretação extremamente forte e restritiva. Como apontei em artigo anterior (Figueiredo, 1999), a pulsão de morte passa a equivaler, pura e simplesmente, à agressividade, perdendo outras dimensões e determinações que podem ser encontradas em *Além do princípio de prazer* (Freud, 1920), como o retorno ao inorgânico e ao "zero de tensão". Na versão kleiniana, a pulsão de morte corresponde a uma "destrutividade" inata, a uma agressividade original, à inveja congênita compreendida como um dado primário da condição humana universal. Tudo isso será, como sabemos, posto de lado por Winnicott.

Mas nisso Winnicott não está tão isolado como poderia parecer. É indispensável rastrear o questionamento winnicottiano da pulsão de morte e, principalmente, da postulada equivalência entre pulsão de morte e agressividade, procurando suas origens na obra de Ferenczi, que, no final da década de 1920 e início da década de 1930, até sua morte precoce, caminhara exatamente nessa mesma direção.

Na verdade, em *Thalassa*, sua grande especulação filogenética publicada em 1924, mas finalizada anos antes, Ferenczi já nos oferecia uma concepção da tendência à regressão em termos de retorno a formas primordiais de vida, e não de retorno à morte e ao inorgânico (Figueiredo, 1999). Mais tarde, ele falará, por exemplo, em *pulsão de repouso* (Ferenczi, 1932, p. 243) como a mais originária ("à qual estão submetidas as de vida e de morte"). Mais tarde ainda, virá a se pronunciar explicitamente contra a ideia de uma pulsão de morte em um documento não publicado e recentemente descoberto (Dupont, 1998) – nele, escreve em inglês: "*Nothing but life-instincts. Death-instincts, a mistake*". Também nas notas e fragmentos póstumos de 10 de agosto de 1930 (Ferenczi, 1932) encontramos: "Mas em vez de pulsão de morte seria preferível escolher uma palavra que exprima a completa passividade deste processo" (p. 239) – tema ao qual retorno mais adiante. Por enquanto, basta-nos assinalar a abertura por Ferenczi de uma trilha teórica e metapsicológica, de fortes repercussões na clínica, que será a explorada e desenvolvida por Winnicott nas décadas de 1950 e 1960 até sua morte; vale dizer, uma trilha de compreensão dos processos regressivos que nem apontam para a morte e o zero de tensão, *à la* Freud, nem, muito menos, para uma "destrutividade" congênita *à la* Klein.

Dadas essas e muitas outras ligações possíveis entre Ferenczi e Winnicott, salta aos olhos, por contraste, a tênue ligação explícita e assumida pelo autor inglês com seu antepassado húngaro, que quase não é citado em suas obras. Talvez haja atenuantes para esse aparente efeito do que Bloom chamaria de angústia de influência: o medo de ser demasiadamente influenciado pelos predecessores, medo que Freud confessava nutrir pelas obras de Schopenhauer, Nietzsche e Arthur Schnitzler.

Mas, em se falando de Ferenczi e Winnicott, pode não se tratar apenas disso. Devemos considerar que o descrédito a que fora submetida a obra ferencziana depois de sua morte, suas desavenças públicas com o Mestre e certa publicidade negativa dada às suas experiências terapêuticas resultaram, entre outras coisas, na falta de acesso aos seus textos por parte do leitor inglês antes de 1955. A isso se soma, é evidente, a falta de legitimidade de Ferenczi nas décadas de 1930, 1940 e 1950 em todo o movimento psicanalítico. Praticamente apenas os Balint resistiram ao patrulhamento ideológico e sustentaram o apreço e a ligação com o psicanalista húngaro, cuja má fama foi consagrada na biografia de Freud escrita por Jones na década de 1950. A versão oficial era de uma deterioração psíquica muito grave, algo que invalidaria todo o seu trabalho pioneiro nos últimos anos de vida, justamente os mais produtivos em termos de um pensamento e de um estilo clínico singulares.

De qualquer modo, a ausência de alusões, principalmente se devida a um real desconhecimento da obra nos anos de formação de Winnicott (décadas de 1930 e 1940), nos coloca uma questão interessante. Ou bem devemos supor uma transmissão a distância, com a provável mediação de Balint, ou se trata de uma espécie de afinidade eletiva entre os autores, com a "redescoberta" – de *novo* – por Winnicott de uma tradição ferencziana relativamente perdida e encoberta. Em ambos os casos, precisaríamos abrir mão de qualquer ideia mais simplista acerca de uma suposta influência direta de Ferenczi sobre Winnicott.

No entanto, mesmo que se tratasse apenas de uma "redescoberta" por conta própria, o certo é que, a partir de Winnicott, *a posteriori*, forma-se uma tradição que remonta a Ferenczi. Aliás, na formação de uma tradição de pensamento, é preciso que sempre ocorram movimentos nas duas direções: do passado uma herança é entregue, às vezes por vias tortas e vagas, aos que estão por vir. No "futuro", resgata-se essa herança por razões que frequentemente escapam a qualquer causalidade unidirecional. De toda forma, é sempre na posteridade que se forma ou se fortalece um vínculo que antes existia apenas em estado potencial. Mas, quando se fecham esses circuitos e se forma efetivamente uma tradição de pensamento e estilo – no caso um pensamento e um estilo de clínica –, tanto o futuro (Winnicott) ganha raízes como o passado (Ferenczi) ganha projeções que fazem com que os dois polos se enriqueçam. Não se trata de confundi-los, e sim de atribuir, a cada um deles, termos de comparação e relevo.

De qualquer forma, ainda que escasseiem as menções de Winnicott a Ferenczi capazes de testemunhar alguma determinação do primeiro pelo segundo, podemos encontrar uma menção altamente significativa que, apesar de curta e isolada, dá mostras de uma valorização do psicanalista maldito muito antes do movimento psicanalítico redescobri-lo e cercá-lo de admiração e louvores. Trata-se de uma referência de Winnicott a um dos últimos textos de Ferenczi, "Análises de crianças com adultos", de 1931, da fase "complicada" do autor húngaro:

> *Ferenczi contribuiu significativamente ao olhar para o fracasso da análise de um paciente com desordem de caráter não simplesmente como um erro de seleção,*

> *mas como uma deficiência da técnica psicanalítica. A ideia aqui implicada era a de que a psicanálise poderia aprender a adaptar sua técnica à desordem de caráter ou ao caso* borderline *sem tornar-se puro manejo e, na verdade, sem perder o nome de psicanálise. (Winnicott, 1959-1964, pp. 125-126)*

Ainda que seja uma única menção, vai diretamente ao ponto essencial, reunindo efetivamente os dois polos de uma tradição em processo de desenvolvimento. De forma muito sugestiva, o louvor às inovações técnicas a serviço da ampliação do campo do analisável por parte de Ferenczi é seguido pelo louvor, nos mesmos termos, a Melanie Klein, ex-analisanda e discípula do psicanalista húngaro. Winnicott, na verdade, reúne explicitamente Klein e Ferenczi como as duas fontes de seus próprios esforços de transformação da técnica para o tratamento de pacientes psicóticos, *borderline* e com desordens de caráter.

Hoje, há uma cultura psicanalítica ferencziana em franca efervescência, o que, aliás, também não chega a ser muito bom. O que dissemos no início de Winnicott pode ser aplicado também a Ferenczi: nada menos proveitoso do que uma hagiografia ferencziana que o destaque do movimento psicanalítico mundial e de sua ligação com Freud e os outros pioneiros. Ou que o apresente apenas em sua face messiânica e revolucionária, ocultando seus impasses e maus passos. Seria ridículo, também, acentuar apenas as divergências e oposições entre Freud e Ferenczi, na teoria e na clínica, bem como seria tolo negar as diferenças ou desqualificar um de seus polos, seja como doido, seja como reacionário e covarde.

O fato é que tem havido um crescente reconhecimento do que seria uma tradição ferencziana na psicanálise, mesmo que ela se faça e se construa na direção retrospectiva (Giampieri-Deutsch, 1996).

Tal tradição abarca tanto as ligações explícitas entre Ferenczi e os Balint (na Hungria e na Inglaterra), entre Ferenczi e Nicolas Abraham e Maria Török ou Bela Grunberger (na Hungria e na França), entre outros, como ligações não tão explícitas entre Ferenczi e este outro clínico genial, ligeiramente amalucado, que foi Harold Searles nos Estados Unidos. No caso de Searles, trata-se de um efeito retardado da presença de Ferenczi na região de Nova York e Washington no final da década de 1920, de seu impacto sobre H. S. Sullivan e Clara Thompson (que foi uma de suas célebres analisandas retratadas no *Diário clínico*) e da chegada de Frieda Fromm-Reichman ao famoso Chestnut Lodge Hospital, com o vento de frescor que isso significou para a psicanálise americana (Silver, 1996), posto que esses novos ares tenham se mantido em uma posição marginal.

Quanto à ligação, mais ou menos subterrânea e ao mesmo tempo cristalina, entre Ferenczi e Winnicott (e seu fiel escudeiro Masud Khan), há diversos textos, inclusive os de autores brasileiros já mencionados. Sugiro ao leitor interessado o de Orestes Forlenza Neto, o de Júlio Mello Filho e o de Adriana S. Pereira e Luíza M. Teixeira, nos quais se efetuam aproximações sugestivas, enfocando, inclusive, alguns aspectos que não estarão no cerne do presente trabalho. Há também diversos trabalhos do psicanalista inglês (do Middle Group) Harold Stewart (1989, 1992) que nos serão especialmente úteis, pois tratam justamente dos temas sobre os quais nos vamos alongar – o da regressão e o da regressão terapêutica – e que nos parecem estratégicos para a clínica contemporânea, como também para a teoria, inclusive em seus aspectos metapsicológicos.

No que se segue, não busco explorar exaustivamente os possíveis vínculos entre Winnicott e Ferenczi – procuro antes me concentrar na questão específica da regressão e em alguns temas associados.

A regressão e o trauma no pensamento de Ferenczi e seus brotos winnicottianos

Os leitores de Winnicott trazem, como sabemos, uma grande preocupação com a questão da regressão terapêutica (cf. Winnicott, 1954). Há, entretanto, toda uma teoria acerca do desenvolvimento do *self* e da questão do trauma na obra do autor que se liga às elaborações ferenczianas acerca da regressão de forma ainda mais ampla e profunda.

Nesta seção, busco então apresentar o pensamento de Ferenczi fazendo alusões a trechos nos quais as "origens ferenczianas" do pensamento de Winnicott podem ser facilmente identificadas. Essas breves identificações serão feitas de passagem e retomadas de modo um pouco mais sistemático mais adiante.

A questão da regressão comparece na obra ferencziana desde um de seus primeiros textos na década de 1910, no qual Ferenczi (1913) discorre acerca do desenvolvimento do sentido da realidade. O autor procura reconstituir, passo a passo, a trajetória gradual e incompleta que leva o psiquismo nascente (a) desde a união indiferenciada com o ambiente à separação, (b) desde a onipotência absoluta ao reconhecimento dos limites e (c) desde o princípio de prazer ao de realidade. Uma importante nota de rodapé desse trabalho foi incorporada por Freud, também como nota de rodapé, ao texto de 1920 sobre a pulsão de morte, em que fala claramente da tendência ao retorno.

Tanto no texto de 1913 como em um capítulo de *Thalassa* (1924), assim como, ainda, em um trecho do *Diário clínico* de 1932, Ferenczi trata das formas sucessivas e dos fracassos da onipotência primária infantil até o que seria uma superação da onipotência, sempre incompleta e não definitiva, sempre sujeita a "recaídas". No entanto, essa dificuldade de aceitar os próprios limites e a realidade como algo independente e trabalhoso não significa dizer que, na regressão, o indivíduo de fato retrai-se sobre si mesmo ou apenas retorna a um patamar anterior em seu desenvolvimento pulsional. A regressão já é para Ferenczi algo que antecipa a noção de "regressão à dependência" que encontramos em Winnicott. O retorno de que ele fala em 1913 (uma tendência à inércia, que mais tarde será chamada de *pulsão de repouso*), e que é mais elaborado em 1924, diz respeito a formas de vida e de ligação com o ambiente muito primitivas e radicais. Na verdade, em certas regressões, o indivíduo retorna a formas de vida ancestrais e pré-históricas; mais que isso, retorna a formas de vida que fizeram parte do passado de sua espécie e mesmo do passado dos organismos, até os mais elementares e menos diferenciados.

Mas, para Ferenczi, a regressão está estreitamente ligada às experiências traumáticas, e aqui vamos nos permitir certa elaboração da teoria do trauma do autor relacionando-a diretamente à questão da regressão – algo que não foi desenvolvido pelo psicanalista húngaro, mas, acreditamos, nele permanece em estado latente. Nessa elaboração, de certa forma, estaremos relendo Ferenczi a partir de Winnicott e, assim, tentando participar da constituição mesma da tradição, que é nosso objeto de estudo.

Os traumas – choques inesperados que geram rupturas no ego (no *self*, na "continuidade do ser") – exigem, para a sua "liquidação", uma renovação de experiências vitalizantes a serem procuradas no plano de um movimento de retorno ao ambiente primário – daí a noção de regressão materna ou *thalássica* –, uma regressão ao seio do ambiente líquido em que a vida surgiu. Há a necessidade do abraço líquido para a tarefa da "liquidação do trauma", pois a experiência traumática, se gera imediatamente uma tendência à fragmentação (um surto psicótico), logo em seguida produz como defesas: congelamentos, rigidez psíquica, estados de petrificação muito próximos à morte, defesas esquizoides. É isso que precisa ser "liquidado".

Quando a experiência da regressão a um estado de paz e repouso no seio líquido, nutriente e protetor está disponível, os traumas podem fazer parte de um processo de "progressão" saudável: novas forças, novas estruturas e novas dinâmicas são instaladas para fazer frente aos desafios e fraturas. É assim que Ferenczi concebe os movimentos evolutivos da vida animal, o desenvolvimento ontogenético e psíquico. Diariamente, no sono e nos sonhos, no prazer sexual e na vida de fantasia, nos jogos e no lazer, algo dessa "liquidação" está ocorrendo. Os traumas se tornam, assim, constitutivos, capazes de engendrar uma "progressão" natural e orgânica, em uma dialética vital em que as regressões espontâneas e oportunas são possíveis.

Contudo, os traumas se tornam patogênicos – podemos supor que quase independentemente de sua magnitude absoluta, vale dizer, ainda que sejam os pequenos traumatismos inevitáveis em um processo de vida – quando não há regressão possível. A famosa tese do *trauma por desmentido*, desenvolvida por Ferenczi em seus últimos trabalhos (Ferenczi, 1931, 1932, 1933), é uma modalidade específica do que chamaríamos de trauma por ausência de regressão. Quando o adulto pode assumir e acolher o sofrimento da criança, o traumático pode ser, ao menos parcialmente, aliviado e liquidado porque o movimento de regressão pode se desenvolver na medida das necessidades. Caso contrário, quando o adulto é levado a desmentir o sofrimento e a desqualificar essa dor, recusando sua existência ou sua razão de ser, negando sua legitimidade e ocultando suas fontes, quando "há uma ausência de esperança de qualquer ajuda exterior" (Ferenczi, 1932, p. 39), não há outro destino para o trauma além dele mesmo (uma ruptura inesperada) e de seus efeitos mais automáticos: a fragmentação e as defesas baseadas em clivagens e petrificações.

Ora, quando é a violência do próprio adulto a fonte do traumatismo, evidentemente, ele não poderá funcionar, simultaneamente, como ambiente regressivo, devendo necessariamente desmentir a própria ocorrência do episódio traumático. Ele será, assim, a personificação mesma da impossibilidade da regressão e da absoluta solidão desamparada do traumatizado.

Nessa medida, a teoria do desmentido traumatizante, explicitada por Ferenczi, pode ser entendida como um caso particular da teoria do trauma por impossibilidade de regressão, que não é formulada por ele, mas está, de certa forma, contida em seu pensamento sobre a regressão materna e *thalássica*, principalmente como aparece no livro de 1924.

Quando o trauma se cronifica e não pode ser minimamente liquidado, a sobrevivência do indivíduo vai depender do que Ferenczi chama de "progressão traumática", totalmente baseada em mecanismos de defesa muito primitivos e invalidantes. Cria-se certa precocidade dissociada, uma pseudomaturidade estabelecida às custas de clivagens e dissociações, às custas das petrificações a que já aludimos, gerando estados de quase morte em que o indivíduo se retrai e se defende (Winnicott refere-se ao "congelamento" como processo defensivo). Cria-se uma dilacerante duplicidade: uma parte dolorida e atemorizada – o infantil traumatizado – é sobrepujada (mas também protegida, nos dirá Winnicott) por outra, pseudomadura. O mais grave é que essa outra parte cresceu e fortaleceu-se recorrendo a um mecanismo de defesa extremamente eficaz e cruel: a identificação com o agressor. Assim, o indivíduo fica dividido entre as posições de vítima desamparada e de carrasco implacável. São pacientes, dizia Ferenczi, feitos apenas de id e superego.

Hoje, poderíamos nomear essas partes dissociadas de outras formas. Uma delas seria a adotada por Winnicott: verdadeiro e falso *self*. Em Winnicott, a função adaptativa do falso *self* está muito bem explicitada, assim como a sua função de proteção do verdadeiro *self*, encurralado e timorato. Em contrapartida, em Ferenczi está, talvez, mais bem estabelecido o caráter cruel, e não apenas ou principalmente defensivo, do "falso *self*", o que o leva a falar em um superego implacável diante de um id mantido sob seu férreo controle, o que se deveria, justamente, ao fato de aquele superego (ou falso *self*) haver se constituído pela identificação com um agressor que entrou à força no psiquismo infantil.

Tal mecanismo, tão bem trabalhado por Anna Freud no texto de 1936, encontra em Ferenczi (1932) uma base mais ampla e profunda no que ele denomina "mimetismo puro" (pp. 189-190). Quando começa a ocorrer a diferenciação entre o indivíduo e seu ambiente, a partir do narcisismo primário (onipotência incondicional), a primeira forma do organismo se constituir e defender (antes mesmo de se instaurar uma possibilidade de alucinação – onipotência alucinatória) é por meio da imitação passiva. Quando forças externas se abatem sobre o organismo, ele reage apassivando-se e em seguida assemelhando-se a essas forças; ou seja, ele tende a identificar-se com o que o tensiona, pressiona e ataca. Trata-se, portanto, de uma forma muito primitiva de adaptação em que o ambiente hostil é incorporado pelo indivíduo e transformado em uma parte sua.

Algo muito semelhante pode ser encontrado na teorização de Winnicott acerca da gênese do falso *self*, quando o ambiente não se adapta ao bebê desamparado e vulnerável e exige, ao contrário, que o bebê se adapte ao ambiente não empático. O falso *self*, como se sabe, é um dos produtos que resultam dessa imposição ambiental (*impingement*) de um ambiente não empático e demandante. Embora ele se crie para responder adaptativamente ao ambiente inflexível e assim proteger um verdadeiro *self* encapsulado, na verdade, diante de seu "protegido", ele também será inflexível e implacável.

Nos processos descritos por Ferenczi, a morte se insinua duplamente: de um lado, a parte traumatizada fica em um estado de assédio, silenciosa e encolhida (um verdadeiro *self* protegido e engaiolado, mas também amortecido e mortificado); de outro, a parte eficaz e operativa (o falso *self*), às vezes muito diligente e esperta, na verdade, em casos extremos, funciona quase como um autômato, como um inorgânico em atividade, como um orgânico mineralizado. Sua pseudomaturidade é também uma pseudovitalidade. Daí a sensação de não vida, de não realidade, de vazio, de não nascimento que Winnicott descreveu tão bem ao falar dos pacientes esquizoides do tipo falso *self*. Essas diversas modalidades de retorno à quase morte como forma de manutenção da vida, seja pelo mimetismo puro, seja pela identificação com o agressor, pela autotomia (em que partes são descartadas para que o resto sobreviva) e pela autoanestesia, sempre estiveram no foco ferencziano, quer em seus trabalhos clínicos com os pacientes traumatizados, quer em suas teorias a respeito.

Em contrapartida, também encontramos no pensamento de Ferenczi a preservação de uma possibilidade nova, ainda que adormecida, no sujeito traumatizado. É o que ele, apoiando-se nas palavras de uma de suas pacientes *borderline* (Elizabeth Severn), chamou de *Orpha* (cf. Ferenczi, 1932; Smith, 1999). Poderíamos aproximar a essa modalidade de existência "primitiva" uma condição pré-objetal e pré-subjetiva que se realiza em estados de regressão *thalássica*. Nas palavras de Ferenczi, trata-se de "instintos vitais organizadores", adormecidos, mas que podem ser despertados pelo mesmo choque que colocou fora de ação os recursos egoicos do indivíduo. No entanto, a ação de *Orpha* no indivíduo traumatizado se dá em um estado de não afetação, de dissociação profunda que deverá ser tratada em análise para restituir à vida o que pôde sobreviver ao choque e à ruptura.

Ou seja, clivagens e dissociações aparecem como dispositivos essenciais à defesa do indivíduo traumatizado, quando ele não pôde contar com a possibilidade de regressão à dependência em um ambiente confiável, embora mesmo aí subjaza uma possibilidade de restauração que não pode ser desprezada e desperdiçada – é o que, na verdade, subjaz à esperança terapêutica inabalável de Ferenczi.

Neste momento, pode ser útil uma breve comparação entre Freud e Ferenczi no que diz respeito ao que pensam da regressão, de modo que possamos melhor apontar a posição de Winnicott neste contexto histórico-teórico.

Regressão, retorno e repetição em Freud e Ferenczi

Sabemos que Freud referiu-se à regressão de diferentes maneiras e a diferentes aspectos e processos (cf. Stewart, 1992). De início, distinguem-se três acepções do termo: a regressão tópica, a temporal e a formal, todas de caráter descritivo e referentes a alterações nas modalidades do funcionamento psíquico. Em cada uma delas, inverte-se a direção de um processo psíquico. Em seguida, assinala-se a regressão como um mecanismo de defesa que diz respeito ao retorno a pontos de fixação no desenvolvimento libidinal quando o progresso é interrompido ou o funcionamento mais avançado encontra um obstáculo. Essa noção de regressão pode ser redimensionada em termos das posições kleinianas, em termos de relações de objeto e em termos estruturais (id, ego e superego). Por fim, temos a regressão como uma tendência à repetição e ao retorno entendida como um dos aspectos mais fundamentais da pulsão.

A nós interessa neste momento, principalmente, a terceira acepção do termo, a sua dimensão pulsional. Sabemos que foi a partir das tentativas de explicar os fenômenos clínicos da compulsão à repetição e da reação terapêutica negativa que Freud foi conduzido à hipótese, altamente especulativa, da pulsão de morte como retorno ao zero de tensão e retorno ao inorgânico. Entretanto, ao dar a essa tendência de retorno o nome de pulsão de morte – em oposição às pulsões de vida e a Eros –, Freud introduziu uma tonalidade "sombria" na sua concepção da regressão. Aliás, mesmo nas demais acepções em que foi utilizado o termo, há sempre um caráter mais ou menos "negativo", algo que deve ser superado para que o psiquismo se afirme, progrida, se fortaleça e se mantenha em boa atividade. É evidente em Freud certo preconceito contrário à regressão e um *partis pris* favorável ao "progressivo".

Por isso o contraste é grande quando encontramos em Ferenczi uma positivação do conceito e do processo a que ele se refere: trata-se, como foi antecipado, da regressão às formas primordiais de vida e de ligação com o ambiente e seus objetos. Mesmo se tratando de uma regressão movida pelos traumatismos (de maior ou menor magnitude), a regressão materna ou *thalássica* faz parte dos recursos vitais do organismo e do sujeito. A tendência à inércia não é uma tendência ao zero, mas à estabilidade em um nível mínimo, porém vital. Mais adiante (Ferenczi, 1932), será postulada uma *pulsão de retorno* (regressiva) original à qual caberá a noção de *pulsão de repouso*. Repouso (como também a inércia, mas de forma ainda mais nítida) não é morte, ainda que possa se parecer com ela, superficialmente, como o comprovam as aproximações entre a morte e o sono. Repouso, contudo, é um estado de abandono, de entrega passiva em que a vida se mantém e se refaz, uma condição para que *Orpha* (a força vital adormecida) se reintegre e possa reintegrar os cacos despedaçados pelo trauma.

É claro que a clínica winnicottiana com pacientes esquizoides e *borderline*, com suas longas sessões de propiciação e sustentação da regressão à dependência, com eventuais episódios de sono profundo acompanhado (cf. Little, 1990), pertence a essa corrente da clínica psicanalítica.

Há, efetivamente, muitas implicações clínicas do pensamento ferencziano sobre as regressões, muitas das quais o próprio Ferenczi transformou em procedimentos psicoterápicos, com suas ideias acerca da flexibilização da técnica, do relaxamento e da neocatarse (Ferenczi, 1928, 1930). A ênfase nas atitudes do analista, em que a ética e a técnica se articulam profundamente, como postulado por Ferenczi em seus textos do final da década de 1920 e início da de 1930, nos assinala e nos remete, continuamente, à importância da regressão e da regressão terapêutica. A empatia (sentir com), a elasticidade, o "relaxamento" (*Nachgiebigkeit*, um deixar rolar e deixar vir) e a sinceridade do analista são elementos propiciadores ou mesmo ingredientes da regressão terapêutica, sendo esta considerada imprescindível no tratamento de pacientes difíceis, muito perturbados (ele os chamava de gravemente neuróticos) e traumatizados.

A questão da regressão nos pensamentos de Balint e de Winnicott

Essa proposta clínica, como se sabe, foi imediatamente recolhida e redimensionada pelo discípulo M. Balint, herdeiro de seus papéis e de alguns de seus pacientes.

A noção de "amor primário" (Balint, 1959, 1968), além de se propor como uma superação do que teria sido o erro de Freud ao sugerir uma fase inicial de narcisismo primário (que supunha a ausência de relações objetais), é, no fundo, um resgate, no plano psicológico, do que fora proposto por Ferenczi em termos de uma especulação bioanalítica. Nesta, o berço oceânico da vida – *Thalassa* – era tanto a origem como o modelo do que é a vida em sua condição primária e essencial: "Neste estágio de desenvolvimento ainda não há objetos, embora já haja um indivíduo que está cercado, quase flutua, por substâncias sem contornos exatos" (Balint, 1959, p. 67).

As patologias que implicam uma falha básica e dela derivam são as que dizem respeito a problemas ocorridos no plano primordial e fundamentalmente harmonioso de integração entre o indivíduo e seu ambiente materno amoroso (Ferenczi usara o termo *ressonância com o ambiente* para se referir a esse estádio). Do ponto de vista terapêutico, algum processo regressivo será necessário para restaurar um aparelho psíquico defeituoso, afetado pela falha básica (mais do que conflituado) – os títulos e subtítulos dos principais livros de Balint fazem uma referência explícita à regressão terapêutica (Balint, 1959, 1968; cf. Stewart, 1989). No entanto, em que pese seu apreço pela obra do mestre, Balint era obrigado a reconhecer – até porque herdara alguns velhos pacientes de Ferenczi – que a regressão terapêutica não tinha nada de simples nem dava uma suficiente garantia de sucesso (o que também será a visão de Winnicott). É nessa conjuntura clínica e teórica que ele faz a distinção entre a regressão benigna e a maligna, sendo esta última uma deterioração irremediável e irreversível das perturbações mentais do indivíduo. Tal diferença nos chama a atenção para dificuldades técnicas (algumas já entrevistas por Ferenczi) e para a necessidade de uma maior acuidade diagnóstica.

Em Winnicott reencontramos, aliás, algo que já nos vinha de Ferenczi e fora acentuado por Balint: a necessidade de distinguir as tentativas de sedução ao conluio e satisfação dos desejos, por parte do paciente – o que pode estar na origem das regressões malignas –, do que são as expressões genuínas das necessidades mais precoces de provisão ambiental e sustentação (*holding*) em pacientes regredidos à dependência. Atender a essas necessidades, sem ceder às "tentações", é a condição para que ocorram as regressões benignas.

Não obstante seu reconhecimento dos fracassos clínicos de muitos processos regressivos (os malignos), Balint foi, de início, o único a sustentar, imediatamente após a morte de Ferenczi e durante o seu longo ostracismo, a proposta ferencziana da regressão terapêutica. Em sua técnica, na qual a ênfase no "analista não intrusivo" é essencial, encontramos também claros ecos da técnica ferencziana da elasticidade, da empatia, da *Nachgiebigkeit*, entre outros. O analista não intrusivo é o que *dá espaço e tempo* ao paciente, sem nada dele exigir – espaço e tempo necessários para que ele possa efetuar sua regressão restauradora, o *new beggining*.

Já em Winnicott, temos o conceito claramente explicitado de "regressão à dependência" em oposição conceitual à regressão a pontos de fixação. A regressão à dependência, por sua vez, se funda na noção de dependência absoluta. Vale a pena assinalar que sempre que Winnicott fala em narcisismo primário, será nesse sentido em que o indivíduo e o meio se ligam de forma inseparável. No caso de o processo resultar de uma regressão terapêutica, diz ele, "o paciente e o setting misturam-se ou afundam-se [*merge into*] na situação original de sucesso do narcisismo primário" (Winnicott, 1954, p. 286).

Nessa medida, o "amor primário" de Balint e o "narcisismo primário" em Winnicott estão mais próximos entre si, e ambos mais próximos de Ferenczi, do que da acepção freudiana original. Porém, sem dúvida, há certo parentesco entre a regressão à dependência e a noção freudiana de regressão temporal e formal, pois, nesse estado, o modo de funcionamento psíquico do bebê pode ser o do processo primário e o das produções alucinatórias, posto que ao ambiente caberão as funções egoicas mais organizadas e realistas. Assim, na regressão à dependência há, também, um regresso ao processo primário (Winnicott, 1959-1964, p. 128).

É evidente, todavia, que o maior parentesco é com a regressão *thalássica* de Ferenczi. Aliás, como se viu, a fase da dependência absoluta suposta por Winnicott é, na verdade, uma reinterpretação do narcisismo primário freudiano a partir da crença ferencziana em uma origem da vida no seio líquido e indiferenciado da mãe e do ambiente. Nessa medida, *retém a noção de uma fase anobjetal sem excluir*, ao contrário, *acentuando a importância do ambiente*. Não há propriamente "objetos", muito menos objetos da pulsão ou do desejo, mas, longe de ser uma mônada isolada, a vida primordial do "indivíduo", segundo Ferenczi, Balint e Winnicott, confunde-se com o meio em que emerge, no qual sobrevive, do qual se nutre e em que se protege.

O pensamento clínico de Winnicott acerca da regressão explicita-se melhor quando se estabelece a oposição, e também as passagens, entre a vulnerabilidade do indivíduo que regride à dependência e a pretensão à autossuficiência do indivíduo que se defende das falhas ambientais traumatizantes pela via do retraimento esquizoide (Winnicott, 1965, 1967). Diz ele:

> Com este paciente, é extremamente importante que eu entenda a diferença existente entre regressão e retraimento [withdrawal]. Clinicamente, os dois estados são praticamente os mesmos, mas será visto, contudo, que existe uma diferença extrema entre os dois. Na regressão, há dependência, e no retraimento, uma independência patológica. (Winnicott, 1965, p. 116)

É fundamental, porém, podermos acompanhar o raciocínio de Winnicott (muito mais dialético e paradoxal que dualista) que o leva a legitimar a aceitação do retraimento do paciente pelo analista como propiciador de uma regressão posterior: "Aprendi na escola desta análise que o retraimento é algo que faço bem em permitir e, na primeira parte da análise, ele foi o aspecto importante e resultou em muitas horas em que absolutamente nada era feito". Mas nesse "não-fazer-nada" há no analista uma crença profunda de que algo está podendo vir a acontecer e, de certa forma, já começa a acontecer.

Pois Winnicott prossegue dizendo que: "o processo era silencioso e referia-se ao que acontece na dependência extrema". Ou seja, trata-se de ser capaz de reconhecer, em uma defesa de encapsulamento narcísico, que deixa o indivíduo petrificado, desconectado da vida de relações e em um estado de quase morte, a possibilidade adormecida e mortificada, mas ainda viva, de um retorno à vida pela via regressiva da dependência, da exposição, da entrega e da vulnerabilidade a um ambiente empático. Despertar esse adormecido é, paradoxalmente, um trabalho do silêncio analítico.

Nancy Smith (1999), trabalhando o conceito ferencziano de *Orpha*, sugere, como tarefa para o analista, facilitar a transformação de *Orpha* (instintos de vida dissociados) no Orfeu que desce às profundezas à procura dos aspectos "Eurídice" da personalidade (o infantil e o feminino traumatizados). Talvez essa seja uma maneira sugestiva e poética de se conceber a lenta passagem do retraimento à regressão, e daí ao processo de restauração e cura do paciente que foi vítima do trauma.

De fato, efetivamente, Winnicott conclui afirmando que: "mais difícil seria o fato de que, na prática, assiste-se à mudança do retraimento para a regressão à medida que o paciente se torna capaz de identificar o que há de positivo na atitude do analista". O positivo é a espera paciente, tolerante e silenciosa do analista, amparada na crença de que a vida subsiste e de que no seio mais recôndito do retraimento já se opera a regressão mais profunda e o reencontro de uma força vital. Um perfeito modelo de não intrusão *à la* Balint.

Da mesma forma, facilita nossa compreensão opor a regressão e a não integração às estruturas defensivas da loucura organizada e do autismo. No estado não integrado primário, todas as funções estruturantes do ego são exercidas pelo ambiente, enquanto o sujeito se mantém na condição de dependência absoluta, sem ser obrigado ao esforço de adaptação, e tendo, ao mesmo tempo, seu potencial auto-organizador respeitado pelo ambiente empático. Já as estruturas defensivas da loucura organizada dão testemunho do fracasso dessa experiência primordial.

A regressão terapêutica é, em maior ou menor medida, uma regressão à dependência e à não integração e, assim, só pode ocorrer quando as defesas esquizoides, o autismo e a loucura organizada (delirante) puderem ser desfeitas. Todas as características do estilo técnico de Ferenczi e de Balint são requeridas e acionadas na clínica winnicottiana para tornar esse desfazimento – essa rendição ao outro – possível e não traumatizante.

Do ponto de vista teórico, a regressão terapêutica em Winnicott corresponde a uma possibilidade de resgate do verdadeiro *self* em oposição à progressão traumática e precoce do falso *self*. Seria como um novo despertar de *Orpha* em melhores condições de integração, em detrimento de seu duplo, o protetor cruel e implacável que Ferenczi concebia como um superego enlouquecido.

Para isso, em toda a tradição ferencziana, mas alcançando com Winnicott um lugar proeminente, avulta a importância da confiabilidade: confiabilidade do *setting* e confiabilidade do analista, o que inclui a capacidade de sustentação, a sobrevivência aos ataques e a não retaliação. Não é difícil ao leitor de Winnicott encontrar as raízes históricas dessa problemática nos textos ferenczianos do final da década de 1920 e início da de 1930 – e muito se poderia acrescentar às breves indicações já feitas neste capítulo.

Mas, como dissemos, não é nossa intenção um trabalho exaustivo, incluindo – o que nos parece indispensável – uma reconsideração crítica de toda essa proposta com base na experiência clínica acumulada. Por ora, basta oferecermos esta pequena contribuição para o rastreamento e, eventualmente, para os desdobramentos da tradição clínica ferencziana em que Winnicott merece ser situado.

Referências

Aguayo, J. (1997). Historicizing the origins of kleinian psychoanalysis – Klein's analytic and patronal relationships with Ferenczi,

Abraham and Jones. *International Journal of Psychoanalysis, 78*, 1165-1182.

Aguayo, J. (2002). Reassessing the clinical affinity between Melanie Klein and W. D. Winnicott (1935-1951). *International Journal of Psychoanalysis, 83*, 1133-1152.

Balint, M. (1959). *Thrills and regression.* International University Press.

Balint, M. (1968). *A falha básica: aspectos terapêuticos da regressão.* Artes Médicas.

Bloom, H. (1973). *A angústia da influência.* Imago.

Brabant-Gerö, E. (1993). *Ferenczi et l'École Hongroise de Psychanalyse.* L'Harmattan.

Dupont, J. (1998). Les notes brèves de Sandor Ferenczi. *Le Coq-Héron, 149*, p. 98.

Ferenczi, S. (1913). O desenvolvimento do sentido de realidade e seus estágios. In S. Ferenczi, *Obras completas* (Vol. II, pp. 39-54). Martins Fontes, 1992.

Ferenczi, S. (1924). *Thalassa.* São Paulo: Martins Fontes, 1992.

Ferenczi, S. (1928). Elasticidade da técnica psicanalítica. In S. Ferenczi, *Obras completas* (Vol. IV, pp. 25-36), 1992.

Ferenczi, S. (1930). Princípio de relaxamento e neocatarse. In S. Ferenczi, *Obras completas* (Vol. IV, pp. 53-68). Martins Fontes, 1992.

Ferenczi, S. (1931). Análises de crianças com adultos. In S. Ferenczi, *Obras completas* (Vol. IV, pp. 69-84). Martins Fontes, 1992.

Ferenczi, S. (1932). *Diário clínico.* Martins Fontes, 1990.

Ferenczi, S. (1933). Confusão de línguas entre os adultos e a criança. In S. Ferenczi, *Obras completas* (Vol. IV, pp. 97-108), 1992.

Figueiredo, L. C. (1999). *Palavras cruzadas entre Freud e Ferenczi*. Escuta.

Freud, S. (1920). Além do Princípio de Prazer. Obras Completas. Companhia das Letras (Vol. 14).

Forlenza Neto, O. (1995). Winnicott e Melanie Klein. In J. Mello Filho & A. L. M. Leal e Silva (Orgs.), *Winnicott – 24 anos depois* (pp. 149-156). Ravinter.

Forlenza Neto, O. (1998, nov.). *Diálogos sobre a prática winnicottiana* [Apresentação de comunicação]. II Encontro Anual do Curso de Psicoterapia Psicanalítica da USP.

Giampieri-Deutsch, P. (1996). The influence of Ferenczi's ideas on contemporary standard techniques. In P. L. Rudnitsky, A. Bókais & P. Giampieri- Deutsch (Orgs.), *Ferenczi's turn in psychoanalysis* (pp. 224-247). New York University Press.

Hopkins, L. B. (1998). D. W. Winnicott's analysis of Masud Khan. A preliminary study of failures of object usage. *Contemporary Psychoanalysis*, 34(1), 5-47.

Hopkins, L. B. (2000). Masud Khan's application of Winnicott's "play" techniques to analytic consultation and treatment of adults. *Contemporary Psychoanalysis*, 36(4), 639-663.

Little, M. (1990). *Ansiedades psicóticas e prevenção*. Imago.

Loewald, H. (1951). Ego and reality. In H. Loewald, *Papers on psychoanalysis* (pp. 3-20). Yale University Press, 1980.

Loewald, H. (1952). The problem of defense and the neurotic interpretation of reality. In H. Loewald, *Papers on psychoanalysis* (pp. 21-32). Yale University Press, 1980.

Mello Filho, J. (1997). Winnicott e Balint: a psicanálise, a medicina e o respeito ao ser humano. In J. Outeiral & S. Abadi (Orgs.), *Donald D. Winnicott na América Latina* (pp. 191-201).

Mezan, R. (2002). As espirais de Décio Gurfinkel. *Revista Brasileira de Psicanálise*, 36(2), 705-708.

Pereira, A. S., & Teixeira, L. M. (1995). Ferenczi e Winnicott: da inquietação à transicionalidade. In J. Mello Filho & A. L. M. Leal e Silva (Orgs.), *Winnicott – 24 anos depois* (p. 167-174). Ravinter.

Silver, A-L. (1996). Ferenczi's early impact on Washington DC. In P. L. Rudnitsky, A. Bókais & P. Giampieri-Deutsch (Orgs.), *Ferenczi's turn in psychoanalysis* (p. 89-106). New York University Press.

Smith, N. A. (1999). La renaissance d'Orpha. Pour une reconnaissance honorable d'Elisabeth Severn. *Le Coq-Héron*, 155, 28-36.

Stewart, H. (1989). Technique at the basic fault and regression. In H. Stewart, *Psychic experience and problems of technique* (pp. 111-126). Tavistock/Routledge.

Stewart, H. (1992). An overview of therapeutic regression. In H. Stewart, *Psychic experience and problems of technique* (pp. 101-110). Tavistock/Routledge.

Winnicott, D. W. (1954). Metapsychological and clinical aspects of regression within the psycho-analytical set-up. In D. W. Winnicott, *Through pædiatrics to psycho-analysis* (pp. 278-294). The Hogarth Press, 1975.

Winnicott, D. W. (1959-1964). Classification: is there a psycho-analytic contribution to psychiatric classification?. In D. W. Winnicott, *The maturational process and the facilitating environment* (pp. 124-139). The Hogarth Press, 1965.

Winnicott, D. W. (1962). A personal view of the kleinian contribution. In D. W. Winnicott, *The maturational process and the facilitating environment* (pp. 171-178). The Hogarth Press, 1965.

Winnicott, D. W. (1964). A importância do *setting* no encontro com a regressão na psicanálise. In D. W. Winnicott, *Explorações psicanalíticas* (pp. 77-81; J. O. de A. Abreu, Trad.). Artes Médicas, 1994.

Winnicott, D. W. (1965). Notas sobre retraimento e regressão. In D. W. Winnicott, *Explorações psicanalíticas* (pp. 116-118; J. O. de A. Abreu, Trad.). Artes Médicas, 1994.

Winnicott, D. W. (1967). O conceito de regressão clínica comparado com o de organização defensiva. In D. W. Winnicott, *Explorações psicanalíticas* (pp. 151-156; J. O. de A. Abreu, Trad.). Artes Médicas, 1994.

4. Vitalização como uma função analítica: uma proposição a partir do pensamento de Winnicott

Fátima Flórido Cesar
Marina F. R. Ribeiro

> *Sento-me no chão da capital do país*
> *às cinco horas da tarde*
> *e lentamente passo a mão nessa forma insegura.*
> *Do lado das montanhas, nuvens maciças avolumam-se.*
> *Pequenos pontos brancos movem-se*
> *no mar, galinhas em pânico.*
> *É feia. Mas é uma flor. Furou o asfalto,*
> *o tédio, o nojo e o ódio.*
>
> Carlos Drummond de Andrade,
> "A flor e a náusea", 1967.

Neste capítulo, partimos do pressuposto de que o processo psicanalítico segundo Winnicott tem como um dos pilares fundamentais o analista como presença viva e vitalizadora, entendendo tal condição dentro de uma perspectiva complexa sobre a qual nos debruçaremos adiante. Embora a função vitalizadora do analista seja primordial junto a casos que apresentam entraves severos quanto à constituição do eu, propomos que em Winnicott a oferta de vitalização se estende a todos aqueles que chegam para serem cuidados, sem necessariamente apresentarem questões tão primitivas.

Mas o que significam vitalidade, vitalização e a função vitalizadora do analista? Como entender o que aqui reconhecemos como a necessidade do analista de disponibilizar-se enquanto presença viva? Como formular uma resposta metapsicológica para tais questões cruciais? Para isso faremos uso predominantemente do pensamento de Winnicott, mas também de autores que com ele dialogam. Propomos nesse começo uma reflexão do que seja vitalidade – incluindo a vitalidade presente no entre do par analítico –, valendo-nos, para tal, de um artigo de Boraks (2008) intitulado "A capacidade de estar vivo". Feito isso, poderemos em seguida nos debruçar sobre a função vitalizadora tanto da mãe quanto do analista, mais detidamente no pensamento de Winnicott.

O que significam vitalidade e a capacidade de estar vivo?

Nas etapas primitivas do desenvolvimento, o corpo ganha destaque como lugar onde se sustenta o sentir-se vivo. O nosso início é descrito por Winnicott em termos de vida corporal (Boraks, 2008, p. 112): o corpo é o lugar de onde se pode iniciar a vida a partir do que nos é familiar e do que vivemos inicialmente de modo sensorial. É importante destacar que tal vitalidade vai depender primordialmente do cuidado da mãe e de sua capacidade de acolher estados excitados e sustentar estados relaxados com uma presença viva, dedicada e não intrusiva, protegendo o bebê de interrupções em sua continuidade de ser. O corpo como apresentação primitiva da capacidade de estar vivo, como destaca Boraks, é uma decorrência dos cuidados da mãe, a serem oferecidos de modo vivo, devendo emergir de sua vitalidade emocional e corporal: "o amadurecimento será facilitado dependendo essencialmente do tipo de troca, de proximidade e de uso do corpo da mãe" (p. 113).

A consequência dessa primeira comunicação mãe-bebê será a conquista de um eixo sustentador a partir do qual o sentir-se vivo se organiza, com flexibilidade que possibilita alternâncias dos estados do ser, sem que estas sejam experimentadas como vivências de despedaçamento e evitando que a personalidade se estruture de modo rígido. Segundo Boraks (2008):

> *Assim, realizar a capacidade de estar vivo ao longo da vida tem a ver com a proximidade de algo que se assemelha a um corpo materno, um íntimo flexível, ora organizado em certa direção, ora rarefeito, à mercê de qualquer destino. É o representante da vitalidade e sua expansão que caminham na direção de ampliar maiores e mais profundas capacidades de estar vivo.* (p. 113)

A vitalidade em si não se encontra circunscrita a determinados momentos, a uma experiência uniforme. Alcançar a experiência de estar vivo implica a vivência inclusive de dor e sofrimento: estar vivo para a experiência; não sendo a vitalidade algo estático, isso pode mesmo incluir momentos de desvitalização. Destaquemos, como indica Boraks (2008, p. 115), que viver é a possibilidade de sustentar alternâncias, sendo que, se estas ficam restritas a agonias e/ou medo, o paciente se torna sobrevivente, não tendo alcançado a vida. Aqui o papel vitalizante do analista ganha relevância e desafios são impostos: como chamar tais pacientes à vida, como resgatá-los de uma única e terrorífica forma de viver; ou, melhor falando, de sobrevivência? Para tais pacientes, a tarefa do analista será, portanto, transformar essa empobrecida e extremamente sofrida forma de sobreviver em uma experiência viva.

A capacidade de estar vivo é uma conquista. Sentir-se vivo não é algo inerente: "é a somatória de experiências que ao longo do desenvolvimento se tornam emocionais e adquirem sentido para nós" (Boraks, 2008, p. 115).

Boraks também discorre sobre a vitalidade na relação transferencial: tal vitalidade ocorre no entre da relação e na experiência emocional vivida no momento envolvendo o par analítico: o analista precisa manter sua própria vitalidade. E aqui consideramos fundamental destacar: vitalidade que se manifesta em sustentar alternâncias entre vitalidade e desvitalidade, "com as quais deve sonhar, brincar e tentar nutrir seu analisando, para lhe propiciar a oportunidade de ter uma experiência de dependência disponível dentro de si" (p. 115).

Para que tal vitalidade seja integrada, ressalta Boraks (2008, p. 116), é necessário que possa ser uma experiência tanto para o analista quanto para o analisando. Boraks se refere a um jogo/abertura para se disponibilizar a ser transformado pelo outro – uma dinâmica transformado/transformador sem a qual a vitalidade se perde, assim como a própria análise.

A vitalidade da relação será mantida a partir do modo de o analista oferecer as transformações segundo o idioma do paciente e seu próprio. Se o analista se enrijece devido a filiações rígidas a correntes e teorias, "o brincar transformador" se perde e o analisando não consegue usar o analista de modo a acessar o que tem de mais verdadeiro de si mesmo. O uso do analista é importante na medida em que se constitui como sinal de vitalidade. Quando isso não se torna possível, a decorrência é o emergir da desesperança quanto à ampliação da experiência de viver.

Seguindo Winnicott, Boraks compreende a vida como "a realização da vitalidade ao longo do existir" (2008, p. 120). A não vida seria equivalente à submissão extrema que substitui a espontaneidade pelas organizações defensivas. Viver implica deslocamentos entre vários aspectos da existência que devem envolver o núcleo do ser, incluindo, como descreve Winnicott, ser capaz de abandonar momentaneamente o impulso para existir. Isso faz parte da saúde que inclui a esperança de recuperar a integração quando esta é perdida. A vida, portanto, constitui na manutenção de tal esperança e em acolher toda a amplitude de vivências subjetivas, inclusive o que temos de mais terrorífico, de modo a colocar opostos em um jogo que nos permita acessar um novo lugar frente a nós mesmos e aos outros.

A vitalidade não é algo dado ou estanque, mas, como adverte Boraks (2008, p. 120), além dessa abertura e conexão com os vários estados de ser, inclui a ousadia para a transgressão do já estabelecido em nós mesmos.

E, agora, somos direcionadas à relação entre a vitalidade e a função analítica:

> *Quando a relação analítica toma a sua própria vitalidade como referencial e a capacidade de estar vivo está presente, cria-se um campo no qual duas pessoas poderão cooperar numa espécie de interjogo, para criar e/ou redesenhar as vivências decorrentes de experiências reais, de produtos da fantasia, de consequências de invasão ou privação, oferecendo a ambos a oportunidade de expandir a capacidade de estar vivo. (Boraks, 2008, p. 120)*

Estar vivo e se deixar tocar pela subjetividade do paciente requer do analista o contato com os mais diversos aspectos de seu próprio ser, mesmo os mais primitivos, o terror, seus conflitos mais ameaçadores, e, incluímos aqui, sua própria abertura ao deixar de existir momentaneamente (mantendo, dessa forma, a saúde). O trabalho analítico se constitui baseando-se em grande parte na manutenção de opostos em jogo: será possível se houver, portanto, "um profundo envolvimento da pessoa do analista com aquilo que sua vitalidade o faz experimentar" (Boraks, 2008, p. 122).

O mito da "inteireza" e de um funcionamento harmônico de nós mesmos deve ser abandonado: a capacidade de estar vivo, a vitalidade, implica conviver e produzir transformações a partir de nossas ambivalências – "a partir, inclusive, da nossa ambivalência em relação à capacidade de estarmos vivos" (Boraks, 2008, p. 122).

Optamos por iniciar o capítulo com essa reflexão sobre vitalidade a fim de buscar dar ao termo um *status* de conceito. A partir daqui, retornamos a Winnicott, agora segundo a perspectiva de relacionar a função vitalizadora da mãe com a dimensão vitalizadora presente no *setting* analítico.

O cuidado materno como convite à vida

Atentemo-nos para as palavras de Winnicott (1962/1982b) na apresentação de seu texto "Os objetivos do tratamento psicanalítico":

> *Ao praticar psicanálise, tenho o propósito de:*
> *Me manter vivo;*
> *Me manter bem;*
> *Me manter desperto. (p. 152)*

E completa: "ser eu mesmo e portar-me bem" (p. 152). Tal impactante declaração merece uma reflexão que nos conduza para além do que se apresenta aparentemente simples e suscitador de entendimento superficial. A necessidade de presença viva está aí colocada: uma ética que coloca o analista em estado de implicação à semelhança da disponibilidade da mãe, que, se suficientemente boa, apresenta-se como fonte de alimento vivo para seu bebê ou criança: um "seio vivo" – ao contrário de casos em que se oferece um "seio morto" (ou por cuidar de seu filho de forma automática e estereotipada, ou por estar absorta em seus próprios devaneios, ou por questões psicopatológicas). Ser ele mesmo implica a oferta da pessoa real, ou seja, de posse de seus recursos anímicos e de uma maneira que compareça com seu idioma pessoal. A convocação da pessoalidade do analista deve se dar, entretanto, de tal forma que este não inunde o cenário analítico com *acting-outs*, o que só poderá ser possível se o analista estiver integrado e em contato com seus núcleos menos saudáveis e estagnados. A consequência será o "portar-se bem": não como técnica "mecanizada", mas como disponibilidade sensível guiada para as necessidades do paciente.

Entendemos necessidades como necessidades do eu, irredutíveis às necessidades fisiológicas e instintuais. Se a mãe for ao encontro delas, estará facilitando as condições para que o bebê tenha preservada sua continuidade de ser. As necessidades do eu correspondem a necessidades de contato íntimo, corporal e afetivo de comunicação: olhar e ser olhado. Winnicott usa a palavra "amor" para identificar tais cuidados ambientais, advertindo, entretanto, para o risco de soar sentimental. Com nossos pacientes, entendemos atender suas necessidades ao acompanhá-los empaticamente de acordo com o momento do amadurecimento emocional em que se encontram.

Encaminhamo-nos aqui ao reconhecimento de que o cuidado do analista, como se apresenta, tem como modelo o cuidado mãe-bebê em sua função primordial de convidá-lo para a vida. Convidar para a vida é propiciar, a partir da identificação com seu filho, o oferecimento de "coisas vitais", como ser segurado no colo, ser olhado, tocado, o que nos leva a pensar na ideia de um contato íntimo. Relacionamos o que aqui referimos como convite à vida ao atendimento das necessidades do eu que propicie uma experiência de mutualidade (Winnicott, 1969/1994b).

Consideramos assim com relevância o papel da mãe em seu investimento de cuidados e sua presença, impulsionadora de vínculos vitais e de esperança – destacando esta última como fundante da abertura para a existência. Reconhecemos, portanto, o par mãe-bebê como modelo de referência da situação psicanalítica.

Mas, antes, é pode ser proveitoso pensar na pessoa real do analista. Poucos analistas, como Winnicott, compareceram tão maciçamente com seu próprio modo de ser, de forma verdadeira e autêntica, forma esta que se constitui como vetor de uma comunicação viva com o paciente. Entendemos como comunicação viva aquela facilitadora da ampliação da capacidade de viver e do tornar-se humano em tudo o que isso implica quanto à vastidão de experiências próprias do existir. Valemo-nos aqui do valioso prefácio de Masud Khan (1949/1993) no livro de Winnicott *Textos selecionados. Da pediatria à psicanálise*, assim como das palavras do psicanalista Heitor de Macedo sobre a personalidade e humor de Winnicott. Assim Khan (1949/1993) apresenta Winnicott:

> *Quando olho para trás, para os quase vinte anos de meu trabalho com Winnicott, o que me surge vividamente é a sua postura corporal relaxada e a sua suave concentração. Winnicott prestava atenção com o corpo todo, e tinha um olhar perspicaz e respeitoso, que nos focalizava com um misto de dúvida e absoluta aceitação. Uma espontaneidade de criança impregnava os seus movimentos. Mas ele podia também ficar muito quieto, inteiramente controlado e quieto. Jamais conheci outro analista que fosse tão inevitavelmente ele mesmo. Era essa*

> *característica de ser inviolavelmente ele mesmo, que lhe permitiu ser tantas pessoas diferentes para tanta gente. Cada um de nós que o conhecemos tinha seu próprio Winnicott, e ele jamais atropelou a ideia que o outro fazia dele pela afirmação de seu modo pessoal de ser. No entanto, permanecia inexoravelmente Winnicott. Comecei propositalmente por defini-lo em sua presença física, porque não seria possível compreender o seu talento clínico sem primeiro entender que, nele, a psique e o soma encontravam-se em perpétuo diálogo, e suas teorias são simplesmente a abstração daquela constante pessoa que era Winnicott, o ser humano e o terapeuta. E novamente, Winnicott o homem e Winnicott o clínico eram recíprocos um com o outro, formando um bloco único, inteiriço. (p. 7, grifo do original)*

Ser você mesmo, a reciprocidade entre a pessoa e o analista, o diálogo entre psique e soma, a espontaneidade, o trânsito entre gestos e quietude, a ligação absoluta entre suas teorias e o ser humano e terapeuta – por aí Khan vai "desenhando" Winnicott. O analista precisará ser inexoravelmente ele mesmo como ponto de partida para um contato autêntico e propiciador de confiabilidade e do despertar de esperança no paciente. Também a mãe precisa de modo semelhante se oferecer a seu filho: inexoravelmente ela mesma, não máquina, imperfeita, verdadeira, dedicada, com um amor que não é puro sentimentalismo, mas que inclui ódio (entretanto, tolerando-o, não podendo exprimi-lo e sem fazer nada acerca do assunto, sem se vingar na criança) (Winnicott, 1947/1993a). Sermos inexoravelmente nós mesmos, como cuidadores – mãe ou analista –, será condição para o estabelecimento do vínculo vitalizador com o filho/paciente, que convida para a vida e para a esperança de um porvir fértil, rico de possibilidades e novidades, de amplos e extensos territórios do viver. A presença viva da mãe e do analista constituem-se, assim, como uma disponibilidade ao deixar-se usar em suas várias competências anímicas, o que inaugurará um acontecimento humano: cambiante, aberto a transições entre vários estados de ser – incluindo, de modo paradoxal, o compartilhamento de experiências de desvitalização.

Aqui estamos falando de saúde psíquica, entendendo-a como trânsito e como encontro de infinitas possibilidades com o mundo, de modo a ser capaz de transformá-lo ao mesmo tempo em que se é transformado por ele. A saúde psíquica que está intrinsecamente ligada à capacidade de estar vivo inclui os "naufrágios" a que se refere Fausto, personagem de Goethe (1808/1984). Entrar na vida implica a experiência, inclusive e de modo especial, de sofrer: o sofrimento, diverso da agonia que deixa em suspenso o indivíduo, "implica em devir, em destinar o vivido", como afirma Safra (2004, p. 70). Entretanto, poder alcançar o sofrimento como possibilidade de ensinamento só acontece pela hospitalidade ofertada ao singular de si mesmo pelo outro – aqui melhor definindo o que mencionamos como pessoalidade.

Macedo (1999), de modo semelhante a Khan, em seu livro intitulado *Do amor ao pensamento*, apresenta Winnicott a partir de seu modo de ser. Inicia destacando a alegria que o psicanalista inglês experimenta em fazer seu trabalho de psicanalista e pensar sobre ele. Há a dimensão desafiadora de seu ofício, de modo que Winnicott afirma constantemente o prazer em exercê-lo e a experiência fecunda que ele representa para o pensamento. É frequente encontrar em seus relatos: "eu participava ativamente nesta brincadeira que muito nos divertia" (Winnicott, 1984, p. 25), ou "estávamos os dois encantados em brincar juntos" (p. 61). Sobre a importância do humor, dirá:

O senso de humor é a marca de certa liberdade: o inverso da rigidez das defesas características da doença. É aliado do terapeuta, que, graças a ele, experimenta um sentimento de confiança autorizado a certa liberdade de ação. É uma prova da imaginação criadora da criança e de sua alegria de viver. (p. 41)

Macedo ressalta muito apropriadamente que um analista que trabalhou com casos tão difíceis fez da alegria o centro da concepção de seu trabalho. Entretanto, adverte que não se trata de um traço de temperamento, mas de uma escolha ética, que Winnicott (1975) enunciará, aliás, categoricamente: "se o terapeuta não pode brincar, isto significa que não é feito para este trabalho" (p. 80). O brincar aqui também é entendido não como simplesmente a dedicação a atividades ou brincadeiras, mas como uma capacidade do analista de se colocar na posição subjetiva de acordo com as necessidades psíquicas do paciente: é a esse jogo que se refere Winnicott.

Sigamos um pouco mais com Macedo (1999), que traz contribuições relevantes capazes de nos auxiliar na articulação entre a relação mãe-bebê e analista-paciente: iniciamos com a amamentação, esta como protótipo – tempo inaugural do encontro humano. "A mãe disponível é a que não se encontra angustiada e é capaz de instalar o bebê confortavelmente e que prepara, se está tudo bem, o *enquadre* em que a mamada pode acontecer" (p. 22). É muito interessante o uso ampliado que Macedo faz do termo enquadre: "O enquadre faz parte de uma relação humana" (p. 22). O autor ressalta que, no momento de amamentação, a partir do contato com o corpo de uma mãe que olha seu filho e o vê como pessoa, o bebê experimenta sensações muito *vivas*. Tais sensações são fruto desse enquadre e do cuidado vivo da mãe:

> [o bebê] tem necessidade de ser tomado com amor, ou seja, de forma viva, *sem embaraços, sem angústia e sem tensão. Eis o enquadre. Cedo ou tarde, haverá certo contato entre o mamilo da mãe e a boca do bebê. A mãe está presente no* enquadre, *faz parte dele e gosta particularmente da intimidade dessa relação. O contato com o mamilo dá ideias ao bebê!* "Talvez haja, fora da boca, algo que valha a pena ser encontrado". *A saliva começa a escorrer. Há a possibilidade de escorrer tanta saliva, que o bebê pode ter prazer em engoli-la e não sentir, por um momento, necessidade de leite. Pouco a pouco, a mãe lhe permite, na imaginação, a própria coisa que ela lhe oferece e ele começa a colocar o mamilo em sua boca, a ir até à raiz, a mordê-lo e, pouco a pouco, a sugá-lo. Depois, segue-se uma pausa. As gengivas afastam-se do mamilo e o bebê se desinteressa da cena que acontece. A ideia de desejo se dissipa. O bebê tinha uma ideia e o seio veio com o mamilo, um contato foi estabelecido. Depois o bebê concluiu a ideia, virou-se e o mamilo desapareceu. Como a mãe reage ao desinteresse do bebê? Ele não tem um objeto que lhe é recolocado na boca para que os movimentos de sucção recomecem. A mãe compreende o que ele sente, porque ela* está viva e tem imaginação. (Macedo, 1999, pp. 22-23, grifos do original)

O amor materno se apresenta como equivalente a tomar o bebê de forma viva: sem "embaraços", sem que algo perturbe a experiência e a instalação do enquadre, este definindo o encontro vivo. Adiante, ele afirma que a mãe compreende o que o bebê sente porque está viva e tem imaginação. Também o analista só será capaz de ir ao encontro da necessidade de seu paciente se estiver vivo e de posse de sua imaginação, ou seja, de sua criatividade psíquica. A mãe viva possibilita ao bebê uma experiência viva, assim como o analista com seu paciente. Acrescentamos aqui, para maior possibilidade de entendimento do analista como presença viva, o acesso à sua criatividade psíquica e à liberdade de experimentar.

A seguir, recorremos ao próprio Winnicott, continuando a convidar o leitor ao exercício de articular, fazendo uso da conceituação de Macedo, o enquadre mãe-bebê e o enquadre terapêutico (definindo-o como campo de vitalização).

Winnicott fala do amor da mãe inúmeras vezes no decorrer de sua obra, como a condição para esta se vincular a seu bebê de modo a lhe transmitir vitalidade e confiabilidade. Ambas estão ligadas, assim como a transmissão da esperança: a experiência fundamental de intimidade e da alegria (a alegria de estar em contato, no início primordialmente físico) com seu filho. Num texto de 1958, Winnicott fala dos diversos sentidos do termo "Amor", que vai se modificando no decorrer do processo de amadurecimento. No início, "Amor significa existir, respirar; estar vivo identifica-se a ser amado" (1958/1993d, p. 19). Deduz-se daí que a condição de estar vivo depende do "ser amado", ou seja, dos cuidados amorosos da mãe. Seguem algumas passagens em que Winnicott sublinha a importância do amor materno: "Sabemos que, em se tratando de crianças pequenas, é só o amor por aquela criança que torna a pessoa confiável o suficiente" (1950/1993c, p. 33). Em outro texto, ele afirma: "É algo [cuidados iniciais do lactente] que só se torna possível através do *amor*. Dizemos, por vezes, que a criança precisa de amor, mas queremos significar com isso que só alguém que ame a criança pode fazer a necessária adaptação à necessidade" (1964/1982f, p. 208, grifo do original). E, ainda: "se poderia usar a palavra 'amor' aqui [em referência a esses cuidados maternos], correndo o risco de soar sentimental" (1962/1982c, p. 69).

A comunicação denominada por Winnicott comunicação mãe-bebê de mutualidade se inicia no útero. No ventre, o bebê já é um ser humano e, quando nasce, já teve uma soma de experiências (Winnicott, 1964/1982e, p. 20) – lá ele mostra sinais que são próprios dele; ou seja, não apenas a mãe transmite vivacidade para o bebê, mas também "este, quando ao espernear dá sinais concretos de vida e de vivacidade" (p. 21), é ativo no sentido de deixar a mãe contente de ir conhecendo-o, mesmo antes de nascer, e vivenciando a alegria, se ela está bem, de receber tais sinais de vida. Também o bebê já aprendeu muito a respeito da mãe, "compartilhou de suas refeições" (p. 21), o sangue fluindo mais rápido quando se alimentava ou corria para pegar um ônibus. Ele saberá quando a mãe está ansiosa ou zangada; ou, se é mais calma, terá conhecido estados de paz, esperando ao nascer, por sua vez, um colo aconchegante ou um passeio tranquilo em seu carrinho.

A importância da intimidade, esta transmissora de comunicações para assegurar que o filho é bem-vindo à vida, se inicia em termos corporais, e Winnicott coloca como o primeiro contato com o bebê as horas da alimentação, quando ele está excitado. Haverá também os momentos em que está calmo: são os dois estados vivenciados pelo bebê – de inquietude e de quietude. Alguns bebês choram muito, mas também poderão se acalmar, por exemplo, durante o banho, dando-se assim início a um relacionamento humano. Segundo Winnicott esse momento constitui uma ocasião de contentamento.

É relevante pensarmos como a comunicação se dá com base nas experiências corporais, estas propiciando experiências de vitalização: tanto quando o bebê está excitado como, nos intervalos, "quando ele estará exultante por encontrar a mãe por trás do seio ou da mamadeira, e descobrir o quarto por trás da mãe, e o mundo para além do quarto" (Winnicott, 1964/1982e, p. 23).

Embora Winnicott, de certa forma, priorize as horas de amamentação como propiciadoras de conhecimento mútuo e de vitalização recíproca, também serão importantes as horas de descanso, do banho ou as trocas das fraldas.

Nas primeiras semanas ou meses do bebê, os alicerces da saúde emocional são lançados pela mãe; para isso, ela precisa estar protegida (principalmente pelo pai) para devotar-se de modo intenso neste início, quando o vínculo entre os dois é tão poderoso. É porque acredita nessa vinculação entre o desenvolvimento emocional do bebê e o cuidado da mãe que Winnicott afirma: "só agora começamos a dar-nos conta da maneira absoluta como o bebê recém-nascido necessita do *amor* da mãe" (Winnicott, 1964/1982g, p. 27, grifo nosso).

Se, como já falamos, a vitalidade do bebê depende nesse começo, de certo modo, da mãe (veremos adiante como esta questão da vitalização proveniente da mãe é complexa, devendo ser pensada em termos de paradoxo), a alegria desta ao desfrutar o contato íntimo e corporal com seu filho é incentivada por Winnicott em uma de suas palestras dedicadas às mães, intitulada "O bebê como organização em marcha":

> *Bem, faço votos para que se divirta! Divirta-se por a julgarem importante. Divirta-se deixando que as outras pessoas cuidem do mundo, enquanto você está produzindo um de seus membros. Divirta-se com a sua concentração interior, quase enamorada de si própria – o bebê é uma parcela tão próxima de si. Divirta-se com a maneira como o seu homem sente-se responsável pelo bem-estar tanto seu como do bebê. Divirta-se descobrindo coisas novas a seu próprio respeito. Divirta-se tendo mais direito do que jamais conseguira ter, antes de fazer justamente aquilo que acha bom. Divirta-se quando fica contrariada porque os gritos e prantos do bebê o impedem de aceitar o leite que você anseia por dar com*

> *generosidade. Divirta-se com toda espécie de sentimentos femininos que você não pode nem sequer começar a explicar a um homem. Em particular, sei que a leitora [mãe] vai adorar os sintomas que gradualmente irão aparecendo, de que o bebê é uma pessoa e de que você é reconhecida como uma pessoa pelo bebê. (Winnicott, 1964/1982g, pp. 27-28, grifos nossos)*

Tal reconhecimento recíproco vai sedimentando as bases para o ingresso do bebê na vida: o desfrute da mãe é importante para seu próprio prazer, mas esse prazer extraído de cuidar de uma criança é *"vitalmente importante do ponto de vista do bebê"* (Winnicott, 1964/1982g, p. 28, grifos nossos).

O prazer da mãe é fundamental para o bebê – e, podemos acrescentar, vitalizador: o prazer que acompanha os cuidados que são importantes não por serem corretos, isso seria monótono e mecânico. O alimento será importante não tanto por vir na hora certa, mas por ser oferecido por alguém que *"ama"* (Winnicott, 1964/1982g, p. 28, grifo nosso) alimentar seu bebê. Podemos aqui fazer uma primeira leitura do destaque reiterado que o autor dá para o "amor" da mãe, que ele menciona repetidas vezes: amor aqui se aproximando de prazer, embora não apenas, como veremos adiante. O prazer da mãe, afirma o autor, é como o "raiar do sol do bebê" (p. 28). Articulamos aqui com a alegria enquanto posição ética mencionada por Macedo: alegria fruto de um processo de amadurecimento e do estar integrado. A alegria, embora acompanhada dos inúmeros estados de ser que se inter-comunicam, continua sendo, entretanto, carro-chefe para o encaminhamento de um encontro vivo. O analista, assim como a mãe, precisa receber seu paciente de forma viva, com alegria não como traço de caráter, mas anunciadora de que existem modos saudáveis (entendendo saúde não como ausência de sintomas, mas como riqueza interna) de viver.

Mas é fundamental esclarecer a complexidade dessa dependência do bebê, que não se apresenta inteiramente passiva, apenas o suficiente para receber impulsões de vida. Mais um dos paradoxos de Winnicott: o bebê, diz ele às mães na citada palestra, não depende dela para desenvolver-se: "cada bebê é uma *organização em marcha*" (Winnicott, 1964/1982g, p. 29, grifos do original). Como entender tais afirmativas do autor? Vale a pena acompanharmos suas palavras: "Em cada bebê há uma *centelha vital* e seu ímpeto para a vida, para o crescimento e o desenvolvimento é uma parcela do próprio bebê, algo que é inato na criança e que é impelido para frente de um modo que não podemos compreender" (p. 29, grifos nossos).

A tendência para a vida e o desenvolvimento é algo inato ao bebê, ainda que este, paradoxalmente e ao mesmo tempo frágil de corpo, necessite dos cuidados provenientes do "amor materno". O desenvolvimento emocional do bebê depende de o próprio estar vivo – este como condição para o seu amadurecimento. Entretanto, as potencialidades herdadas só poderão amadurecer na dependência de um ambiente favorável. O ímpeto vital, a centelha vital do bebê só pode se desenvolver a partir do amor da mãe, este visto como condição essencial para a saúde emocional do bebê: ele *necessita de modo absoluto do amor da mãe*.

Os paradoxos apresentados nos levam a refletir que a vitalização (e, ocasionalmente, a desvitalização) se situa na dupla, no entre; o bebê e sua centelha vital nos remetem à crença na natureza humana a que se refere Winnicott (1954-1955/1993b): "Para que seja feito algum trabalho, é necessário *que uma crença na natureza humana e nos processos de desenvolvimento exista no analista*, e isto é rapidamente sentido pelo paciente" (p. 478, grifos do original). É claro que, quanto mais no início, mais o bebê em sua fragilidade e o paciente regredido, enredado por questões primitivas, precisarão do investimento da mãe/do analista. Entretanto, o encontro, a construção da relação de intimidade é um "trabalho" conjunto.

Nessa interessante palestra, Winnicott interroga as mães sobre estas se sentirem aliviadas, já que muitas *ficam privadas do prazer da maternidade por se sentirem responsáveis pela vivacidade do bebê*. Essas mães ficam no papel de "*animadoras*", colocando o bebê para saltitar no colo, buscando risadas ou algum sinal que as tranquilize, aguardando que acordem para dar *sinais de vida* – algo que indique que o "processo vital continua na criança". Em última análise, conclui Winnicott, "a vida depende menos da vontade de viver do que do fato de respirar" (Winnicott, 1964/1982g, p. 30). Os bebês não se tornam vivos porque a mãe tem de pôr vida neles: existe um processo vital próprio deles (muito difícil de extinguir, adverte Winnicott). Eles não são obra das mães.

Tudo isso nos remete à função vitalizadora do analista: a reanimação psíquica não significa "animar" o paciente com injeções de ânimo. Precisamos pensar que, mesmo em estados de quase morte, também no paciente o processo vital continua. Não cuidaremos apenas do que está adoecido, mas também do que permanece vivo. Por outro lado, o "vivo" tanto na mãe quanto no analista corresponde a estar ligado empática e vivamente às necessidades de quem é cuidado – a criança e o paciente –, preservando a atenção às manifestações de vida psíquica, mesmo que ocorram momentos em que algo da vitalidade esmorece; momentos esses que também fazem parte da vida.

O cuidado deve dar-se também no sentido de respeitar o tempo para o recolhimento tanto do paciente como do bebê, quando este necessita ficar entregue às suas divagações, simplesmente deitado. Privar as crianças dessa experiência pode retirar-lhes algo essencial, assim apontado por Winnicott: a sensação de que elas próprias querem viver. Também enquanto analistas precisamos estar atentos para sustentar a esperança do desejo de viver do paciente, ajudá-lo a se conectar com os sinais de sua ligação com a vida; mas, tal qual as mães, possibilitar que sintam como pessoal tal desejo. Winnicott nos encaminha para um pensamento paradoxal: a função vitalizadora, que deve estar presente de modo fundamental no cuidador, deve se dar de tal forma que haja espaço para um "deixar estar", para que o processo vital aconteça de tal forma que a sensação não seja de que a vitalidade foi incutida, inserida, mas que é, acima de tudo, do próprio indivíduo.

Podemos pensar que, apesar de reconhecer a importância fundamental do ambiente, ele é secundário: a mãe corresponde à centelha vital, o bebê tem o ego forte e fraco – é forte porque a tendência ao amadurecimento, para se integrar, para a vida que vem da natureza humana, é muito presente em nós todos, por isso nos mantemos, sendo capazes de encarar as adversidades. O bebê é frágil porque ele ainda não pode sustentar sozinho o impulso para a vida. Winnicott destaca essa tensão permanente entre o indivíduo e o ambiente: pensar no bebê como uma "organização em marcha" possibilita à mãe liberdade para a observação do que acontece em seu desenvolvimento. Winnicott finaliza essa palestra afirmando que será assim possível "desfrutar o prazer de reagir às suas necessidades" (Winnicott, 1964/1982g, p. 30).

Também podemos associar tal imagem ao paciente: precisando que nos liguemos ao que lhe é vitalmente próprio e que segue em desenvolvimento, mas também às interrupções dos processos de saúde, estas capazes de levar a recuos e paralisações na marcha. De qualquer modo, assim como Winnicott ressalta que os bebês não são obras da mãe, e que eles crescem e elas são propiciadoras de um ambiente facilitador e adequado, também podemos deduzir que um dos aspectos da vitalização necessária no processo terapêutico se liga à ideia de que nossa função também é oferecer um entorno facilitador do desatar os nós próprios das dificuldades de viver e, em casos mais graves, de alcançar a vida.

Esperamos ter começado a esclarecer essa complexa ideia que envolve a ligação entre a função vitalizadora da mãe com a do analista.

Uma das possibilidades de efetuar tal vinculação, de suma importância, como já vimos apresentando, refere-se à alimentação – esta entendida como uma das partes mais importantes de uma relação entre dois seres humanos:

> *possibilitando que unam-se mutuamente pelos tremendamente poderosos laços do amor e, naturalmente, terão primeiro de aceitar os grandes riscos emocionais envolvidos. Assim que chegarem a uma compreensão mútua – que pode acontecer logo ou só depois de alguma luta – passam a confiar um no outro e a entender-se reciprocamente, e a alimentação começa a cuidar de si própria. (Winnicott, 1964/1982d, pp. 32-33)*

Este é o começo da tessitura da confiabilidade – cenário propiciador do vir a ser do bebê: tudo funcionará bem fisicamente se a relação emocional está se desenvolvendo naturalmente. Uma mãe que não está tomada por um estado de extrema angústia é capaz de agir com delicadeza. É ela que instala o bebê confortavelmente e que prepara, como Macedo (1999, p. 22) o nomeia, o *enquadre* em que a mamada acontecerá. É inegável a proximidade desse começo com os primeiros tempos do encontro analista-paciente. Em ambas as situações, é fundamental a instalação de um cenário-enquadre, espécie de "forração" para que a relação de confiabilidade e de enriquecimento mútuo possa vir a acontecer.

A amamentação deve se dar de modo natural, sem a interferência de outros. Winnicott enfatiza que, dessa forma, a mãe saberá sobre bebês com seu bebê, assim como o bebê saberá da mãe a partir da dele. Daí decorrem grandes sensações de prazer que participam tanto do íntimo vínculo físico como do emocional: podemos voltar a sublinhar o destaque dado ao prazer fazendo parte da intimidade, esta geradora de vida e do fortalecimento crescente dos laços amorosos que unem a mãe ao seu bebê.

Optamos por enfatizar a amamentação enquanto possibilidade de vitalização, entretanto, ao longo de toda a obra de Winnicott e do processo de amadurecimento, está colocado o vínculo mãe-filho em paralelo ao vínculo analista-paciente. Embora já tenhamos apresentado a necessidade do analista enquanto presença viva e real, vamos nos deter, a seguir, na função vitalizadora na relação terapêutica.

O analista como presença viva e amorosa

Como já falamos no início, se a vitalização é central junto a pacientes regredidos, às voltas com questões primitivas, o analista deve se apresentar como presença viva em todos os casos. Como presença viva, propomos que pensemos não em procedimentos animadores, mas concebendo um analista implicado, em permanente trabalho com seu próprio psiquismo, de modo a preservar seu paciente de invasões, resguardar a previsibilidade e, consequentemente, a confiabilidade. Autenticidade e interesse genuíno colocam o analista numa posição (ética) de guardião da esperança de que "vai passar", da aposta nos recursos de seu paciente, sustentando-o e paradoxalmente recuando, de modo que este se conecte com sua própria "centelha vital" e tenha a experiência de que cria o ambiente, da mesma forma que um bebê bem cuidado tem de que criou o seio. Ao mesmo tempo, o analista precisa estar atento aos aspectos não saudáveis e cuidar do que está adoecido. Winnicott dissera a sua paciente Margaret Little, como esta relata em seu livro *Ansiedades psicóticas e prevenção: registro pessoal de uma análise com Winnicott*: "Ele [Winnicott] dissera sobre mim um pouco antes: 'Sim, você está doente, mas também há muita saúde mental aí'. Comecei a reagir com ansiedade, e ele acrescentou: 'Mas isso fica para depois, o importante agora é a doença', tendo percebido o meu medo de que ele a negasse ou esquecesse" (Little, 1992, p. 50).

O "vai passar", algumas vezes necessitando mesmo ser verbalizado, não é mero reasseguramento: é um modo de temporalizar o paciente e sua dor – desde as mais agudas (as agonias) até os conflitos de ordem neurótica. Paradoxalmente, como vimos no relato de Little, é preciso o reconhecimento daquilo que está doente, o analista como testemunha, ora numa posição de maior atividade, ora estando ao lado do paciente em seu atravessamento da dor – o "vai passar" devendo ancorar-se na crença na natureza humana, nas próprias reservas anímicas e de fé do analista. Propicia-se assim ao paciente que viva a partir de si mesmo, em seu ritmo: temporalizar é auxiliá-lo a "viver uma experiência com início, meio e fim, tal como no jogo da espátula: uma experiência criada por si, que o levará à integração de si mesmo e de sua relação com o mundo, a partir de um relacionamento real e vivo" (p. 110), como enfatiza Tania Hammoud em seu texto "A presença viva como tarefa incontornável do analista na clínica do adoecimento" (2017).

Seguindo a autora:

> *Paciente e analista precisam viver uma experiência na qual um, analista, concede ao outro, paciente, o trânsito por essa área chamada por Winnicott de espaço potencial. Nele, podem ocorrer experiências através das quais, gradativamente, subjetivo e objetivo se conjugam. O valor desse espaço é fundamental porque é nele que o essencialmente* vivo *para o amadurecimento acontece, permitindo a criatividade. Ser criativamente no mundo real e, portanto, encontrar sentido no viver, depende do ambiente que propicia o espaço da subjetividade, da potencialidade, espaço da presença na ausência, do ser*

e do não ser, do ter e do não ter, espaço dos paradoxos. (Hammoud, 2017, p. 105, grifos nossos)

É importante destacar esse trânsito assinalado por Hammoud: entre ser e não ser, ter e não ter, presença na ausência – e podemos incluir os momentos de desvitalização tendo de ser igualmente atravessados pela dupla. A experiência real e viva sendo vivida por ambos – não desconsiderando desafios e obstáculos – e propiciadora de uma experiência criativa. Procurando entender o que aqui estamos chamando de "experiência criativa", recorremos a Winnicott:

Para ser criativa, uma pessoa tem que existir, e ter um sentimento de existência, não na forma de uma percepção consciente, mas como uma posição básica a partir da qual operar. Em consequência, a criatividade é o fazer que, gerado a partir do ser, indica que aquele que é está vivo. Pode ser que o impulso esteja em repouso; mas quando a palavra "fazer" pode ser usada com propriedade já existe criatividade. (Winnicott, 1989, p. 31, grifos nossos)

Seguindo com os paradoxos, a presença real e viva do analista exige também, como adverte Hammoud (2017), o "ficar de fora": "ficar com a sua parte, para que o paciente possa encontrar a si mesmo, através desse ambiente vivo, verdadeiro e não invasivo. . . . Não ser invasivo é estar totalmente presente, vivo e, ainda assim, ser capaz de dar ao outro a primazia nessa experiência vivida a dois" (p. 107). O analista precisa ser ele mesmo, mas portar-se com "atitude profissional", como afirma Winnicott (1960/1982a):

O analista é objetivo e consistente na hora da sessão, sem pretender ser um salvador, professor, aliado ou moralista.

> *O efeito importante da análise do próprio analista neste contexto é que fortalece seu próprio ego de modo a poder permanecer* profissionalmente *envolvido, e sem esforço demasiado.* (p. 148, grifos do original)

Entre o paciente e o analista está "a atitude profissional do analista, sua técnica, *o trabalho que executa com sua mente*" (p. 148, grifos do original).

Portanto, o analista precisa ser ele mesmo com sua presença sensível e sua singularidade, mas portar-se bem – aquilo que Winnicott identifica aqui como "atitude profissional": um trabalho com sua mente que dependerá primordialmente de sua análise pessoal e que possibilitará a necessária supremacia do paciente no processo.

A seguinte afirmativa de Winnicott nos auxilia a pensar a função vitalizadora do analista como um misto de implicação e reserva: "O piquenique é do paciente, e até mesmo o tempo que faz é do paciente" (1965/1994a, p. 247). Essa é a experiência de um encontro vivo, não se tratando de uma "técnica, mas de uma experiência do viver" (Hammoud, 2017, p. 108).

A seguir, partindo da vinculação sobre a qual discorremos no item anterior entre vitalização e amor materno, propomos, seguindo as reflexões de Lejarraga (2019) sobre o (por ela denominado) "amor analítico", destacar a importância deste como agente terapêutico e vitalizador.

Perguntamo-nos, então, como propõe a autora, se cabe usar a palavra amor quando atendemos empática, verdadeira e vivamente um paciente. Aqui, precisamos de uma definição não piegas, evitando dessa forma o que Winnicott muito apropriadamente repudiava. Como primeira resposta, encontramos em trabalho anterior da mesma autora (Lejarraga, 2012) a concepção de Winnicott de amor como reunião e resultado da confluência de elementos heterogêneos.

São eles: desejo erótico, concernimento, intimidade e afeição. Mas qual a especificidade do amor analítico? Será ele necessário em todo processo terapêutico, estendendo-se para além dos casos de regressão à dependência?

Concluímos que, assim como a vitalização deve fazer parte da função analítica, também o amor, entendido como preocupação e cuidado, primordialmente o concernimento, é condição para uma comunicação viva e verdadeira com o paciente. O amor do analista, conclui Lejarraga, inclui os elementos de concernimento, intimidade e afeição, mas não o impulso erótico.

O amor à semelhança do amor materno, mas sem o enamoramento materno. O amor podendo também ser equiparado à capacidade de cuidar, à disponibilidade afetiva para envolver-se, a uma comunicação verdadeira, sensível e viva. Entretanto, os limites externos precisam ser respeitados, devendo o analista envolver-se e "des-envolver-se", mantendo a capacidade de afastar-se de seus sentimentos, salvaguardando, dessa forma, a diferenciação e a manutenção da dissimetria da relação.

Para finalizar este capítulo, compartilhamos um breve episódio clínico vivido com uma adolescente de 16 anos, seguido de reflexões que nos remetem a questões trazidas pelos autores aqui citados.

Movidas por essas questões, perguntamos: em que medida a vitalização se manteve presente na construção da relação entre a analista e a paciente, aqui chamada de Mel? Será que o amor analítico – como o depreendemos do pensamento de Winnicott e como é concebido por Lejarraga, supondo-o como troca afetiva, incluindo aqui a diversidade de sentimentos e afetos presentes, a ambivalência, a profusão de intensidades e variações do clima emocional – funcionou como âncora, como sustentação do encontro?

Neste caso, o amor e a vitalização, concebidos de modo articulado, foram convocados desde o início, ainda que não falados diretamente, talvez apenas por meio de uma comunicação silenciosa – tão essencial a pacientes que necessitam alcançar a vida, que se debatem entre entrar e ficar à margem.

Mas, se pudesse, a analista assim diria à paciente:

O piquenique é seu, Mel

Querida Mel, assim te nomeio porque a doçura, a qual sempre pesquei nas entrelinhas, ocultava-se nos primeiros encontros por trás de sua aguda amargura e, agora, por trás de seu amargor, sua acidez, por trás de cada "foda-se" dirigido ao mundo e a mim. Áspera e doce criatura. Anjo decaído trazendo a dor na carne dos braços cortados. Sou assim, desconfio de garras, especialmente de uma menina tão desamparada, perambulando pela cidade, que chega recém-púbere declarando sua depressão e reivindicando o reconhecimento (por parte dos pais e de mim por meio de gritos de socorro) de cuidado.

Lembro-me de que me espantei, você também, decerto, porque pedi que viesse novamente na mesma semana. Já na rua você volta e pergunta: "dessa semana?". Pensei a princípio que denunciava um excesso de contato; qual o quê: o vínculo fora estabelecido e nesses anos você compareceu com avidez aos encontros. Sua "centelha vital" recebendo meus cuidados e possibilitando a recepção de meus gestos de vitalização e amor. Sem a sua capacidade amorosa, eu nada conseguiria. Se fui à busca de trazê-la à vida, atravessando juntas desertos e terras vulcânicas em erupção, é porque você se disponibilizou a me receber. Trabalhamos juntas, mas o piquenique é seu. A balada é sua, o rolê é seu.

Minha preocupação e interesse por seu mundo confuso, atormentado, entre trevas e euforia, só foram possíveis porque fui recebida em sua casa interna, que não tinha teto, não tinha nada. Fui testemunha de suas buscas de pertencimento: desde o veganismo até a adesão à ideologia do mundo LGBT, de suas primeiras experiências sexuais, que, embora você alardeie por aí que foram quinze beijos, noutro dia vinte, são na verdade mais ansiadas e imaginadas do que talvez atuadas – busca de narcisação por meio de gestos estabanados. Afinal, para onde ir? Como ser olhada, senão mediante atos desastrados, quando vale tudo para o reconhecimento?

Você desde o início me pedia vida e uma comunicação amorosa: o cuidado sempre no centro. Atravessamos juntas tentativas de suicídio, a última com um saco plástico me deixou bem preocupada, viu? Para seus pais, repeti: "é grave!", "é muito grave!", eles sempre perdidos, entre preocupação e alheamento. Você não estava triste, a amargura cedera; no lugar, uma impulsividade igualmente preocupante. E eu sempre afirmei meu desejo de que você viva e eu sempre fui a primeira a receber seus telefonemas de socorro: "Eu tentei morrer".

Você sempre demandando cuidado – a capacidade de pedir ajuda é sinal de saúde em meio a tanto adoecimento. Frente ao imperioso desejo de transgredir, eu dizia: "não pode". Você me disse que eu era mais firme do que a psicóloga anterior. Parecia aliviada, mesmo que, não poucas vezes, me ameaçasse com raiva; eu precisando aceitar seu ódio, sem retaliar, mas mantendo a vigília.

Vigília lembra mãe, e aqui tem um autor chamado Winnicott que me ajuda, porque ele fala da necessidade da mãe viva – e eu concluo: de um analista vivo e vitalizador. Mas se você não abrisse a porta para mim, morreríamos ambas na praia, após braçadas em vão. Náufragas, igualmente náufragas. Entre febres ardentes e calafrios, você me convocava à vigília. Sim, o piquenique é seu. E quantas vezes fui "barrada no baile" e assim tinha/tem de ser.

Demorei a reparar que você puxa o divã, buscando encostar na minha poltrona. Ai, menina, como busca contato! Tem uma roca e você brinca com ela enquanto fala. E pede: "Posso ouvir música?".

Digo que sim, tentamos juntas acompanhar as letras, muitas vezes você demonstra "a falta de saco". Perguntei: "Por que você ouve música aqui?". E você respondeu: "Porque ninguém tem saco de ouvir minhas músicas". Entendo o precioso espaço preservado de invasões que vamos construindo. Muitas vezes fico apenas te olhando e parece que esse olhar com exclusividade, o tempo-espaço que é só seu, lhe oferece um tanto da paz que você diz que encontra aqui.

Mas você vai embora, por causa da mudança para outra cidade. Confesso que tem sido um luto mútuo. Consegui indicação de outra analista, e você me pergunta: "É velha?". "E se eu não gostar dela"? "Você sabe que sou difícil".

Você também é malandra, menininha, manipuladora, já até te falei, diz que é mimada e "foda-se". O mimo talvez confundido com cuidado. O "foda-se" ultimamente tão presente, jogando para o alto toda a falta de sentido em que é lançada pelos tsunamis internos e externos.

Mas, na última sessão, você veio mansa – isso é bom para mim também, o trabalho é exaustivo, como já dissera aquele psicanalista de que te falei. Mas também tem prazer: recebo de bom grado sua afetuosidade mais direta, os elogios e a promessa de um presente. Sou humana. Acho que esse encontro verdadeiro entre nós duas tem sido fundamental.

Quando acaba essa última sessão, você me pede para ver os cachorros (na minha casa, do lado do consultório). "Vamos!", repito com vigor. Jogamos bolinha para eles. Você perguntou os nomes. Você, vegana, que odeia a humanidade e ama animais. Não tenho palavras para descrever como ecoou em mim seu pedido de amor. Foi um piquenique. Você era a protagonista, mas também participei.

Dou-lhe um abraço forte e combinamos chamadas por vídeo até começar com a outra psicóloga. À noite, enquanto eu estava atendendo outro paciente, você deixa meu presente: maquiagem da Sephora e água Perrier. Você gosta de marca e você me marcou com esses pequenos e valiosos luxos. O feminino presente em nossos encontros: "Olha! Eu emagreci!"; "Essa roupa é conceito, né?" – você assim se dirigia a mim, clamando por meu olhar. Ou me olhando, me perscrutando: "Você tem olhos verdes!"; "já te disse que gosto de seu cabelo?" "já te disse que você tem bom gosto?".

Se o feminino veio junto com a maquiagem presenteada, a água surgiu como símbolo do que foi fertilizado, das terras áridas, do deserto paulatinamente irrigado. Você podendo dividir comigo a água, esse elemento essencial, pois você chegara sedenta e, entre encontros e desencontros, matamos juntas sua sede.

Mel, confesso que sou dada a apegos, talvez deslize um pouco na direção de certo enamoramento. Espero que tenha sido, apesar de algum exagero, terapêutico para você. (Temo que vazamentos tenham escapados, que não tenha me contido o suficiente e tenha te invadido.)

Esta é uma carta de despedida. Você acha engraçado quando digo: "Bacana". Nosso piquenique entre sóis e imprevisíveis temporais foi bem bacana. Mas ele é seu.

E quero você viva.

Beijo carinhoso,

Fatima

A construção de um abrigo seguro e vivo para Mel

Tudo o que nasce é rebento
Tudo que brota, que vinga, que medra
Rebento raro claro como flor na terra,
rebento farto como trigo ao vento...
Às vezes, só porque fico nervoso, rebento

> *às vezes, somente porque estou Vivo!*
> *Rebento, a reação imediata*
> *a cada sensação de abatimento*
> *Rebento, o coração dizendo: Bata!*
> *a cada bofetão do sofrimento*
> *Rebento, esse trovão dentro da mata*
> *e a imensidão do som nesse momento*
> Gilberto Gil, "Rebento", 1989.

Convocada que fora para cuidar da imprevisibilidade e da impulsividade que habitavam Mel, desde as tentativas de suicídio até a insistente declaração de ânsias por transgredir, a analista se disponibilizou de forma sensível e viva, mantendo-se em estado de preocupação.

Mel-rebento que precisa inaugurar sua estreia na vida, mas não sabe como, que inventa extravios-transgressões como modo de se sentir única e de ser vista: especialmente por meio da hiperssexualização e do uso de drogas. Não passaram de beijos as experiências sexuais, em meninos, em meninas; o corpo-mente espalhado sem contorno.

Sobre as drogas, alertava sobre seu desejo de experimentar de tudo: usou maconha algumas vezes, outras drogas, talvez, também me ocultara, decerto. Busca de desviar-se das vias previstas ditadas pela família adoecida; entretanto, busca equivocada, porque o destino de tais tentativas tem resultado em extravio e deriva. Mas algo a mantinha/mantém ainda abrigada: poucos rolês, amizades feitas e desfeitas levavam-na a certo isolamento, talvez única forma possível de se proteger dos riscos e das tentações. Daí deduzo que flerta com o perigo, mas, embora navegando em mares turbulentos, algo a mantém preservada de desastres.

O precipício sempre no horizonte me levou a regulares contatos com os pais, estes perdidos, alternando sua presença entre desamparo e mimos. Presença que desaparece (como no dia em que Mel colocou um saco na cabeça e deixaram-na ir sozinha para São Paulo) e reaparece esfumaçada sob a forma de mimos. Eu precisando alertá-los sobre a gravidade do seu adoecimento e de sua necessidade de ser olhada/reconhecida, não pela satisfação de seus desejos (roupas, restaurantes caros, tatuagens e *piercings*) – o mimo –, mas da oferta de um contorno, de uma âncora que possibilitasse gradativas e cautelosas largadas ao mar com garantia de porto seguro.

Se me vinculei, por um lado, pela atenção a sua necessidade de cuidado, é imprescindível reafirmar a capacidade de se ligar que Mel apresenta: a presença da "centelha vital" possibilitando a busca de ajuda. Trabalhamos juntas, ela a protagonista, o vivo dentro conectado com a necessidade de cuidar do terror que a visita, mas também significando chama de esperança.

Sem sua resposta ao meu chamado para a preservação da vida e da busca de sentidos novos, não haveria encontro. Não haveria refeições: o prato por mim ofertado sempre recusado. As recusas: seu coração dizendo "bata", a cada sensação de abatimento, sua euforia ou acessos de cão furioso ficavam restritos ao enquadre: ("Foda-se! Foda-se! Posso tudo! Sou mais madura que todos! Sou mais inteligente! Só penso em mim! Só gosto de mim e do meu cachorro!"). Nunca faltou e, se precisasse faltar, pedia reposição. O *setting* como um espaço de descanso para suas lutas internas e externas.

Na verdade, ela me chamou primeiro, reivindicando psicóloga e psiquiatra junto aos pais. Respondi dentro de uma perspectiva vitalizadora e amorosa – o "amor analítico" a que se refere Lejarraga, em que o concernimento (a preocupação) é predominante. Tenho dúvidas se, como falei na carta, me "enamorei", o que poderia ser um exagero e um risco de invasão; de qualquer modo, parecia que a cena dela cantando, ou sozinha ou acompanhando as músicas e eu ouvindo-a e olhando-a atentamente, num tempo razoável das sessões, era recebida por ela como oferta de cuidado e de compreensão.

Essa cena simbolizando a necessidade concreta de ser olhada, nos remetendo à citação de Winnicott em seu texto "O papel de espelho da mãe e da família no desenvolvimento infantil" (1967/1975b):

> *O vislumbre do bebê e da criança vendo o eu (self) no rosto da mãe e, posteriormente, num espelho, proporcionam um modo de olhar a análise e a tarefa psicoterapêutica. Psicoterapia não é fazer interpretações argutas e apropriadas; em geral, trata-se de devolver ao paciente, a longo prazo, aquilo que o paciente traz. É um derivado complexo do rosto que reflete o que há para ser visto. Essa é a forma pela qual me apraz pensar em meu trabalho, tendo em mente que, se o fizer suficientemente bem, o paciente descobrirá seu próprio eu (self) e será capaz de existir e sentir-se real. Sentir-se real é mais do que existir; é descobrir um modo de existir como si mesmo, relacionar-se aos objetos como si mesmo e ter um eu (self) para o qual retirar-se, para relaxamento. (p. 161)*

Refletir o próprio rebento/o próprio paciente é função vitalizadora; é oferecer a certeza de que existe um lugar dentro do cuidador onde se pode brincar e ser abrigado – lugar este não ocupado, côncavo, pronto para receber o outro em suas necessidades básicas, naquilo que ele traz para ser visto e sentir-se singular.

No entre da relação, eis o afeto, o vivo – chama tremulante necessitando de vigília para que não se apague, possibilitando (essa tem sido minha aposta), entretanto, que, apoiada na minha esperança e em meu desejo de que viva, nasça, estreie e acredite em seu próprio desejo de viver.

Referências

Bollas, C. (1992). *Forças do destino*. Imago.

Boraks, R. (2008). A capacidade de estar vivo. *Revista Brasileira de Psicanálise, 42*(1), 112-123.

Andrade, C. D. (1967). *Obra completa*. Nova Aguilar

Gil, G. (1989). *Realce* [Álbum]. Gravadora WEA Latina.

Goethe, J. W. (1984). Faust I and II. In S. Atkins (Ed.), *Goethe: The collected works* (Vol. 2; S. Atkins, Trad.). Princeton University Press.

Hammoud, T. (2017). A presença viva como tarefa incontornável do analista na clínica do adoecimento. In E. M. U. Cintra, G. Tamburrino & M. F. R. Ribeiro, *Para além da contratransferência: o analista implicado* (Vol. 1, pp. 103-116). Zagodoni.

Khan, M. M. R. (1993). Prefácio. In D. W. Winnicott, *Textos selecionados. Da pediatria à psicanálise* (pp. 7-61). Francisco Alves. (Trabalho originalmente publicado em 1949)

Lejarraga, A. L. (2012). *O amor em Winnicott*. Rio de Janeiro: Garamond/Faperj.

Lejarraga, A. L. (2019). *Amor e ódio do analista*. Texto não publicado.

Little, M. I. (1992). *Ansiedades psicóticas e prevenção*. Imago.

Macedo, H. O. (1999). *Do amor ao pensamento: a psicanálise, a criação da criança e D.W. Winnicott*. Via Lettera.

Safra, G. (2004). *A poética na clínica contemporânea*. Ideias & Letras.

Winnicott, D. W. (1975a). *O brincar e a realidade*. Imago.

Winnicott, D. W. (1975b). O papel do espelho da mãe e da família no desenvolvimento infantil. In D. W. Winnicott, *O brincar e a realidade* (pp. 153-162). Imago. (Trabalho originalmente publicado em 1967)

Winnicott, D. W. (1982a). Contratransferência. In D. W. Winnicott, *O ambiente e os processos de maturação* (pp. 145-151). Artes Médicas. (Trabalho originalmente publicado em 1960)

Winnicott, D. W. (1982b). Os objetivos do tratamento psicanalítico. In D. W. Winnicott, *O ambiente e os processos de maturação* (pp. 152-155). Artes Médicas. (Trabalho originalmente publicado em 1962)

Winnicott, D. W. (1982c). Provisão para a criança na saúde e na crise. In D. W. Winnicott, *O ambiente e os processos de maturação* (pp. 62-69). Artes Médicas. (Trabalho originalmente publicado em 1962)

Winnicott, D. W. (1982d). Alimentação do bebê. In D. W. Winnicott, *A criança e seu mundo* (pp. 31-36). LTC. (Trabalho originalmente publicado em 1964)

Winnicott, D. W. (1982e). Conheça o seu filhinho. In D. W. Winnicott, *A criança e seu mundo* (pp. 19-25). LTC. (Trabalho originalmente publicado em 1964)

Winnicott, D. W. (1982f). Necessidades das crianças de menos de cinco anos. In D. W. Winnicott, *A criança e seu mundo* (pp. 203-213). LTC. (Trabalho originalmente publicado em 1964)

Winnicott, D. W. (1982g). O bebê como organização em marcha. In D. W. Winnicott, *A criança e seu mundo* (pp. 26-30). LTC. (Trabalho originalmente publicado em 1964)

Winnicott, D. W. (1984). *Consultas terapêuticas em psiquiatria infantil*. Imago.

Winnicott, D. W. (1989). Vivendo de modo criativo. In D. W. Winnicott, *Tudo começa em casa* (pp. 31-42). Martins Fontes. (Trabalho originalmente publicado em 1970)

Winnicott, D. W. (1993a). O ódio na contratransferência. In D. W. Winnicott, *Textos selecionados. Da pediatria à psicanálise* (pp. 341-353). Francisco Alves. (Trabalho originalmente publicado em 1947)

Winnicott, D. W. (1993b). Aspectos clínicos e metapsicológicos da regressão dentro do *setting* psicanalítico. In D. W. Winnicott, *Textos selecionados. Da pediatria à psicanálise* (pp. 459-481). Francisco Alves. (Trabalho originalmente publicado em 1954-1955)

Winnicott, D. W. (1993c). Crescimento e desenvolvimento na fase imatura. In D. W. Winnicott, *A família e o desenvolvimento individual* (pp. 29-41). Martins Fontes. (Trabalho originalmente publicado em 1950)

Winnicott, D. W. (1993d). O primeiro ano de vida. In D. W. Winnicott, *A família e o desenvolvimento individual* (pp. 3-20). Martins Fontes. (Trabalho originalmente publicado em 1958)

Winnicott, D. W. (1994a). O valor da consulta terapêutica. In D. W. Winnicott, *Explorações psicanalíticas* (pp. 244-248). Artes Médicas. (Trabalho originalmente publicado em 1965)

Winnicott, D. W. (1994b). A experiência mãe-bebê de mutualidade. In D. W. Winnicott, *Explorações psicanalíticas* (pp. 195-202). Artes Médicas. (Trabalho originalmente publicado em 1969)

5. Figuras da sedução em análise: a vitalização necessária[1]

Luís Claudio Figueiredo

A má fama da sedução: Freud, a sedução e o traumatismo na produção da neurose

Sabemos como Freud iniciou seu percurso (Freud, 1893-1899/1978): até a famosa carta a Fliess de 1897, casos de adoecimento neurótico eram universalmente atribuídos a episódios de sedução sexual da criança pelo adulto – vividos com muita excitação, algum prazer, talvez um pouco de desconforto, mas sem censura –, sendo mais tarde ressignificados, tornando-se assim verdadeiramente traumáticos. Trata-se da antiga teoria do trauma em dois tempos na eclosão das neuroses.

    Freud rapidamente superou essa concepção e desacreditou os depoimentos de suas pacientes histéricas, elaborando uma concepção do adoecimento que enfatizava a própria sexualidade da criança e suas fantasias eróticas endógenas. Segundo muitos analistas, também foi um exagero, se não um equívoco, ignorar a ocorrência e a

---

[1] Originalmente publicado na revista *Percurso*, v. 63, p. 51-59, 2019.

força das seduções traumáticas reais. Jean Laplanche, por exemplo, considera que a sexualidade vem sempre "de fora" e nunca é uma pura força interna ao psiquismo infantil.

Até hoje, contudo, a sedução goza daquela má fama que a torna equivalente a um episódio traumático mais ou menos devastador e neurotizante (ou psicotizante). Na verdade, ainda que a sedução tenha sido superada como a principal e quase exclusiva causa do adoecimento psíquico, a problemática clínica da sedução continua válida nos casos de adoecimento neurótico. Daí, talvez, a persistência dessa apreciação negativa. No entanto, como se verá a seguir, em muitos casos de adoecimentos não neuróticos somos obrigados a reconsiderar a importância da sedução na constituição do psiquismo, na etiologia dos adoecimentos e na situação analisante.

Atualmente, a visão tradicional está se alterando de forma muito significativa. Embora os riscos da sedução e da violação de fronteiras no *setting* não possam ser ignorados, a dimensão erótica e sedutora da situação analisante passou a ser reconhecida como um aspecto central e indispensável nos tratamentos psicanalíticos. Isso seria verdade também na psicanálise "clássica" destinada ao tratamento dos adoecimentos neuróticos, mas, ainda mais, em processos que envolvem outras formas de adoecimento psíquico, tema de que tratam Alvarez (2012) e Elise (2019). Às obras destas analistas retornaremos adiante.

Em contrapartida, os efeitos antianalíticos e antissimbolizantes da sedução e da excitação não podem ser escamoteados (cf. Ribeiro, 2018, e também as autoras mencionadas no parágrafo anterior).

Ou seja, a sedução em análise (e fora dela) precisa ser cabalmente reavaliada em seus múltiplos aspectos, e esse é o propósito do presente texto.

Uma reconsideração da sedução: a contribuição de Jean Laplanche para a teoria da constituição psíquica e o postulado da "sedução generalizada"

Muitas décadas depois dos estudos pioneiros de Freud, Jean Laplanche introduziu uma ideia que tinha o poder de alterar substancialmente nossa visão negativa da sedução: não haveria nenhum processo de constituição psíquica se não fosse a sedução de um psiquismo infantil, em grande medida inerte e frágil, pela ação sedutora do adulto, uma ação sedutora inconsciente que atravessa os cuidados mais necessários e inocentes que o adulto proporciona ao infante. Enfim, Laplanche passa a ver a ação sedutora inconsciente do adulto como um trauma constitutivo e indispensável no desenvolvimento emocional do bebê. Assim como o bebê precisa de cuidados, precisa também, para iniciar sua marcha psíquica, de uma sedução adulta. Claramente há uma dimensão traumática nesse processo, mas, longe de ser devastador ou desestruturante, trata-se de um trauma constitutivo. Laplanche denominou sua concepção "teoria da sedução generalizada". Como antecipamos há pouco, essa força estruturante da sedução não nos dispensa de reconhecer seus "efeitos colaterais" antianalíticos e antissimbolizantes, como sugere Ribeiro (2018), mas nos aproxima do "elogio da sedução" materna e analítica, como efetuada por Elise (2019).

Não obstante, a "reabilitação da sedução" realizada por alguns poucos analistas recentemente ainda não alterou muito o panorama: o trauma e a sedução continuaram a ser vistos quase exclusivamente pelo vértice negativo, principalmente quando o contexto é o da situação analisante.

No que segue, procuraremos reconstituir brevemente a história desta questão.

A alternativa à perspectiva freudiana: Ferenczi, a passividade original do "sujeito" e o ambiente acolhedor convidativo (sedutor)

Laplanche apoiava-se parcialmente em proposições formuladas ainda na época de Freud por seu discípulo Sándor Ferenczi: Ferenczi passara a presumir uma espécie de *passividade original* no infante. Uma condição de passividade que evoca no adulto atividades de investimento narcísico e erótico, no sentido amplo do termo. Ferenczi, a bem da verdade, não via nada de "traumático" nessa cena, como virá a fazer Laplanche. Nem chega a falar em "sedução", embora suas considerações nos levem necessariamente a essa ideia, desde que nos livremos da conotação estritamente negativa desse conceito.

Ainda que não supusesse a ausência de vida pulsional, como veio a fazer Laplanche, Ferenczi (1929/1992b) admitia que no começo da vida as pulsões de morte fossem muito mais operantes e efetivas que as de vida. Era necessário um *prodigioso aporte de amor*, carinho e atenção do adulto para que o bebê "vingasse", para que ele fosse, por assim dizer, *convidado à vida*. E era preciso ainda que tal oferta fosse autêntica e não formal e "burocrática". Esse investimento do psiquismo adulto no infante daria às suas pulsões de vida a força e a vitalidade necessárias à entrada na vida desse pequeno ser que ainda se encontrava no vestíbulo: se a entrada no salão principal é difícil e obscura, nada mais fácil que desistir desse ingresso e "cair fora", morrer. Sabemos que mesmo quando a morte não é completa algo sobrevive, mas fraturado, com uma cisão interna, o que mais tarde foi chamado por Balint de "falha básica".

Ou seja, não se trata absolutamente de supor – como veio a fazer Laplanche – que a própria pulsionalidade é inoculada no bebê pela sexualidade adulta recalcada, inconsciente, mas que a vitalidade do infante, esta sim, precisa da ação do "objeto", um outro sujeito, para se fortalecer e tirar o infante da inércia desvitalizada, da tendência à regressão à passividade absoluta da morte ou dos estados de cisão. Contudo, se para Ferenczi a passividade absoluta é a morte (no que ele concorda com Freud), certa passividade, vale dizer, a possibilidade de *ser objeto passivo de investimentos* do adulto, é condição de vida. Nessa medida, há uma passividade estreitamente associada às pulsões de vida. Isso cria uma situação paradoxal: a passividade associada às pulsões de vida guarda em seu bojo um potencial de atividade, desde uma forma puramente re-ativa até uma reatividade mimética e, indo mais longe, uma espontaneidade inesperada e imprevisível, como a da criatividade primária explicitamente postulada por Winnicott, mas já implícita em Ferenczi.

O adoecimento por passivação e o trauma: a criança mal acolhida e a confusão de línguas

Se, de um lado, encontramos em Ferenczi uma avaliação positiva da passividade original – à qual se junta a atividade consciente e inconsciente do outro sujeito como fonte de vida –, de outro, será a partir dele que poderemos vislumbrar uma modalidade de adoecimento ao qual denominaremos *adoecimentos por passivação*. A distinção sugerida por Green entre "passividade" e "passivação" (Green, 2012) mostra-se absolutamente pertinente para falarmos de Ferenczi: há uma passividade como *condição de vida*, além da passividade da morte (em que se inclui a passividade do gozo), mas pode ocorrer também um processo de *passivação*. Este é justamente o contrário da vitalização que pode ser proporcionada pelo ambiente acolhedor e capaz de investir narcisicamente o infante. A *passivação* pode ocorrer por duas modalidades traumáticas: pela ausência radical e sistemática de sustentação, acolhimento e cuidados genuínos, e, no outro polo, pelos abusos, os excessos, os *impingements*, na terminologia de Winnicott. Em ambas as vertentes, a passivação é mortífera: mata ou deixa partes mortas e cindidas por onde passa. Em especial, mata o potencial de atividade espontânea preservado na condição passiva associada às pulsões de vida.

A linhagem ferencziana: Balint, Winnicott e Kohut

Os horizontes abertos por Ferenczi foram explorados por seu discípulo direto Michael Balint (1952, 1968/2014), mas também por Donald Winnicott (1954) e Heinz Kohut (Kohut & Wolf, 1978).

Há diferenças entre eles, mas o que os reúne é tanto a ênfase no que estamos chamando de *adoecimentos por passivação* (seja por *déficits*, seja por excessos traumáticos) como a ideia de uma passividade original: para os três psicanalistas, "ser amado", "ser cuidado", "ser sustentado", "ser investido", mantendo-se numa relativa passividade, é a condição do vir a ser psíquico do bebê.

É claro que essa passividade não é absoluta. Como vimos antes, para os três autores, ela sempre comporta um potencial para alguma atividade, já possível mesmo no recém-nascido, mas esse potencial só se firma e se desenvolve a partir das atividades conscientes e inconscientes do mundo adulto na sua condição de "ambiente facilitador", na feliz expressão de Winnicott, que é, igualmente, um ambiente "sedutor" neste sentido amplo que estamos adotando.

A estratégia vitalizante: os usos da sedução

Em que pesem diferenças teóricas e clínicas entre esses autores, em todos eles encontram-se traços de uma estratégia terapêutica necessária no tratamento de pacientes cujo sofrimento decorre de um processo de passivação: trata-se de uma estratégia vitalizante.

É aqui que reencontramos a velha e conhecida sedução, mas agora em sua feição "benigna". Reconquistar a confiança de indivíduos profundamente desconfiados com o ambiente e desalentados com a vida, reacender a esperança de pacientes profundamente desesperançados, convidar a brincar, a jogar e a fantasiar, reconhecer necessidades rudimentares de se sentir vivo e com valor, tudo isso, de uma forma ou de outra, pertence ao campo desta clínica pós-ferencziana.

Curiosamente, no contexto das obras destes autores que fazem um uso terapêutico da sedução – a "sedução para vida" –, nunca se fala em sedução, o que nos acarreta diversos problemas.

O primeiro é o de reduzir o termo sedução à sua conotação negativa. Em relação a isso, uma passagem por Laplanche (ou por Heinz Lichtenstein) pode ser proveitosa: não há vida e constituição psíquica sem sedução.

O segundo é o de ocultar ou não dar destaque à dimensão da *sexualidade*, na acepção psicanalítica do conceito, o que vai muito além da genitalidade e do prazer do orgasmo. Quem fala em sedução, falará necessariamente em sexualidade e libido. Pensar na sexualidade, na libido e, mais que tudo, em Eros, é pensar não apenas em *excitação*, *descarga* e *prazer*, mas também nos *processos de ligação* intrapsíquica e intersubjetiva sem as quais a vida não se instala e não se expande. Ora, a estratégia vitalizante é fundamentalmente uma estratégia terapêutica de erotização, o que inclui a excitação, mas vai além. Sim, o prazer compartilhado que nessa situação deve imperar entre analista e paciente estará a serviço tanto da *ex-citação* (um chamar para fora) como das *ligações*; ou seja, trata-se de dar início, pela via da vitalização, a um processo trabalhoso e que precisa ir na direção das simbolizações. Não se trata, afinal, de divertir pacientes severamente deprimidos, mas de abrir horizontes vitais para uma ampliação de suas capacidades egoicas, em especial a capacidade de ligar, simbolizar e transformar suas experiências emocionais. Como sabemos, simbolizar é fundamentalmente o antagônico do separar e do cindir.

Mas há um terceiro problema, decorrente dos dois anteriores: ao ocultar a dimensão erótica, ao não reconhecer a sexualidade como vista pela psicanálise, corre-se um risco imenso na condução de uma análise. O risco é o de não nos darmos conta dos efeitos potencialmente deletérios da erotização na situação terapêutica, mesmo quando alguma erotização é sumamente necessária. Ou seja, se a erotização pode contribuir para as ligações, como sabemos, a excitação também exerce efeitos de desligamento, além de poder produzir ligações, mas já no campo dos adoecimentos psíquicos, como nas ligações não simbólicas teorizadas por René Roussillon. O excesso de erotização ou sua inadequação às capacidades egoicas e de simbolização do sujeito é certamente algo prematuro, invasivo e traumatizante, no velho sentido do termo (quanto a isso, certamente Winnicott e seus seguidores estão cobertos de razão).

Ou seja, a vitalização inclui o risco de um excesso que contraria e obstrui a marcha do psiquismo no rumo de sua expansão e integração. Alguns textos de Dianne Elise, valiosos por fazer o elogio de Eros nas relações entre a mãe e seu bebê e entre o analista e seu paciente, deixam um pouco na sombra esses riscos, que são mais profundos que os da violação dos limites do *setting*, tema que ela não ignora (a isso a autora dedica o último capítulo de seu livro). Paulo Carvalho Ribeiro, ao contrário, a partir de uma plataforma teórica laplancheana, tanto insiste na sedução indispensável como nos perigos que ela comporta, sempre que a excitação ultrapassa a ligação; ou seja, a sexualidade coloca, paradoxalmente, um desafio incontornável para as forças de Eros.

Os usos da sedução: o valor terapêutico da regressão na situação analisante e seus riscos (regressões benignas e regressões malignas)

A distinção proposta por M. Balint entre regressões benignas e regressões malignas corresponde, no fundo, a usos curativos e usos patogênicos da sedução em análise. Regressões malignas muito provavelmente decorrem de erros diagnósticos: a sedução estaria sendo usada abusivamente no campo dos adoecimentos neuróticos, confundidos com os chamados "pacientes da falha básica", embora nesses casos também possa haver extravios, como se verá adiante.

Balint (1968/2014), seguidor próximo de Ferenczi, mas ainda assim ligado ao legado freudiano, não desconhecia a dimensão da sexualidade, a dimensão erótica, embora a tenha deixado parcialmente à sombra a partir de uma fase de sua trajetória. De qualquer forma, ele percebia que, em certos casos, a estratégia terapêutica vitalizante, que requer um processo regressivo ao ambiente maternante, gerava uma "regressão maligna". Pensamos que nessas situações a erotização da situação analisante produz ou reproduz uma condição de adoecimento por excesso de excitação e consagração da posição passiva original. Pode também ativar modalidades extremamente adoecidas de se manter vivo e excitado, como veremos mais adiante considerando o trabalho da psicanalista Anne Alvarez, o que mostra que as regressões malignas também podem ocorrer no tratamento de adoecimentos não neuróticos. O trabalho psíquico da simbolização fica assim obstruído, e as ligações que aí se manifestam seriam as ligações não simbólicas focalizadas por Roussillon (2012). Estas, apesar de tentarem "amarrar" o retorno do cindido, facilitado justamente pelo retorno à vida pela via da excitação sexual, não simbolizam nem transformam as experiências emocionais perturbadoras e agônicas, repetindo os processos primários de cisão.

Caminhos extraviados da sedução em análise: pedofilia e perversão

Na vigência das assim chamadas por Balint "regressões malignas", a excitação despertada e reinstalada pela estratégia vitalizante, provavelmente, assumiu contornos extremamente nocivos e retraumatizantes na situação analisante. Esse risco tende a passar despercebido se o analista ignorou o caráter sedutor e sexual da sua estratégia terapêutica.

O que, apesar do peso das palavras, merece ser reconhecido é que, na vigência da clínica ferencziana, e na contramão do que o próprio Ferenczi assinalava, pode-se repetir a cena de certa *"pedofilia"* entre o analista e seu paciente. Trata-se aqui, evidentemente, de algo não intencional e que pode ocorrer por uma espécie de "ingenuidade", embora, como psicanalistas, devamos estar atentos a essas dimensões inconscientes de nossas experiências. Isso ficará mais claro no que se segue.

No texto de 1932, *Confusão de línguas*, Ferenczi (1932/1992c) apontava para a ocorrência de um quiproquó em que a "língua infantil da ternura" é violentada pela "língua adulta da paixão", gerando uma situação traumática para a criança. Contudo, ao não dar destaque ao fato de que a suposta "língua da ternura" é também uma língua sexual e erótica, fica o analista relativamente despreparado para entender o que ele mesmo está fazendo: por mais consciência que ele tenha de que uma situação traumática possa ter ocorrido no passado, pode não se dar conta de que outra situação traumática é passível de se repetir no aqui e agora da sessão. E não se trata de um trauma produzido pelo choque entre as duas línguas, mas, ao contrário, pelo acordo harmonioso entre elas, no qual opera, entretanto, o inconsciente do adulto: ou seja, sua sexualidade infantil reprimida se infiltra nos cuidados terapêuticos que proporciona e desperta a sexualidade infantil do paciente. Seria uma sedução que não se reconhece como tal, mas que é ainda mais eficaz porque é terna, suave, sensível, "bem-intencionada". Aliás, esta má consciência pedagógica e amorosa está presente em muitos episódios de pedofilia efetiva, já agora no campo da perversão, que, ao fim e ao cabo, é uma modalidade de "filia". Os efetivos pedófilos adoram as crianças, e não é por acaso que são frequentemente professores, padres, pastores, treinadores de times juvenis, orientadores de almas e corpos infantis.

Em correspondência a essa modalidade de "pedofilia", exercida inconscientemente e involuntariamente pelo analista, pode-se observar eventualmente a emergência de condutas e fantasias perversas por parte do paciente. Nelas, a oferta de vitalização é transformada pelo paciente em "soluções" em que a excitação e a passividade são instaladas em detrimento do crescimento psíquico e da capacidade de elaboração das experiências emocionais. O sujeito mantém-se protegido da morte pelas vias de fantasias e condutas perversas, de encenações violentamente sádicas ou masoquistas na relação transferencial (cf. Alvarez, 2012). Trata-se, enfim, do campo das ligações não simbólicas teorizadas por Roussillon (2012), entre as quais pactos denegativos (conluios) e pactos sádicos e *voyeuristas* entre o paciente e o analista, e condutas aditivas em jogos e brincadeiras entre ambos (Alvarez, 2012, pp. 156-162). O analista, por exemplo, pode ser convocado para a formação de alianças incestuosas, arrogantes e manipuladoras com seus pacientes, como foi observado por Anne Alvarez em alguns casos. Como ela nos alerta, será preciso reconhecer e enfrentar essas situações sem renunciar à sedução.

O elogio da sedução – e seus contratempos

Apesar dos riscos e possibilidades de extravios – quase inevitáveis, por sinal –, as estratégias de sedução para a vida precisam ser consideradas em todos os casos em que se manifestam os efeitos de um adoecimento por passivação. Nesse sentido, vale a pena considerarmos as clínicas de Anne Alvarez (2012) e de Diane Elise (2019).

A primeira, formada na matriz freudo-kleiniana (e que não cita Ferenczi), movida pelos casos muito graves que atende em sua clínica com crianças, aproximou-se da matriz ferencziana pela via de Winnicott. Na terceira parte de seu livro *The thinking heart* (*O coração pensante*), de 2012, dedica-se justamente à clínica com "pacientes apassivados", e por isso, destituídos de imaginação, capacidade real de brincar e, sobretudo, de esperança. São estados, enfim, de morte psíquica revelados por esses sobreviventes de privações e maus-tratos.

A parte 3 intitula-se "The intensified vitalizing level" ("O nível de vitalização intensificada"), e seus capítulos trazem exemplos clínicos e uma instigante discussão teórica acerca deste nível do tratamento analítico, o da "vitalização intensificada". No primeiro capítulo dessa parte, "Play and imagination: where pathological play may demand a more intensified response from the therapist" ("Brincadeira e imaginação: quando o brincar patológico pode exigir uma resposta mais intensiva do terapeuta"), ela dá sequência à noção de *reclaiming* que já propusera no seu livro famoso *Live company* (*A companhia viva*), de 1992. O que estamos aqui sugerindo é que o que Anne Alvarez chamou de *reclaiming* corresponde perfeitamente a uma modalidade de sedução: pacientes retraídos, encapsulados, inacessíveis, silenciados parcial ou completamente são "chamados para fora" – *ex-citados* – resgatados para a vida desde as regiões mortas em que se alojaram.

Mas, aqui, Anne Alvarez não só faz o elogio da sedução como também acompanha certos efeitos da excitação provocada ou reclamada: observa então jogos perversos, brincadeiras aditivas (viciadas) e brincadeiras frenéticas (*frenzied*). Muitas vezes, a sobre-excitação será mantida por estes pacientes exibindo crueldade, e convocando o analista para assistir ou mesmo participar de cenas de violência sexual e abusivas. Fica nítida nessas soluções a proximidade entre a sexualidade, reduzida à sua eficácia excitante, e a morte. Certamente, era vida o que Anne Alvarez havia instalado em seus pacientes, mas a isso eles respondiam com soluções mortíferas.

Anne Alvarez demonstra uma notável percepção do que está envolvido nesses casos e situações clínicas. Diz-nos, por exemplo "O desencorajamento às excitações perversas precisa vir acompanhado da afirmativa confiável de que há outras maneiras de se sentir vivo. Caso contrário, o paciente pensa que só há duas alternativas: o excesso de excitação ou o abismo" (Alvarez, 2012, p. 158). Não se trata apenas de uma consideração genérica, mas de algo muito concreto e amparado em exemplos clínicos impressionantes, nos quais a saída vitalizada do vazio e do abismo precipita o sujeito na sexualização destrutiva que só não se consuma porque o sujeito se "amarra" por meio de ligações não simbólicas (Roussillon, 2012) igualmente mortificantes. É o caso, por exemplo, da ligação não simbólica pela via de pactos e conluios perversos.

Ou seja, Anne Alvarez pertence àquele grupo de psicanalistas contemporâneos que mantém um pé em cada uma das matrizes – a freudo-kleiniana e a ferencziana, embora nesta, apenas pela via winnicottiana. O fato é que não recusa a sedução – uma forma de *reclaiming* –, mas não deixa de reconhecer que a vitalização intensificada pela resposta implicada do analista comporta uma dimensão erótica capaz de gerar extravios no curso do tratamento ao obstruir os processos de simbolização.

A vitalização necessária – e arriscada

Diversos psicanalistas insistem na importância de se manter um senso de vitalidade ao longo dos processos analíticos e terapêuticos. Desde há muitos anos, Thomas Ogden (1999) já nos oferece textos decisivos sobre o *sense of aliveness*, o que para ele é uma meta e um critério da qualidade de um processo de análise. Na verdade, em todos os casos e com todos os pacientes, a sustentação dessa vitalidade é indispensável. Para tanto, a permanente dinâmica de implicação e reserva (Figueiredo, 2009b) torna-se um elemento fundamental da situação analisante com virtudes terapêuticas intrínsecas. Mais recentemente, a já mencionada Dianne Elise (2019) vai ainda mais longe e dedica uma série de trabalhos à questão.

Nos casos de adoecimento por passivação, a problemática da vitalização cresce ainda mais de importância. Trata-se, sem sombra de dúvida, da vitalização do campo, da vitalização da própria situação analisante, o que inclui a vitalização do analista, vale dizer, a sua maior disponibilidade de implicação. Isso, obviamente, não o dispensa de manter-se em posição reservada, mas dele se requer um "prodigioso aporte de amor e cuidado", para retomarmos as palavras de Sándor Ferenczi (1929/1992b) em "A criança mal acolhida e sua pulsão de morte". Nessas condições, a sedução é absolutamente necessária, sem deixar, em contrapartida, de ser uma fonte de riscos. Mas o que não é arriscado, se preserva alguma eficácia transformadora e curativa?

Terminemos, enfim, sob a inspiração ferencziana: "É preciso muito otimismo para não se perder a coragem diante deste estado de fato" (Ferenczi, 1933/1992).

Referências

Alvarez, A. (1992). *Live company*. Routledge.

Alvarez, A. (2012). Play and imagination: where pathological play may demand a more intensified response from the therapist. In A. Alvarez, *The thinking heart. Three levels of psychoanaltic therapy with disturbed children*. Routledge.

Balint, M. (1952). *Primary love and psycho-analytic technique*. The Hogarth Press.

Balint, M. (2014). *A falha básica. Aspectos terapêuticos da regressão*. Zagodoni. (Trabalho originalmente publicado em 1968)

Elise, D. (2019). *Creativity and the erotic dimension of the analytic field*. Routledge.

Ferenczi, S. (1992a). Thalassa. Ensaio sobre a teoria da genitalidade. In S. Ferenczi, *Obras completas* (Vol. III). Martins Fontes. (Trabalho originalmente publicado em 1924)

Ferenczi, S. (1992b). A criança mal acolhida e sua pulsão de morte. In S. Ferenczi, *Obras completas* (Vol. IV). Martins Fontes. (Trabalho originalmente publicado em 1929)

Ferenczi, S. (1992c). Confusão de línguas entre os adultos e a criança. In S. Ferenczi, *Obras completas* (Vol. IV). Martins Fontes. (Trabalho originalmente publicado em 1933)

Figueiredo, L. C. (2002). A tradição ferencziana de Donald Winnicott. Apontamentos sobre regressão e regressão terapêutica. *Revista Brasileira de Psicanálise*, 36(4), 909-927.

Figueiredo, L. C. (2009a). A metapsicologia do cuidado. In L. C. Figueiredo, *As diversas faces do cuidar*. Escuta.

Figueiredo, L. C. (2009b). Presença, implicação e reserva. In L. C. Figueiredo & N. Coelho Jr., *Ética e técnica em psicanálise* (2ª ed.). Escuta.

Freud, S. (1978). Primeras publicaciones psicoanalíticas. In S. Freud, *Obras completas* (Vol. III). Amorrortu. (Trabalho originalmente publicado em 1883-1899)

Green, A. (2012). Passivité-passivation: jouissance et détresse. *La clinique psychanalytique contemporaine*. Éditons d'Ithaque.

Kohut, H., & Wolf, E. S. (1978). The disorders of the self and their treatment: an outline. *International Journal of Psycho-Analysis, 59*(4), 413-425.

Kristeva, J. (2014). Reliance, or maternal eroticism (R. Widawski & P. Zurn, Trad.). *Journal of the American Psychoanalytic Association, 62*(1), 69-84. (Trabalho original intitulado "La reliance, ou de l'érotism maternel" e publicado em 2011)

Laplanche, J. (1988). *Teoria da sedução generalizada*. Artes Médicas.

Ogden, T. (1999). Analysing forms of aliveness and deadness. In T. Ogden, *Reverie and interpretation*. Karnac.

Ribeiro, P. C. (1993). Identité et séduction chez Heinz Lichtenstein. *Psychanalyse et Université, 18*(72), 71-79.

Ribeiro, P. C. (2018). *Pânico e dessexualização*. Inédito.

Roussillon, R. (2012). *Primitive agony and symbolization*. Routledge.

Winnicott, D. W. (1954). Metapsychological and clinical aspects of regression within the psychoanalytic set-up. In D. W. Winnicott, *From paediatrics to psycho-analysis*. The Hogarth Press.

6. Eros no encontro analítico: a sedução suficientemente boa[1]

Fátima Flórido Cesar
Marina F. R. Ribeiro

> *Eu jogo pérolas aos poucos ao mar*
> *Eu quero ver as ondas se quebrar*
> *Eu jogo pérolas pro céu*
> *Pra quem pra você pra ninguém*
> *Que vão cair na lama de onde vêm*
>
> José Miguel Wisnik, "Pérolas aos poucos", 2003.

A pesca: o relato de uma experiência clínica online

Nomeio-o Ahab, esse senhor que me procurou. De onde vem esse nome quando emerge de minha *rêverie*? Será ele um caçador implacável, obstinado em alcançar com seu arpão raivoso sua Moby Dick? Qual será sua obsessão? Mas não serei eu a pescadora, eu, na insistência de alcançá-lo, enquanto ele se debate – cachalote ardente – nós ardentes? Quero que fique e me empenho nessa árdua pescaria que,

---

[1] Originalmente publicado nos *Cadernos de Psicanálise do Rio de Janeiro*, 2023.

em trabalhosa tarefa; a cada dia embarco, assim que o sol ilumina o mar das emoções turvas ou negadas, ansiando por convidá-lo a ficar. Inicio desse modo minha história com esse senhor nomeado Ahab que me telefona para falar de seu filho de mais de 40 anos (enquanto Ahab tem 80) que está "bebendo demais e, possivelmente, usando drogas". Convido-o a um encontro (virtual) comigo e assim começamos nossa pescaria, sem que eu saiba direito quem é o pescador e quem é o poderoso mamífero. Não saber me protege, e prossigo.

Ahab, senhor ativo, me conta histórias desse filho-menino que chega embriagado na casa paterna, onde ainda mora. Filho-menino que mal se estabelece na vida adulta, pulando de trabalho em trabalho. Ahab quer ajudar o filho, mas não sabe como, e me pergunta: "como?". Eu também não sei. Apenas pressinto que uma indagação profunda emerge desses mares ocultos: como é ser pai? Jogo pérolas aos poucos, pesco pérolas aos poucos quando intuo que seu filho-menino pode ser enigma e espelho. Ahab também gosta de bares e já foi alcoolista, também usou drogas, também se perdeu na vida profissional. Conta que a esposa morrera devido a um aneurisma quando os filhos eram adolescentes. Tinham uma relação estéril. Ficara só desde então, já traía a esposa com mulheres por aí – e me oferta pérola ferida quando percebo sua solidão, seu distanciamento dos filhos, seu modo desastrado: não sabe somente como ser pai, não sabe viver. O que fazer com as emoções? É outra pergunta que pulsa, pois, desde nosso primeiro encontro, vislumbro uma sensibilidade que se oculta, que não se endereça a ninguém, estrangulada sob a aparência de secura e aridez. Pesco pérolas aos poucos.

Sugiro que continuemos a conversar: "talvez a partir de nossas palavras você consiga se aproximar de seu filho". Diz-me do incômodo que ele, homem de poucas palavras, sente ao ter de falar comigo. Reconheço a dificuldade, mas uma ligação se estabelecera: é certo que ele se debate, mas eu pressinto um remoto, longínquo e antigo pedido de ajuda. Eros comparece, ainda que sob a forma de frouxos nós, já que preciso/precisamos tecê-los novamente a cada encontro.

E assim começou nossa dança-coreografia: não terá sido também uma louca coreografia a que envolvera Ahab e Moby Dick? A violência amorosa também vivencio com meu Ahab. Mas vamos aos poucos: aqui tudo é delicado. Ouço a voz bíblica: "Tira as sandálias de teus pés, porque a terra em que estás é uma terra sagrada" (Ex 3.5, 2008, p. 49), e nosso enlace – o contrato possível – a cada novo encontro se apresenta por meio de meu convite entre tímido e vigoroso: "vamos continuar a conversar semana que vem?".

Poderia também nomeá-lo Shahriar, o sultão de *Mil e uma noites*, enquanto eu sigo como Sheherazade, porque, tal qual a filha do grão-vizir, renovo a cada encontro nosso enlace-contrato. Conto nova história para que permaneça o vínculo, para que eu não morra enquanto analista, para que seu interesse por seu próprio mundo de emoções, aparentemente nunca dantes compartilhado, permaneça vivo. Na verdade, como diz Gerber (2013): "analista e analisando, somos ambos êmulos de Sheherazade, contando infindáveis histórias um ao outro" (p. 13). Ele também me conta histórias, desde o primeiro encontro, e não apenas com palavras, mas também com suas expressões. Seu rosto fala: seu olhar evita o meu, quando subitamente interrompe o cenário interno, aparentemente recluso, pelo levantar do olhar na direção do teto, acompanhado de uma risada vitalizada. Nesses momentos, uma vitalidade cativante faz sua aparição – também fui pescada desde o início. Ele me convida com um *flash* de alegria autêntica a entrar em sua vida, nos lugares em que algo saudável se preserva. Eu o convido para se espreitar para fora dos recônditos cantos de sua alma conturbada e pertencer à comunidade humana. Para isso, é preciso, se necessário, atravessar desertos de desvitalização, e assim a vitalidade terá chance de emergir na dupla analítica.

Apresenta-se a mim como homem de devaneios e, embora sem saber falar de sentimentos, diz a mim deles. Penso que quem o conhece por aí não desconfiaria de tantas emoções ocultas. Fala de um amor antigo que o visita em recordações. Lamenta que não tenha assunto, apenas "escuta sem maior interesse e não sabe dizer não". Digo que tanto sim, despossuído de seu próprio desejo, é perigoso: me lembra um vulcão amarrado pelo bico – antiga imagem que me ocorre, novamente a *rêverie* vem em meu auxílio. Diz então que vai mesmo a outros extremos. Saindo de uma festa alcoolizado, fora perseguido pela polícia; como não parou, atiraram dez vezes no seu carro. Vai para a delegacia e, ao sair, coloca fogo num dos carros da polícia. Logo absolvido, o promotor acha graça, ele ri ao contar sua história incendiária, e eu nesse momento encontro Ahab ou Moby Dick: não apenas terna sensibilidade, eis a violência – a turbulência mascarada. Posso também ser alvo de balas perdidas ou de ímpetos incendiários.

Na sessão seguinte, reencontro Moby Dick, é o cachalote furioso que comparece à sessão. Não quer mais, não vê progresso na relação com o filho, ele sempre chega querendo parar, mas eu o convenço a continuar. É sempre assim, enfatiza: faz o que os outros querem. Uma luta tenaz se estabelece: falo que sinto que ele gosta. Ele diz do mal-estar que atravessa durante a semana até nosso encontro. Mostra-se irritado, mostra arpões: viera pelo filho, não por ele. Ficamos um tempo assim numa coreografia de desencontros, já penso que não há mais atalhos para alcançá-lo, tenho vontade de desistir, mas persisto, ligada por algo que intuíra nele desde o início. Falo de sua sensibilidade. Ele diz que sabe dela, mas não gosta. Digo que a fragilidade é vizinha da sensibilidade. Será esse o temor?

Conto uma história: quando jovem, quase adolescente, era muito tímida. Tinha uma creche na casa do meu avô, esta ligada à casa de minha mãe. Todo ano fazíamos um forró e, da casa materna, já ouvia os barulhos da música, imersa em hesitação; eu, que era retraída e temerosa de contato. Mas, quando chegava na festa, já gostava e dançava sem medo, ao contrário, entusiasmada ao som da sanfona.

Meu cachalote amansa, ou Ahab, ou Shahriar. Retorna Sheherazade: me conta histórias de escritos e de pinturas. Quero ver o que cria. Lá pelas tantas, recordando os tempos da faculdade, fala do horror que fora a ditadura. "Militou?", pergunto. Mas tem amigos que foram presos e torturados. Sua compaixão aparece: como podem negar que houve ditadura?

Vou sentindo seu retorno à sala de análise (*online*), sendo que agora vem com seu próprio nome. Vai continuar, vamos marcar um próximo encontro. Estou cansada, lutamos tanto, me dera trabalho, eu a ele também. O que é vivo dá trabalho!

A apresentação dos encontros com meu paciente, com seus percalços, idas e vindas, teve como objetivo destacar meu movimento primordial em sua direção: relacionando-o à vitalização necessária a alguém que, tendo a experiência de uma vida secreta, precisava ser convocado para o partilhar dos sentimentos e para a comunicação com os outros humanos.

Não foi à toa a imagem que surge da *rêverie*: *As mil e uma noites*, história na qual Sheherazade "seduzia" o sultão com suas histórias, mantendo-o ligado à vida e a ela. A sedução aqui é ligação – portanto, Eros, que sobressai aos impulsos assassinos que ocultavam a dor de quem fora ferido pela traição da primeira esposa. Também meu paciente tinha sua dor e precisava de mim – eu enquanto objeto externo – para que circulasse Eros no vínculo, ligação.

Meu primeiro movimento enquanto objeto "sedutor" fora desviar Ahab de centralizar seu interesse exclusivamente na ajuda ao filho – embora essa demanda permaneça e eu a considere – para um movimento em sua própria direção, ou seja, para fora de seu enclausuramento e desinteresse pelo contato humano. Eu me ofereço, por meio de meu investimento, para que emerja a esperança quanto a seus próprios recursos de vida e sua capacidade de se ligar. Quando falo que ele gosta do encontro, ele nega, mas insisto, acreditando que o prazer circula e contribui para o fortalecimento da ligação, enfraquecendo o temor despertado pela proximidade afetiva.

Como podemos pensar a sedução e a função vitalizadora da analista que acontece nesse atendimento *online*?

Reflexões sobre sedução e a função vitalizadora do analista

A palavra sedução provém do latim *seductio*, que significa afastar (uma pessoa) da lealdade, do bom caminho, de *se-*, denotando afastamento, mais *ducere*, "guiar, portar, levar". Os riscos da sedução já estão revelados na etimologia do termo: ação que pode afastar ou levar ao encontro. É acerca desse estreito e acidentado caminho que vamos aqui discorrer.

Iniciamos com Freud e seu conhecido enunciado acerca da sedução materna, em *Esboço de psicanálise* (1938/1980), que teve vários desdobramentos em diversos autores:

> *[...] através dos cuidados com o corpo da criança, ela se torna seu primeiro sedutor. Nessas duas relações (alimentação/cuidados corporais) reside a raiz da importância única sem paralelo, de uma mãe, estabelecida inalteravelmente para toda a vida como o primeiro e mais forte objeto amoroso e como protótipo de todas as relações amorosas posteriores – para ambos os sexos. (p. 217)*

A mãe é a primeira sedutora – é quem libidiniza o bebê, convidando-o à vida e marcando no corpo do filho ou da filha uma geografia de prazer/desprazer (Ribeiro, 2011). Propomos que a sedução se equipara à erotização, tanto na díade mãe-bebê como no par analista-analisando, e desenvolvemos essa ideia a partir de autores da psicanálise contemporânea, principalmente Luís Claudio Figueiredo[2] e Dianne Elise.

É preciso que ressaltemos que a sedução, tema polêmico na psicanálise, vem sendo resgatada. Fundamental, pois, considerar seus riscos, de modo que, ao captá-la, possamos operar a partir de uma posição ética, não atrelada ao narcisismo do analista, mas sim às necessidades do paciente. Optamos por nomeá-la "sedução *suficientemente* boa", à semelhança da "mãe *suficientemente* boa" de Winnicott[3] (1951, p. 28). Dessa forma, associamos esse advérbio de intensidade à sedução, que, fazendo parte do encontro analítico, precisa se apresentar numa "temperatura" adequada: nem distante e, portanto, gelada, de modo a não possibilitar contato, e nem excessiva, determinando uma sobre-excitação. Os extremos conduzem a vazios ou abismos tórridos; é preciso buscar um equilíbrio entre ser distante ou débil demais no contato, e ser intenso demais, portanto, intrusivo.

Também nessa linha de pensar a sedução na sala de análise enquanto chamado para a vida, Dean-Gomes (2019) faz uso da expressão "sedução ética" (p. 436). Ele destaca que, se a pulsão de morte não possui objeto, e se a pulsão de vida precisa de um objeto interessado e disponível, o objeto é sedutor e desvia o infante das forças mortíferas, conduzindo de modo primordial o psiquismo, a fim de que este opere a partir de Eros e do princípio do prazer.

---

2 O texto de Figueiredo "Figuras da sedução em análise: a vitalização necessária", ao qual nos referimos neste Capítulo 6, é o Capítulo 5 deste livro.

3 Em palestras radiofônicas na BBC de Londres, em 1949, Winnicott responde a Iza Benzie, produtora da rádio, sobre sua teoria de "Mãe Suficientemente Boa". Diz: "Essa frase tornou-se um varal para pendurar coisas e ajustou-se à minha necessidade de escapar à idealização e aos eventuais intentos de ensino e propaganda." (Winnicott, D.W. (2023). *Talking to parents* (p. XIV). Perseus Publishing.

Sim, há riscos, e precisamos estar atentos para o uso da sedução de modo ético, como sugere Dean-Gomes, especialmente naqueles casos em que a vitalidade se faz fundamental e deve ser conferida ou restituída ao paciente. Face aos temores e inibições do paciente, a analista o encoraja, empresta sua vitalidade, usando sua voz ora mansa, ora com vigor, os gestos que atravessam a virtualidade, com os quais pretende despertá-lo para sua própria vitalidade.

Contribuições de Luís Claudio Figueiredo

É necessário que levemos adiante uma reflexão metapsicológica acerca da sedução vinculando-a à vitalização. Para isso, iniciamos este subitem com nossa leitura do Capítulo 5 deste volume, de Luís Claudio Figueiredo, "Figuras da sedução em análise: a vitalização necessária" – já publicado em 2019. Nosso principal objetivo aqui é a reavaliação da sedução em seus vários aspectos, a partir do pensamento desse autor e de outros psicanalistas.

Como vimos, Figueiredo (2019) aborda a sedução desde sua particular importância na constituição do psiquismo, como também na etiologia dos adoecimentos e no atendimento a pacientes apassivados – aqueles da matriz ferencziana (Figueiredo & Coelho Júnior, 2018). Adverte o autor que não podemos desconsiderar os efeitos antianalíticos e antissimbolizantes da sedução e da excitação. Tendo isso em conta, seguimos neste capítulo tanto no sentido do reconhecimento da necessidade de estratégias vitalizantes quanto da atenção ao seu contraponto: o da vitalização e sedução arriscadas e, portanto, antianalíticas.

Vamos iniciar destacando a dimensão erótica e sedutora do encontro analítico como um aspecto fundamental dos tratamentos – eixo fundamental deste capítulo, que teve início com o caso de Ahab justamente por isso. Vitalização, Eros e sedução estão presentes nesse atendimento, nos remetendo a uma prática analítica em que a sedução é reconhecida em sua feição benigna (Figueiredo, 2019, p. 54), com o cuidado em relação aos riscos e desvios de uma imprescindível posição ética por parte da(o) analista.

A partir de Laplanche, com sua "teoria da sedução generalizada", que resgata a importância constitutiva da sedução, Figueiredo destaca que a constituição psíquica depende invariavelmente da sedução de um psiquismo infantil pela ação sedutora do adulto inconsciente, que permeia os cuidados proporcionados ao infante. Trata-se de um trauma constitutivo fundamental para o desenvolvimento emocional: "assim como o bebê precisa de cuidados, precisa também, para iniciar sua marcha psíquica, de uma sedução adulta" (Figueiredo, 2019, p. 52). Eis aí o resgate da sedução e o reconhecimento de uma dimensão traumática constituinte, não se tratando, entretanto, de um trauma desestruturador.

De qualquer modo, a reabilitação da sedução por alguns poucos analistas não alterou sua visão quase exclusivamente sob uma perspectiva negativa, nos levando a reconstituí-la, como propõe Figueiredo, a partir de Ferenczi.

Pressupondo uma condição de passividade original do infante, Ferenczi destaca que, no início da vida, a pulsão de morte é muito mais operante que as de vida – daí a necessidade do investimento narcísico e erótico do adulto – entendendo, desde já, que erótico aqui é usado em seu sentido amplo. Embora não use o termo "sedução", fala do que impulsiona à vida: a atenção dedicada do adulto, convidando o infante à vida de modo genuíno e autêntico. Assim seria possível ao bebê a vitalidade necessária para a entrada na vida.

Diferentemente da suposição de Laplanche (citado por Figueiredo, 2019), de que "a pulsionalidade fosse inoculada no bebê pela sexualidade adulta recalcada, inconsciente" (p. 53), ressaltamos a função fundamental do objeto de resgatar o infante da regressão à passividade absoluta da morte ou de estados de cisão. Em contrapartida, para viver, como bem coloca Ferenczi, é necessária uma condição de passividade primordial – ou seja, uma condição de receptividade aos cuidados vitalizadores do adulto: o outro-adulto como fonte de vida.

É a partir desse pensamento ferencziano que Figueiredo discorre sobre os adoecimentos por passivação, caracterizando aqueles pacientes necessitados, de modo mais fundamental, dessa estratégia terapêutica de vitalização. É importante acompanhar o pensamento do autor para que resguardemos uma posição ética contundente, já que apresentamos como proposição que essa estratégia terapêutica de vitalização se estenda a pacientes menos adoecidos.

É o caso de Ahab, que, embora apresentasse um retraimento não severo, sentia-se aprisionado por uma dificuldade de estabelecer contato: onde, quando, com quem aconteceu um encontro? A analista se disponibiliza como um outro que o convida para andanças vivas e compartilhadas, para além de suas solitárias perambulações.

Mas, assim como ocorre a vitalização por meio do ambiente que investe narcisicamente o infante, o contrário também pode acontecer: a passivação, que pode ocorrer pela ausência radical de cuidados ou por excessos e abusos: "Em ambas as vertentes, a passivação é mortífera: mata ou deixa partes mortas ou cindidas por onde passa. Em especial, mata o potencial de atividade espontânea preservado na condição passiva associada às pulsões de vida" (Figueiredo, 2019, p. 54).

Figueiredo (2019) destaca que Balint, Winnicott e Kohut seguiram o caminho aberto por Ferenczi no que diz respeito tanto aos adoecimentos por passivação como à passividade original. Mesmo que já se comporte um potencial para alguma atividade desde o nascimento, é condição de vida, como já vimos falando, um "ambiente facilitador" (que sustenta e cuida).

Aqui, retomamos o ponto fundamental deste capítulo, que é a sedução e a estratégia vitalizante a ela relacionada: ambiente de cuidado igualado a um ambiente também com qualidades de uma sedução e convite à vida e ao vínculo. Mas é fundamental a ressalva de Figueiredo: "ambiente 'sedutor'" (2019, p. 54) no sentido amplo, como vem sendo expresso.

Em todos esses autores, encontramos traços em comum no que se refere à estratégia terapêutica junto aos pacientes adoecidos por passivação: a estratégia vitalizante, ou, acompanhando Figueiredo, sedução "benigna". Reconquistar a confiança de indivíduos profundamente desconfiados do ambiente e desalentados com a vida, reacender a esperança de pacientes profundamente desesperançados, convidar a brincar, a jogar e a fantasiar, reconhecer necessidades rudimentares de se sentir vivo e com valor, tudo isso, de uma forma ou de outra, pertence ao campo da clínica pós-ferencziana, como nomeada por Figueiredo (2019, p. 54).

A estratégia vitalizante: a erotização

Figueiredo (2019) nos alerta que os autores ora mencionados fazem uso terapêutico da sedução – "sedução para a vida" (p. 55) –, mas não falam de sedução. Daí advêm consequências problemáticas: primeiro, a sedução fica reduzida à sua conotação negativa; mas, adverte o autor, como já vimos em Laplanche, sem sedução não há constituição do psiquismo, nem vida.

Segundo, algo que nos é particularmente relevante: o não reconhecimento da dimensão da sexualidade em sua acepção ampla. Sedução se liga a libido, sexualidade e, principalmente, a Eros – este referido "não apenas à excitação, descarga e prazer, mas também nos processos de ligação intrapsíquica e intersubjetiva sem as quais a vida não se instala e expande. Não apenas se trata de uma estratégia terapêutica na direção da 'ex-citação' (chamar para fora)" (Figueiredo, 2019, p. 55), mas ainda da ligação. Estamos aqui nos referindo a um trabalho de vitalização que nada tem a ver com animar pacientes deprimidos: o prazer compartilhado deve estar a serviço da simbolização e da transformação das experiências emocionais.

Por fim, um terceiro problema: na ocultação da dimensão erótica e no não reconhecimento da sexualidade em sua dimensão ampla, podemos deixar de atentar para os riscos da erotização, mesmo quando esta é necessária. Como bem destaca Figueiredo (2019), "o excesso de erotização ou sua inadequação às capacidades egoicas e de simbolização do sujeito é certamente algo prematuro, invasivo e traumatizante no velho sentido do termo". Ou seja: a erotização tanto pode produzir ligações como, também, adoecimentos, já que "a vitalização inclui o risco de um excesso que contraria e obstrui a marcha do psiquismo no rumo de sua expansão e integração" (p. 55) – nosso objetivo terapêutico principal.

Todas essas advertências nos direcionam a pensar nos riscos do atendimento de Ahab: como construir um campo de erotização que não perca seu caráter terapêutico ao "derrapar" em excessos e desvios? Quando a excitação ultrapassa a ligação? Qual a medida?

É importante ressaltar que Figueiredo (2019), em seu texto, trata das estratégias de "sedução para a vida", mesmo considerando seus riscos, como necessárias em todos os casos de adoecimento por passivação. No presente capítulo, em particular no caso de Ahab, propomos a ampliação do uso da vitalização, em maior ou menor grau, presente em todo processo analítico, assim pensamos. Uma proposta que precisa ser conduzida com o máximo rigor ético, pois intenciona o uso da sedução e da erotização na consideração do trazer para a vida áreas mortas e desvitalizadas, invariavelmente presentes, mesmo em casos não tão graves. Aqui o cuidado com extravios se faz ainda mais necessário, pois os riscos podem ser maiores, sendo que o compromisso ético do analista é imprescindível.

Outra autora referenciada por Figueiredo (2019), como não poderia deixar de ser, é Anne Alvarez, que atende crianças gravemente adoecidas fazendo uso do que denominou *reclaiming* em seu primeiro livro, *Companhia viva* (1992). Alvarez sugere tal estratégia terapêutica como correspondente a uma modalidade de sedução. Referindo-se a seu paciente Robbie, o qual apresentava um retraimento severo, afirma:

> *Pareceu-me que, em seu estado mais doente, mais retraído, ele emergiu e veio para onde eu consegui chegar, quando fiz um movimento fundamental para alcançá-lo onde quer que ele estivesse em seu estado perdido de estupor. À época, escolhi a palavra "reclamação" para descrever a situação. Uma terra improdutiva não pede para ser recuperada, mas sua potencialidade oculta para germinar pode florescer quando é reclamada. (Alvarez, 1992, p. 101)*

Em seu segundo livro, *The thinking heart* (*O coração pensante*, 2012), Alvarez dá sequência à noção de *reclaiming* a partir da "vitalização intensificada" (Figueiredo, 2019, p. 58), estratégia terapêutica descrita de forma teórica e com exemplos clínicos. Alvarez (2012), entretanto, não faz apenas o elogio da sedução; também aborda outras manifestações que surgem da excitação provocada: jogos perversos e brincadeiras viciadas e frenéticas, ou seja, manifestações de crueldade, envolvendo a analista (Alvarez) em cenas de violência sexual ou abusiva, que surgem a partir do que Figueiredo (2019) denomina "sobre-excitação" (p. 58). Da instalação de vida (a vitalização intensificada), o que surgia eram soluções mortíferas, ou seja, a proximidade entre sexualidade e pulsão de morte.

Atenta ao que se passava, Alvarez (2012, p. 158) afirma: "Desencorajar as excitações perversas precisa ser acompanhado da afirmativa confiável de que há outras maneiras de se sentir vivo. Caso contrário, o paciente pensa que só há duas alternativas: o excesso de excitação ou o abismo". Aqui, como ressalta Figueiredo (2019), Alvarez não recusa a sedução, que entende como uma forma de *reclaiming*, mesmo considerando os riscos de extravios capazes de obstruir os processos de simbolização.

Sintetizando, a vitalização intensificada comporta sempre uma dimensão erótica e seus inevitáveis riscos. Trata-se, pois, de uma clínica arriscada, que apenas conseguirá manter o encaminhamento do tratamento na direção de modos de vitalizar de forma saudável a partir de uma posição analítica que salvaguarde o que denominamos "sedução suficientemente boa", ou seja, que não se extravie, nem por falta nem por excesso de investimentos vitalizantes. E, indo além do pensamento da sedução como estratégia terapêutica, acreditamos que a sedução está presente no encontro analítico, na medida em que não escapamos da questão da transferência, tampouco de seus efeitos, especialmente da "sedução".

A esse respeito, Roussillon sugere que os efeitos da "sedução" dependem, de fato, apenas em parte daquilo que o clínico faz ou diz, pois são inerentes ao próprio processo transferencial; isto é, à posição na qual o sujeito o situa no encontro analítico, e isso só depende muito parcialmente dele. Queira ou não o clínico, a questão da sedução está presente em todos os encontros clínicos, pois ela é também um efeito induzido pelo processo transferencial que lhe é consubstancial. O que o clínico diz, faz, deixa de fazer ou dizer é "interpretado" pelo sujeito em função da posição transferencial na qual ele o situou.

O problema, portanto, não é a sedução – além de inevitável, muito frequentemente, ao querer escapar da sedução "libidinal", produz-se uma "sedução superegoica", e, persistindo a todo custo nessa desconsideração, podemos acabar por cair na "sedução narcísica".

Assim se vai de mal a pior, desenvolvendo modos de sedução cada vez mais nocivos – posto que cada vez mais difíceis de desmascarar, logo, de ultrapassar. O problema, pois, não é a sedução em si, é a sua forma e a sua utilização (Figueiredo, 2019, p. 57).

É verdade que essas colocações de Roussillon se referem à sedução de modo diverso do que vínhamos até então tratando. Estamos apresentando a sedução como estratégia terapêutica, o que diverge da proposta de pensá-la como efeito da transferência. Propomos, considerando essa diferença, que as reflexões do autor se entrelacem às nossas, partindo da ideia fundamental da inevitável presença da sedução no campo analítico.

A questão principal é: o que fazer com a inevitável sedução que ocorre no processo analítico? E, como consequência, surgem outras: como encaminhar as poderosas forças de Eros para os processos de vitalização, sem desconsiderar os riscos inerentes ao processo, também ressaltados por Roussillon?

Como destacamos há pouco, sedução está ligada à libido, à sexualidade e principalmente a Eros no sentido amplo: as forças que instalam e ampliam a vida, e são promotoras e mantenedoras dos vínculos, tanto os intrapsíquicos como os intersubjetivos. Então, sendo o objetivo inicial deste capítulo, a partir da história com Ahab, compreender as várias dimensões da sedução, optamos por focar a sedução em sua perspectiva de estratégia terapêutica de vitalização. Entretanto, não podemos deixar de pontuar que a sedução, como convite à vida, inicia-se nos cuidados da mãe com seu bebê – a "mãe suficientemente sedutora" –, e é nesse mesmo começo que a erogeneização se faz imprescindível.

Retomando: propomos que a sedução, desse modo considerada, se equipara à erotização, tanto na díade mãe-bebê quanto no par analista-analisando, como dito anteriormente. Tendo refletido por ora sobre a sedução, temos como propósito um maior entendimento da erotização, e para isso faremos uso de um texto da psicanalista Dianne Elise (2017), também destacada por Figueiredo (2019).

A coreografia do erotismo analítico: algumas ideias de Dianne Elise

O título do artigo de Dianne Elise (2017) – "Moving from within the maternal: the choreography of analytic eroticism" ("Movendo-se desde o interior do materno: a coreografia do erotismo analítico") – já comunica o pensamento da autora, quando esta associa a díade mãe-bebê ao par analista-paciente e propõe a metáfora da dança como paralela à vitalidade criativa e erótica que entrelaça os movimentos de ambas as duplas. De modo específico, o movimento de uma sessão é entendido a partir de um erotismo analítico, algo que expande o conceito de transferência e contratransferência eróticas e que aqui procuramos entender a partir das palavras da própria autora:

> *Clinicamente, quando a criação de uma narrativa simbólica passa para o verbal, enquanto retém este componente afetivo corporificado, a transformação da dor psíquica torna-se possível. A capacidade estética para manter essa vitalidade incorporada viva na relação é a qualidade a que me refiro como erotismo analítico.*
> *(Elise, 2017, p. 33)*

Elise parte das ideias de Kristeva (2014) sobre a importância do erotismo materno: o encontro da mãe como ser erótico traz à existência o eu erótico da criança, não apenas no aspecto especificamente sexual, mas no sentido mais amplo de vitalidade e curiosidade em relação ao viver: "Eros, em vez de adaptação funcional" (Elise, 2017,

p. 34). É a partir desse sentido de Eros que complementamos o que temos trabalhado neste capítulo: Eros como força vital, força de ligação.

Resgatando Eros para pensar a relação mãe-bebê e, adiante, o par analítico, Elise (2017) continua a definir o erotismo materno como vitalidade corporificada desse espaço da díade: uma atmosfera afetiva que poderia ser pensada, em termos winnicottianos, como "mãe ambiente", mas que Elise chama de "viva com o erótico" (p. 36). A escolha da metáfora da dança, aqui, cabe para entendermos o impulso materno derivado de seu erotismo, que, ritmicamente, energiza o dueto mãe-bebê, liberando energias libidinais e imaginação criativa. Elise desenvolve seu texto associando enfaticamente o entrelaçamento dos corpos da díade inicial a uma dança enquanto erotismo maternal, belamente assim descrita:

> *Sublinho que essa dança, com seus primórdios, tanto pré quanto pós-natal, é a forma de arte mais plenamente corporificada, dando forma à vida afetiva por meio do movimento. Cada ser humano começa pré-natalmente, com a mãe como parceiro de dança. Preso no abraço do corpo oscilante da mãe, o bebê pré-natal é valsado ao redor do útero, colocado em movimento, sempre acompanhado pela batida rítmica do coração da mãe, a música de sua voz, mesmo quando ela não está realmente cantando. O feto por fim responde com um solo – um primeiro chute, tão emocionante para a mãe (e para o feto?). Certamente deve haver, nesse dueto mãe-bebê, continuidade do útero ao abraço de balanço dos braços e colo da mãe, com a amamentação devolvendo o bebê à proximidade com a batida musical do coração da mãe que emana das profundezas de seu corpo. (Elise, 2017, p. 37)*

As palavras da autora nos direcionam a articular Eros, vitalização, libidinização e, por que não, sedução, como temos discorrido neste e em outros trabalhos (Cesar & Ribeiro, 2022), igualmente ligando a vitalização do par mãe-bebê à que deve se apresentar no encontro analítico: "uma espontaneidade viva que faz parte do *self* criativo tanto do analista como do paciente" (Elise, 2017, p. 40). Também no trabalho analítico, é sugerido um processo coreográfico: uma dança que não constitui o produto criativo apenas da mente do analista; também a "música" do paciente está incorporada nas comunicações verbais e não verbais. Elise associa a vitalização da situação clínica a um campo de força libidinal, considerando que tanto o paciente como o analista envolvem suas energias eróticas, ressaltando que tal envolvimento não é específico do desejo erótico, embora possa incluí-lo.

Se o erotimo maternal falhou, assim também a dança mãe-bebê, sendo, portanto, nosso desafio trabalhar com um paciente sem música (podemos aqui pensar nos casos difíceis e nos pacientes desvitalizados, engessados em sua paralisia e ausência de movimento). Nesses casos, Elise destaca o erotismo analítico como essencial para a criação de uma narrativa que faça sentido. É especialmente com pacientes amortecidos que o erotismo analítico se torna, assim, um elemento tão vital.

Mas voltemos a Ahab: nesse caso, a metáfora usada foi a pesca ou a caça; entretanto, pode ter se tratado de uma dança-coreografia em que o convidei a formar um par analítico. Fica a questão: será que, como Elise afirmou, o desejo analítico o manteve, pelas tantas sessões em que o convocava a retornar? Ou foi apenas um impulso, de modo que, após um curto período, largou o palco e fugiu de minhas narrativas para se resguardar em seu mundo monótono e deslibidinizado? Ahab foi embora afirmando veemente que talvez gostasse de nossos encontros, mas, acostumado a aceitar o desejo do outro, agora ali comigo, queria experimentar dizer "não".

Não queria mais; se sentisse saudade, me procuraria. Uma afirmação a partir do negativo? A enunciação de sua potência? Um fio erótico permanecendo na dança interrompida? As coisas esfriaram na pista de dança, mas uma chama tênue se manteve na comunicação final? Ou a excitação, como afirma Figueiredo (2019), colocou a perder a possibilidade de encontro?

As tantas metáforas de movimento que figuram neste capítulo – pesca, caça e agora dança – parecem comunicar como podem se apresentar tentativas de aproximação – idas e vindas, a arriscada sedução anunciando a possibilidade dos perigos dos mares em turbulência, dos avanços ora da caça, ora do caçador. Na dança erótica (pensando Eros em seu sentido amplo) em que se envolveram analista e analisando, a ameaça de tangos tórridos ou salsas ardentes terá conduzido de volta para seu claustro o paciente e seus temores de viver? Viver é perigoso: o recolhimento trazia cifrado seu susto tal qual vulcão amarrado pelo bico.

Ao acompanharmos Elise (2017), a teoria iluminou, como fósforo na caverna, a presença de Eros no encontro analítico, quando, não raro, desprezamos a dimensão libidinal e libidinizadora do trabalho terapêutico. Lançou luz ao que se dançava em inocência: os riscos de o bico do vulcão desamarrar e inundar de lava o *setting* analítico. Eis o perigo a que se refere Figueiredo (2000, p. 31): uma clínica com tamanha implicação demanda reserva. Implicação e reserva diante da dimensão sexual da sedução enquanto estratégia de vitalização.

Por outro lado, como não arriscarmos? Era necessária a busca do vivo para resgatar Ahab do mundo silencioso e amortecido, da não troca, da ausência de música. Nessa direção, Elise (2017) alerta que a ausência da vitalidade como núcleo da atividade analítica minaria a possibilidade de criação conjunta de uma narrativa simbólica com proeminência emocional. A intenção da autora ao destacar a presença de Eros no encontro analítico "é *tornar este componente erótico e energético explícito na teorização de uma técnica clínica*, em vez de deixá-la como tabu negligenciada ou isolada na conceituação estreita de "contratransferência erótica" (Elise, 2017, p. 48, grifos nossos). E completa: "E se parece herético reivindicar um componente erótico na presença analítica ética, por que isso acontece? Podemos falar de um ardor analítico?" (p. 48).

Tal questionamento nos remete à "novela" com Ahab: de que modo podemos pensar o erotismo como constitutivo de um tratamento? Pode o erotismo analítico realmente "sustentar" o casal analítico? Reafirmamos aqui a inter-relação da sedução e da erogeneização como ingredientes necessários para a vitalização do par analítico, em sua medida justa; ou seja, sem faltas nem excessos, nos moldes adequados a cada paciente, um analista suficientemente bom sedutor, como propomos neste capítulo.

Na direção de respostas para tantas questões, a autora nos auxilia ao sugerir que uma análise não pode se basear apenas nas energias libidinais do paciente. É necessária uma energia erótica circulando, "uma matriz libidinalmente viva" (Elise, 2017, p. 49). O erótico como vitalidade analítica: a energia erótica do analista sendo vista em seu potencial de cura e como ingrediente necessário para o processo analítico.

Elise (2017) questiona (ou será uma afirmação?): pode nosso recipiente analítico ser um útero de concepção, uma dança de gestação e entrega na qual o Eros incorporado de um analista emparelha com, e facilita, a capacidade de um paciente de sentir e expressar seu próprio ritmo pessoal? No lugar do analista como tela em branco, movimentar sua figura para uma vivacidade, imagem colorida, em vez de "re-presentação de uma mãe amortecida" (p. 50).

Destacamos aqui a necessidade de nossas narrações verbais baseadas em experiências corporificadas para além de cada frase. Como vimos em artigo anterior (Cesar & Ribeiro, 2020), a linguagem só tem utilidade se vier junto com as energias corporificadas, tanto do analista como do paciente. Dança também necessária com as palavras: o uso da linguagem de modo artístico, "indo além, abaixo e antes da palavra" (Elise, 2017, p. 51). Estamos falando aqui da linguagem viva, em consonância com nosso texto já mencionado (Cesar & Ribeiro, 2020): a responsividade afetiva não apenas do paciente, mas também do analista.

De qualquer forma, como trabalhar com nosso erotismo de forma ética?

Podemos articular o erótico com a imaginação criativa do analista. Energia libidinal, em conjunto com os recursos imaginativos, fornecem, segundo Elise (2017), a base essencial para o trabalho com pacientes cujo trauma precoce congelou, ou impossibilitou, a capacidade simbólica. Ressaltamos o pensamento da autora de que as energias criativas não devem ser vistas como substituto dos próprios recursos vitais do paciente; elas deverão ser vistas como contribuição vivificante para a dupla, mesmo que paradoxalmente, e aqui incluímos, necessariamente, uma travessia por territórios de desvitalização e amortecimento.

Também partilhamos da conclusão da autora de que a função vitalizadora do analista deve estar presente em cada encontro analítico, fazendo parte da concepção de um analista vivo, ativo e de posse de suas capacidades criativas, de modo a auxiliar a construção de uma matriz libidinal, vitalizadora, presente no campo analítico. O encarnado, o vital precisam estar primariamente presentes. Em lugar de um ambiente recipiente passivo e desencarnado, Elise (2017) propõe a atividade do analista como derivada de seu eu erótico: "um estado vibrante de alerta equilibrado, assim como uma dançarina parada no palco é equilibrada, não passiva, pronta, cheia de movimento potencial, de impulso" (p. 53).

A ampliação em nossos pacientes de sua capacidade de estarem vivos não será possível sem nossa própria presença viva e corporificada. Afinal, "somos receptividade equilibrada, não um receptáculo: nós agimos, nós respondemos, e não apenas de uma teoria intelectualizada, mas de nossas próprias energias ardentes corporificadas – algo do momento vivo" (Elise, 2017, p. 53).

Sobre o atendimento remoto: o enquadre interior

Figueiredo, em texto recente (2020), propõe que, no lugar de nos referirmos a "atendimento virtual", falemos em "atendimento remoto", já que a virtualidade seria algo intrínseco ao dispositivo analítico. De qualquer modo, é preciso que examinemos, mesmo que sucintamente, as questões que advêm dos atendimentos a distância, os quais nos remetem à elasticidade da técnica, assim nomeada por Ferenczi (1928), que propunha uma flexibilização do atendimento daqueles pacientes precocemente traumatizados que não se adaptavam à técnica padrão.

Dentro da linhagem ferencziana, Winnicott (1962) se refere à "psicanálise modificada" quando se vê fazendo algo que não a análise padrão, embora, ainda assim, paradoxalmente, trabalhando como um analista: "Se nosso objetivo continua a ser verbalizar a conscientização nascente em termos de transferência, então estamos praticando análise; se não, então somos analistas praticando outra coisa que acreditamos ser apropriada para a ocasião. E por que não haveria de ser assim?" (Winnicott, 1962, p. 155). Nesses casos, porém, tratava-se de pacientes que necessitavam de modificações na técnica, algo diferente do que estamos vivendo nesta pandemia: assistimos à ampliação do trabalho do psicanalista.

Figueiredo (2020, p. 65) ressalta o que ganhamos conceitualmente com essa elasticidade. Destacamos aqui a ênfase dada pelo autor ao "enquadre interior", que independe da presença física do analista, caracterizando-se como uma disposição de mente:

> *trata-se da disposição de mente do analista em sua dimensão ética e "técnica" e em sua capacidade de escuta: em outras palavras, é a sua presença implicada e reservada (Figueiredo, 2008), sua "mente própria" (Caper, 1999), sua atenção flutuante operando em seu mais amplo espectro e englobando todas as modalidades de escuta em análise. (Figueiredo, 2020, p. 65)*

É, pois, a presença do "enquadre interior" que comparece no atendimento de Ahab, uma vez que, como vem acontecendo com frequência no período da pandemia, não ocorreram encontros presenciais; apenas no modo remoto.

O "enquadre interior" pode ser entendido por duas vias: primeiro, a transferência com a própria psicanálise, o enquadre se instalando a partir de sua internalização como bom objeto interior. No dizer de Figueiredo (2020), uma "psicanálise amada" como condição de fundamento de nossa ética, que se constitui não na regulação ou interdição, mas no "vínculo transferencial (amoroso) com o próprio método analítico" (p. 68). Indo ao encontro da dimensão sedutora da experiência analítica relatada, vale ressaltar a ênfase dada pelo autor, lado a lado com o enquadre interior, às transferências evocadas no paciente, quando, a partir da escuta, é convidado "a ser, a falar, a brincar, a alojar-se no espaço de hospitalidade instaurado pela posição do analista: a situação analisante com sua dinâmica sedutora e criativa" (p. 65).

Assim, acompanhando o autor, a virtualidade está sempre presente no atendimento analítico, seja no atendimento remoto, a distância, na psicanálise padrão ou na psicanálise modificada; isso porque depende da disposição de mente de cada um da dupla analítica. Figueiredo (2020) associa muito apropriadamente tal virtualidade à instalação do espaço potencial (Winnicott, 1971a): encontros em que compareçam realidades reais e fictícias, verdadeiras e ilusórias; campo fundamental a partir do qual o trabalho da psicanálise pode acontecer.

Destacamos, brevemente, do texto de Figueiredo (2020), algumas ideias que poderiam iluminar a compreensão do encontro que se deu com Ahab. Mesmo o atendimento sendo remoto, a dimensão de virtualidade, a manutenção do enquadre interior do analista e a instalação do espaço potencial aconteceram. Paradoxalmente, pensamos que a condição de atendimento remoto possibilitou que, protegido do corpo a corpo, Ahab conseguisse se aproximar de uma experiência analítica de intimidade.

Considerações finais

As palavras de Figueiredo e Elise nos direcionam à confirmação da necessidade da vitalização presente em todo encontro analítico. No presente capítulo, procuramos articular sedução com erotização – em vez de uma presença intelectualizada, uma presença encarnada: corpos ardentes e não abstrações desencarnadas. Assim encarnada surgiu a imagem da dança, da caça com Ahab, em torno de tórrido vulcão: de que modo poderíamos ter prosseguido sem nos queimarmos nem congelarmos? Sim! Os encontros analíticos nessa dimensão vitalização-desvitalização têm temperatura, a cada sessão, de um momento a outro, de tempos em tempos.

Essas reflexões nos conduzem à seguinte questão: como trabalhar com nosso erotismo de forma ética? O par constituído com Ahab trabalhou de forma ética? A analista se manteve em estado vibrante, o corpo envolvido no encontro. Mas quanto se equilibrou no palco dos encontros? Quanto titubeou na dança? Ou, por seu lado, Ahab recolheu temeroso suas energias vibrantes que cintilavam sutilmente? Será que a analista intuía a música que emergia por meio das narrativas corporificadas, suas histórias a ela endereçadas?

Mesmo não tendo todas as respostas, podemos entender a sedução suficientemente boa, o erotismo presente de forma ética, acompanhando a proposição de Elise do entrelaçamento de criatividade e sexualidade a partir dos pensamentos de Winnicott e Freud.

Winnicott (1971b) escreveu que é "a apercepção criativa, mais do que qualquer outra coisa, que faz o indivíduo sentir que vale a pena viver a vida" (p. 65). Freud (1915/1969) postulou o amor sexual como "sem dúvida uma das principais coisas na vida, um de seus picos culminantes" (p. 169). Algo que, para Elise, faria com que a psicanálise valesse a pena para analista e paciente.

Estar de um modo criativo junto ao paciente é elemento de força vital. O que aqui pensamos como presença erótica, que começa nas trocas mãe-infante, estende-se para além destas e do puramente sexual para uma "*joie de vivre*" – uma paixão pela vida em seus altos e baixos – o sexual aqui resgatado numa concepção ampla, a mente enraizada na dimensão erótica do corpo: o nascedouro do vivo entre ternuras e ardências.

Tudo isso é arriscado e vitalizante. A analista convidou seu paciente à dança, convocou-o à caça, relatou e ouviu suas histórias, buscou "ex-citá-lo". Deixamos às leitoras e aos leitores, como um filme de Bergman de final impreciso, que suas próprias *rêveries*, sua capaciade imaginativa e criativa, surjam no encalço de respostas im-possíveis.

Referências

Alvarez, A. (2012). *The thinking heart: three levels of psychoanalitic therapy with disturbed children*. Routledge.

Alvarez, A. (2020). *Companhia viva. Psicoterapia psicanalítica com crianças autistas, borderline, desamparadas e que sofreram abuso*. Blucher. (Trabalho original publicado em 1992)

Bíblia sagrada. (2008). Imprensa Bíblica Brasileira.

Bion, W. R. (2014). Learning from experience. In W. R. Bion, *The complete works of W. R. Bion*. Routledge.

Cesar, F. F., & Ribeiro, M. F. R. (2022). A função vitalizadora do analista e a palavra viva na sala de análise. Reflexões a partir de algumas ideias de Thomas Ogden. *Ágora* (PPGTP/UFRJ), *25*, 18-26.

Coelho Jr. N., & Figueiredo, L. C. (2018). *Adoecimentos psíquicos e estratégias de cura. Matrizes e modelos em psicanálise*. Blucher.

Coelho Jr. N., & Figueiredo, L. C. (2000). *Ética e técnica em psicanálise*. Escuta.

Dean-Gomes, G. (2019). *Budapeste, Viena e Wiesbaden. O percurso clínico-teórico de Sándor Ferenczi*. Blucher.

Elise, D. (2017). Moving from within the maternal: the choreography of analytic eroticism. *Journal of the American Psychoanalytic Association*, *65*(1), 33-60.

Ferenczi, S. (1928/1992). A elasticidade da técnica psicanalítica. In *Sándor Ferenczi. Obras completas* (Vol. 4, pp. 29-42) Martins Fontes.

Figueiredo, L. C., & Coelho Jr., N. E. (2018). *Adoecimentos psíquicos e estratégias de cura. Matrizes e modelos em psicanálise*. Blucher.

Figueiredo, L. C. (2019, dez.). Figuras da sedução em análise: a vitalização necessária. *Revista Percurso*, *63*, 51-60.

Figueiredo, L. C. (2020, jan.-jun.). A virtualidade do dispositivo analítico de trabalho psicanalítico e o atendimento remoto:

uma reflexão em três partes. *Cadernos de Psicanálise (CPRJ)*, 42(42), 61-80.

Freud, S. (1915/1969). Observações sobre o amor transferencial. In S. Freud, *Edição Standard das Obras Completas* (Vol. XII). Imago.

Freud, S. (1980). Esboço de psicanálise. In S. Freud, *Edição standard brasileira das obras psicológicas completas de Sigmund Freud* (Vol. XXIII). Imago. (Trabalho originalmente publicado em 1938)

Gerber, I. (2013). *Sessão de histórias*. Ofício.

Ribeiro, M. F. R. (2011). *De mãe em filha. A transmissão da feminilidade*. Escuta.

Roussillon, R. (2019). *Manual da prática clínica em psicologia e psicopatologia*. Blucher.

Winnicott, D. W. (1962). Os objetivos do tratamento psicanalítico. In D. W. Winnicott, *O ambiente e os processos de maturação* (pp. 152-155). Artmed. (1983)

Winnicott, D. W. (1971a). Objetos transicionais e fenômenos transicionais. In D. W. Winnicott, *O brincar e a realidade* (pp. 13-44) Imago. (Trabalho original publicado em 1951)

Winnicott, D. W. (1971b). A criatividade e suas origens. In D. W. Winnicott, *O brincar e a realidade* (pp. 95-120). Imago.

Winnicott, D. W. (2020). *Bebês e suas mães*. Ubu. (Trabalho originalmente publicado em 1987)

Wisnik, J. R. (2003). *Pérolas aos poucos*. [CD] Produzido por Alê Siqueira. Maianga.

7. A função vitalizadora do analista e a palavra viva na sala de análise: reflexões a partir de algumas ideias de Thomas Ogden[1]

Fátima Flórido Cesar
Marina F. R. Ribeiro

> A única verdade é que vivo.
> Sinceramente, eu vivo.
> Quem sou? Bem, isso já é demais.
> Clarice Lispector, *Perto do coração
> selvagem*, 1980, p. 50.

O objetivo deste capítulo é discorrer sobre o pensamento de Thomas Ogden no que se refere à compreensão das ideias de vitalidade e de desvitalização no processo analítico, além da linguagem vitalizadora do analista. Essas ideias são aqui articuladas com duas vinhetas clínicas de Fátima Flórido Cesar.

    Antes que nos dediquemos diretamente ao tema proposto, é interessante pontuar, a partir da introdução do livro de Ogden, *Leituras criativas* (2014), como ele se apropria das ideias e das leituras que faz de outros autores da psicanálise, ou mesmo de qualquer leitura. Sua leitura é uma experiência: ele escreve o que *vive* ao lê-los. Nesse livro

---

[1] Originalmente publicado na revista *Ágora* (PPGTP/UFRJ), v. 25, p. 18-26, 2022.

em particular, ele propõe uma *leitura criativa* de obras importantes de Freud, Fairbairn, Isaacs, Winnicott, Loewald, Searles e Bion.

Ogden (2014) afirma que a leitura criativa constitui uma experiência em que se faz algo ativamente com o texto, "tornando-o [o texto] nosso, interpretando de modo a acrescentar-lhe algo que não estava ali antes de eu ler" (p. 22). Um pouco mais adiante, ele diz que, quando lê, tenta ser tomado pela obra do escritor: ao ler um texto de Melanie Klein, torna-se kleiniano. Do mesmo modo, ao realizar uma releitura de "O medo do colapso", de Winnicott (1963/1994), como apresentaremos ao final deste capítulo, ele se apresenta winnicottiano e, a partir desse lugar, desenvolve suas próprias ideias sobre o texto mencionado.

Assim, pressupomos que, nas ideias que se seguem, Ogden apresenta-se "bioniano", mas de uma forma tal que, ao mesmo tempo que se mostra fiel às ideias do autor, não tem como objetivo expressar o "que ele realmente queria dizer". "Estou muito mais interessado no que esses autores sabiam, mas não sabiam que sabiam – e na riqueza que esses textos expõem sem que seus autores tivessem intenção nem compreensão consciente" (Ogden, 2014, p. 24). Dessa forma, depreendemos das ideias que vamos expor mais adiante um Ogden bioniano, ampliando-as como "extensão" do trabalho de Bion e ressaltando que não saberia dizer exatamente onde termina o raciocínio do autor lido e começa o dele. "Ideias não vêm etiquetadas com o nome do seu proprietário" (Ogden, 2014, p. 26) – afirmativa que, além de ser uma expressão inspirada em Bion (1977/2015), denota sua liberdade de pensamento e seu modo de ler criativamente. Ademais, o que é de um e o que é de outro autor apresenta-se como tarefa impossível de discernir.

Ogden, que fez uma leitura criativa de conceitos seminais das obras de Bion, aconselha que o leitor decida a quem dar crédito por suas inferências:

> *Ainda que as palavras sobre a página permaneçam as mesmas, o que muda, quando faço uma leitura criativa bem-sucedida, são os significados das palavras e das sentenças, significados que aguardavam o momento de serem descobertos, mas que até então jamais encontraram um leitor que os descobrisse, que fosse modificado por eles, e que mudasse esses significados possíveis no processo de descobri-los.* (Ogden, 2014, p. 32)

Fica-nos como proposta a leitura e a escrita como experiência. Ao escrevermos este texto, apostamos que a nossa escrita tenha transcorrido de modo criativo: que tenhamos nos apropriado, ao nosso modo, de Ogden, como este fez com Bion. Esperamos que nosso leitor igualmente se disponibilize a uma leitura criativa, ou seja, não passiva, que seja vivida como uma experiência.

Quando foi a última vez que analista e paciente sentiram a análise com vida? Assim Ogden (2013a) inicia seu texto "Analisando formas de vitalidade e desvitalização", pontuando o sentimento de vitalidade e desvitalização da transferência-contratransferência como medida central para a percepção do que ocorre no processo analítico. O autor destaca a necessidade de liberdade criativa e espontaneidade, de modo a responder ao analisando a partir de suas próprias experiências. Análise viva, linguagem viva constituem contraponto à linguagem morta, a um encontro analítico plastificado por dogmas ou paralisias do par.

Análise viva de modo a possibilitar a vitalização do paciente – na verdade, da dupla analítica. Uma análise viva requer que o analista esteja livre para experimentar, saindo do caminho estagnado das formas prescritas: diversas tentativas devem ocorrer, movidas pela curiosidade que une os participantes na perspectiva ativa e móvel de exercitar-se. A abertura para o inédito, para fora da monotonia, garante o que Ogden destaca como manutenção do experimento: quando os caminhos são imprevisíveis e cambiantes. Busca-se evitar, assim, as paralisias e a condução para lugar nenhum, quando de modo extremamente estéril o conhecimento é transmitido do analista para o paciente. No dizer de Ogden (2013a): "a forma de uma análise não deve ser fixada de antemão" (p. 25).

A escrita deste capítulo me fez lembrar da canção "Fake plastic trees" da banda Radiohead, que me foi apresentada por um paciente adolescente. Havia uma troca que eu julgava viva, enquanto eu apresentava poemas que ele recebia com vigor, ele me oferecia músicas de bandas estrangeiras, dentre as quais se destaca a mencionada. Essa, a meu ver, parecia relacionar-se à sua experiência familiar, aos pais distantes afetivamente, à hipocrisia dominante, à revolta abandonadora por terem descoberto a homossexualidade do filho; enfim, a falsos encontros e simulacros de vida:

> *A green plastic watering can*
> *For a fake Chinese rubber plant*
> *In the fake plastic earth*
> *That she bought from a rubber man*
> *In a town full of rubber plans*
> *To get rid of itself*[2]

Árvores de plástico compradas de um homem de borracha, numa cidade de borracha, para livrar-se de si mesmo, fazem-me pensar numa família plastificada. Assim também, muitas vezes, o processo analítico se extravia quando se plastifica, quando as palavras surgem

---

2 Um regador de plástico verde/ Para uma falsa planta de borracha chinesa/ Na terra plástica falsa/ Que ela comprou de um homem de borracha/ Em uma cidade cheia de planos de borracha/ Para se livrar de si. [N.T.].

"encapadas", quando analista e paciente giram em redemoinhos, ou se acidentam como carros derrapados, perdendo o rumo do que seria uma análise viva.

Mas o que constitui uma análise viva? De que modo estaremos aptos a acompanhar os movimentos de vitalidade e desvitalização acontecendo na sessão? E como encaminharmos o processo analítico na direção de uma análise viva? São questões cruciais que nos fazem despertar ética e tecnicamente para a maneira de lidarmos com períodos de "banho-maria", "água morna"; enfim, extravios da vitalidade necessária tanto para o encaminhar do encontro quanto para o que Ogden (2013b) assinala como principal objetivo terapêutico:

> *Acredito que cada forma de psicopatologia representa um tipo específico de limitação da capacidade pessoal de estar plenamente vivo como ser humano. Deste ponto de vista, o objetivo da análise vai muito além da resolução de conflitos intrapsíquicos, da diminuição da sintomatologia, do aumento da subjetividade reflexiva e autocompreensão e do aumento do sentimento da competência pessoal. Ainda que se sentir vivo esteja intimamente entremeado com cada uma das capacidades acima mencionadas, a experiência de se sentir vivo é uma capacidade superior às outras e deve ser considerada como um aspecto da experiência analítica em si mesma. (p. 39)*

Auxiliar o paciente na ampliação de sua experiência de se sentir vivo (considerando que alguns nem mesmo alcançam tal capacidade) constitui assim o principal objetivo da análise, não desconsiderando as outras conquistas. Complementando de modo singular tal objetivo, Ogden destaca o trabalho do par analítico para ajudar o paciente a tornar-se mais humano do que ele tem sido até então: "é a exigência da espécie humana, tão básica quanto a necessidade de alimento e de ar" (Ogden, 2013b, p. 31), e vai além da sobrevivência. Estar vivo liga-se, portanto, a tornar-se humano e é bem diferente de simplesmente sobreviver. O apreço de Ogden (2013a) pela literatura nos conduz às eloquentes palavras do Fausto de Goethe (1808/1984), que nos aproximam do sentido de estar vivo e da busca de um lugar dentro da experiência humana:

> *E quero que meu ser mais profundo compartilhe o destino de toda a humanidade, que eu entenda seus altos e baixos, preencha meu coração com todas as suas alegrias e tristezas, e amplie meu ser com o deles e, como eles, sofra naufrágios também. (Goethe, 1808/1984, p. 46)*

A capacidade de estar vivo comporta, portanto, a possibilidade da experiência dos vários modos de estar no mundo e de acessar as várias facetas de nosso ser, alegrias e tristezas; inclusive sobreviver, saber submergir e emergir de naufrágios. É o que nos conduz ao pertencimento à espécie humana: ligamos aqui o sentir-se vivo com o experimentar o mais amplamente possível as emoções humanas.

Ogden (2013a) ressalta, entretanto, que faz parte de toda a humanidade a incapacidade de sermos plenamente humanos e, desesperados, fazemos "silenciosos pactos" (p. 32) – na maior parte inconscientes – que seriam soluções patológicas. Deixamos assim, em grande medida, de nos tornar humanos, podendo mergulhar no inumano – substituindo a vida por modos de existir nem humanos, nem vivos. Modos plásticos de viver; eis o cerne da psicopatologia pensada por Ogden. O resultado não é vida, mas imitação da vida e da experiência humana: "uma forma de autolimitação inconsciente da capacidade de vivenciar estar vivo como ser humano" (Ogden, 2013a, p. 33).

Seguindo com Ogden (2013a):

> *A limitação da capacidade de estar vivo pode se manifestar de inúmeras formas, até mesmo com a constrição da amplitude de sentimentos, pensamentos e sensações corporais, restrição da vida onírica e de reverie, um senso de irrealidade nas relações consigo próprio e com outras pessoas, ou com o comprometimento da capacidade de brincar, de imaginar, de usar símbolos verbais e não verbais ou representar a própria experiência. Não só aceitamos, mas adotamos essas e outras limitações da nossa capacidade de estar vivo, quando a possibilidade de estarmos mais plenamente vivo como ser humano implica uma forma de dor psíquica que tememos não suportar. Ao adotarmos essas formas de desvitalização psíquica, sacrificamos parte de nós mesmos em troca da sobrevivência do todo, mas descobrimos que o todo consumiu grande dose de vitalidade no processo. (pp. 33-34)*

Encontros de plástico?

> *Por que saí de onde estava, se não estava em casa de ninguém?*
> Samuel Beckett, *Novelas e textos para nada*, 1958/2006.

Já estamos há alguns anos juntas, Katherine e eu. Patinamos tantas vezes em redemoinhos sem destino: quanto de vivo e quanto de inumano habita nossos encontros? O que a mantém na análise, qual busca a torna assim determinada a prosseguir; enquanto eu, do meu lado, me sinto arrastada por correntezas de desvitalização que acabam desembocando em águas paradas? Já uma senhora de quase 70 anos, preza pelo corpo esguio, com músculos tonificados, apesar das dores que a invadem devido a sequelas de cirurgias nos quadris. Podia ser bela, mas as roupas sempre escuras, a postura, o cabelo sempre muito curto inibem uma possível exuberância que se ocultaria por trás dos olhos azuis e dos traços finos. Uma rigidez esculpida na forma como se apresenta e como se comunica (por meio de excessivas intelectualizações) se contrapõe ao meu estilo mais leve de falas e de recebê-la em roupas coloridas, as quais ela segue com o olhar atento, curiosa frente ao contato com a diferença.

Filha mais velha de sete irmãos, ficara a seu encargo cuidar deles. A mãe, imigrante de país frio, tomara-a como confidente. Entre falas, diz-me palavras da língua materna, modo de chamar a mãe, embora em tom arrogante que oculta desde sempre algo de frágil. Era mãe da mãe, dizia, mas estava tudo certo: as dores no corpo não se transpunham à alma. Tudo fora como tinha de ser. Cuida do marido, este, bastante retraído: a mulher é sua ponte com o mundo. Três filhos, netos e a insistente declaração do insuportável de se sentir insubstituível: por isso tomara remédio para secar o leite e "escapar" de amamentar seus bebês. Defende com veemência o apreço pela independência conquistada desde sempre e a vulnerabilidade diante de se ver diferente.

Encontrara algo em mim, minha existência fazendo eco à sua secreta solidão – mostra prazer em me encontrar –, entretanto, sempre o pormenorizado relato do cotidiano e o excesso de racionalizações me faziam sentir que percorríamos territórios áridos, terras estéreis. Também nós duas fizemos o leite secar?

Procurava alcançá-la, encontrar a palavra viva que pudesse trazê-la para fora desse invólucro que a distanciava das emoções. Buscava um caminho que possibilitasse a ampliação do sentir-se humana para além das queixas e dores rarefeitas. Eu me sentia fracassando e, como se à semelhança de Sheherazade, contava a cada encontro uma história, para que a esperança de um destino fértil não derrocasse, não fosse assassinada, enfim, nesse cenário em que eu experimentava uma imitação da vida.

Até que vai se distanciando, pede um tempo, diz que se sente dependente da análise e que, como sempre me dissera, não gosta de dependência. Não sei o que eu falara, possíveis palavras de plástico; ao mesmo tempo, pressentia que algo de novo se aproximava, escapando do *script* de anos. Algo a ameaçava, algo me fazia lançar-me ao seu encontro. Falo para ela da importância de continuarmos e completo: "Tem algo delicado aí".

Na verdade, pensara em frágil, mas, seguindo Ogden, como veremos adiante, percebi que fizera essa escolha porque tão importante quanto o conteúdo é a maneira como a linguagem é emitida. A ideia de fragilidade parecia e parece ser seu maior temor – daí falar-lhe de forma cifrada, ou melhor, sutil. A fragilidade é vizinha da delicadeza: alcançar um paciente exige, muitas vezes, um simples "tocar" com palavras que podem ser ouvidas. Aquilo que brota na experiência entre analista e paciente requer cuidados, e um simples "tocar" com palavras sutis pode fazer florescer possibilidades de um vir a ser mais humano e vitalizado.

Após curto silêncio, Katherine me relata que tem gostado de assistir documentários sobre animais. Num desses, o casco de uma tartaruga fora perfurado, e assim ficava à vista seu pulmão. Espontaneamente, num esgar de desconforto e susto, digo: "Que horror!", e também faço caretas. Uma fala viva?

Em seguida, ela diz que a veterinária fizera numa impressora 3D uma prótese para cobrir o buraco no casco. A esperança do cuidado e da cura possível parece emergir, falando por meio dessa fértil narrativa tanto sobre seu drama pessoal quanto sobre a possibilidade de manutenção do vínculo analítico comigo.

Sua comunicação me alcança, pavimentando o caminho de compreensão que eu já vinha tateando: precisa abrigar-se de ameaças de deslizar da casca para o núcleo do ser, este que deve manter-se indecifrável. Sua fragilidade constitui solo instável, algo muito amolecido, passível de se esfacelar se o agarrarmos desastradamente: um susto subjaz a tamanha rigidez – um íntimo frágil e delicado. Muitas vezes faltam-me fábulas, então escorrem águas turvas, paradas e sem vida – parece, então, num extremo de desvitalização vivido pela dupla – que nada acontece.

Depois da sessão, lembro-me de uma paciente de Winnicott (1963/1979, p. 228) que, independente, se tornou, em sonho, extremamente dependente. Sonha que tinha uma tartaruga com o casco mole, de modo que estava desprotegida e podia sofrer. Então, mata a tartaruga para salvá-la do sofrimento intolerável que poderia vitimá-la. Desde sempre esse caso de Winnicott (1963/1979) me impressionou: como conceber a existência de uma tartaruga sem casco? Que impensável! Que algo próximo da agonia primitiva! E que horror o pulmão revelado! Essa transparência aterrorizadora! Essa ameaça de chegar ao núcleo inviolável do ser.

Ficamos assim bem próximas de uma verdade emocional: o mais vulnerável se protege com mil roupagens, cascas e cascos para não ser alcançado. Tocar nela é como esbarrar no pulmão: o respirar que mantém o ser vivo. Após essa sessão, Katherine interrompe a análise, mas, para minha surpresa, retorna dois meses depois.

Penso que a comunicação que se estabeleceu entre nós, fincada num solo de confiabilidade, foi a experiência em que mais nos sentimos vivas e conectadas. Katherine, por meio de seu relato do casco aberto da tartaruga, se aproximara de algo muito verdadeiro: toda a plastificação, a aparente restrição de seus objetivos da análise – "autoconhecimento e ter *insights*" –, ocultavam o temor de se aproximar de uma experiência emocional muito dolorida, mas que poderia torná-la mais humana.

Quando ela retorna a análise, reconheço que a separação fora necessária. Pensei como Ogden (2013a), que afirma que "uma análise deve ser livre para 'exercitar-se', para modelar-se e ser modelada de qualquer jeito que os participantes tenham condições de inventar" (p. 25). Essa foi a invenção possível e necessária de Katherine, pois supus um temor de que pudéssemos nos aproximar de um modo fusional, algo ligado às experiências de origem com a mãe. Dependência para ela equivalente a perder-se no outro. O intervalo dado fora um respiro para fora da ameaça de perder as fronteiras e misturar-se a mim. De qualquer modo, acredito que o que experimentamos juntas, anteriormente à sua partida, não desfizera o contato com a verdade e, também, preparou sua volta com maior vitalidade e abertura ao inusitado. Esse foi o resultado criativo de nossa parceria.

Ogden diz, após um estudo extenso da obra de Bion, na introdução de seu livro *Reclaiming unlived life* (*Restaurando vidas ainda não vividas*, 2016b), que no centro do processo analítico situa-se a busca da verdade: estar em contato com – intuir – a verdade conecta-se intimamente com o fenômeno da vitalidade da sessão. Um encontro vivo envolve o par analítico numa verdadeira experiência. Para ele, o inconsciente não tem apenas a função de busca de significado, mas de busca da verdade. Essa aproximação da verdade não precisa ser via confronto: a verdade não é para ser apontada, mas Ogden destaca que vive com o paciente até que ele seja capaz de experimentar a verdade por conta própria, expressa de maneira verbal ou não verbal.

Aqui começamos a destacar a importância dada por Ogden (2016b) à linguagem: "A linguagem não é apenas uma cesta em que as ideias são transmitidas: a maneira pela qual a linguagem é usada para declarar uma ideia é inseparável do seu conteúdo" (p. 8).

Continuando, Ogden (2016b, p. 9) pontua a fundamental diferença entre "explicar" e "entender", que servem para destacar princípios fundamentais da prática. A explicação, como diz o autor, objetiva o paciente. Eu poderia ter falado para Katherine: "Percebo uma fragilidade em você". Teria sido desastroso e romperia nosso vínculo de confiança. Nesse caso, o analista estaria falando *do* paciente, e não *com* o paciente. Se me comunicasse com Katherine em termos de "explicação", incorreria no grande erro de acirrar sua tendência à intelectualização, ao encastelamento em suas racionalizações, lançando-a cada vez mais longe da experiência emocional e da verdade. Procuro evitar, como adverte Ogden, as leis de causa e efeito ou do tempo sequencial.

Diverso da explicação, o entendimento começa com a experiência do par analítico. Essa fase da compreensão implica uma forma primitiva, um tanto indiferenciada de sentimentos entre paciente e analista e entre mãe e bebê. Destaca-se aqui um paradoxo: a compreensão é uma forma de comunicação muito mais íntima que a explicação, mas, ao se desenvolver, dá paulatinamente lugar à consciência do paciente e do analista de sua separação. Envolvem-se assim unificação e separação simultâneas.

Compreender e não explicar constitui uma tarefa difícil: uma direção técnica como possibilidade de salvaguardar o alcance do paciente e a abertura para a aproximação da verdade emocional, num cenário em que pode despontar a vitalidade necessária para o avançar de uma análise viva – um trabalho constante para um analista que tem em seu horizonte a busca do humano e da vitalidade. Nas palavras de Ogden (2016b):

> *"Compreender", nesse sentido, é um fenômeno ontológico, uma experiência na qual um aspecto do ser essencial é reconhecido por outra pessoa. Isso pode ser alcançado apenas em um relacionamento em que existe, tanto para o paciente quanto para o analista, um sentimento de*

profunda confiança. Na ausência de tal confiança, ser compreendido é aterrorizante. (p. 10)

Algo de vitalidade e de humano emergiu no meio de cenários plásticos: uma flor, tal qual aquela de Drummond (1967, p. 140), fertilizou o concreto, furou o tédio, o asfalto ou as ruas de borracha da canção de meu paciente adolescente. Katherine, que saíra de lugar nenhum, outrora despossuída de si mesma, encontrara por ora a casa possível, mesmo que efêmera palafita.

Um analista em busca de sua voz própria

Cultivar o deserto
como um pomar às avessas
então, nada mais
destila; evapora;
onde foi maçã
resta uma fome.
onde foi palavra (potros ou touros contidos)
resta a severa
forma do vazio.
João Cabral de Melo Neto, "Psicologia da composição", 2003, p. 97.

Reconhecemos em Ogden a importância da linguagem como caminho de possibilidade da apreensão e transmissão do sentido da vitalidade e da desvitalização da experiência humana no cenário analítico. Na esperança de que isso já venha se desenhando desde o início de nossa comunicação, pretendemos agora prosseguir na reflexão a respeito da necessidade da palavra viva, como viabilizadora da emergência da vitalidade e da experiência humana compartilhada no encontro terapêutico. Iniciamos com as palavras de Ogden (2013c):

> *Sugerimos que o analista deva lutar ativamente com a linguagem no empenho de criar ideias e frases e voz própria para pronunciá-las. A luta para transmitir a própria experiência com palavras, e com voz própria, é grande parte do que constitui estar vivo na relação analítica. (p. 202)*

Para que a análise seja um acontecimento humano, é preciso que tanto nós mesmos quanto nossos analisandos façamos uso da palavra simples e viva, possível caso emerja a partir de nossa própria voz, de nossas próprias palavras, e não determinada pelos dogmas, prescrições analíticas, filiação a técnicas ou escolas analíticas. Reconhecemos, no entanto, assim como Ogden, que a capacidade de falar simplesmente não é fácil: o simples que significa uma voz que soe espontânea, não "terapêutica", humana (Ogden, 2013a, p. 28), no sentido de abarcar os inúmeros modos de sentir e ser – o transitar entre altos e baixos da emoção humana, beirando precipícios. Como diz Fausto (1808/1984, p. 46), nada que seja humano escapa do risco de naufrágios. É preciso muito treino e experiência – consistindo numa grande conquista, a capacidade de simplesmente falar com nossos analisandos: uma comunicação viva e vitalizadora.

Para apreender em palavras a experiência de estar vivo, é preciso que a palavra esteja viva. Mas o que constitui uma palavra viva? Esta precisa habitar um campo de imprecisão, de não fixidez de significados, de movimento constante, de modo a se apresentar diferentemente no decorrer dos encontros, mostrando-se nova no momento seguinte. Tal qual a vida é cambiante, assim devem transcorrer os encontros terapêuticos, libertos de fixidez e possibilitados por uma linguagem sempre mutável. A linguagem estagnada – tanto do analista como do analisando – perde sua principal tarefa, que é transmitir o sentido da experiência humana viva. É imprescindível para a manutenção da vitalidade no encontro analítico uma linguagem de incertezas e dúvidas, quando só assim estaremos passíveis de habitar um lugar de lucidez, ainda que sempre precária, lusco-fusco – capaz, entretanto, de constituir oferta de possível abrigo fértil na precariedade do existir; paradoxalmente, no que não se fecha nem se conclui, no que se sabe pouco.

De modo contrário, sobressai a falta de vitalidade da linguagem analítica: a mais comum é quando o analista se atém com lealdade a vínculos ideológicos, adotando a linguagem de sua escola analítica. Ogden (2013c) afirma:

> *A linguagem analítica ideológica já não está mais viva, porque decide desde o início a resposta às perguntas que já são conhecidas pelo analista e a função da linguagem reduziu-se a demonstrar esse conhecimento para o analisando.* Há uma pobreza na desenvoltura com a "linguagem que vive acima de experimento, da incerteza, da variedade das tentativas" *(James, 1884, pp. 44-45). (p. 198)*

Nesse tipo de fala teórica, falta a imaginação do analista, que "perdeu sua capacidade de pensamento original e a aptidão de falar com sua própria voz; ele delegou sua mente e seu uso de linguagem a outro (real ou imaginário) e frequentemente não percebe.

Nessas interpretações, a linguagem do analista reflete o fato de ele usar uma voz emprestada e, assim, estar mudo. Esse tipo de comunicação, de tão assustadora, pode levar o analisando a esconder do analista o reconhecimento de que em certo sentido 'este perdeu sua mente'" (Ogden, 2013c, p. 199).

Ogden contrapõe, portanto, a palavra viva à linguagem morta, à retórica terapêutica seca: "a fala do analista deve ser criação de uma pessoa viva. A fala humana viva é tão difícil de adquirir na linguagem falada do analista quanto na prosa ou no verso escrito" (Ogden, 2013a, pp. 28-29).

Estamos cada vez mais adentrando no pensamento de Ogden sobre a importância da linguagem como meio de trazer ao encontro analista-analisando a vitalidade: o acontecimento de uma experiência humana, assim como o contato com a verdade emocional. "A linguagem não é um pacote em que se embrulham as comunicações, mas o meio pelo qual se traz a vivência à vida no processo de ser dita ou escrita" (Ogden, 2013c, p. 183). Encaminha-nos para o reconhecimento da "vitalidade das palavras (e da vitalidade)" em palavras que acontecem na situação analítica.

Seguindo o que foi falado há pouco: é preciso a salvaguarda da imprecisão, não dar respostas fixas, não chegar (ao significado exato), não saber demais. Estamos no campo do humano, do que está em constante movimento, nós, seres inexatos e imprecisos. Para acessar a experiência de tal cambiante natureza, faz-se necessário o desenvolvimento de uma linguagem que a ela se sobreponha:

> *O discurso analítico exige do par o desenvolvimento de uma linguagem metafórica adequada à criação de sons e significados que reflitam como é pensar, sentir, e vivenciar fisicamente (em resumo, estar vivo enquanto ente humano na sua capacidade máxima) em um dado momento: o analista, quando cria afirmações metafóricas que constituam interpretações, não deve ser invasivo no intuito de demonstrar destreza com as palavras. (Ogden, 2013c, p. 189).*

Em suma, que não ofereçamos interpretações secas, que não saibamos demais. Desse modo, estaremos aptos a desenvolver a capacidade de "criar sentimentos por meio das palavras, no lugar de exibir sentimentos por palavras" (2013c, p. 189). Fica-nos claro que o acontecer no *setting* analítico em termos de vitalidade e desvitalização exige que nos esquivemos da palavra árida, "desmetaforizada", seca, explicativa, causalista. Como já foi dito, não constitui tarefa simples o trânsito de palavras irrigadoras capazes de criar e captar a experiência humana, que possibilitem o emergir da ampla gama de emoções humanas: isso é vitalidade/vitalização. E, portanto, para Ogden, a linguagem tem importância central na psicanálise; principalmente se temos como objetivo "ajudar o analisando a efetuar mudança psíquica que lhe permita ser mais plenamente humano" (Ogden, 2013c, p. 195).

Analista e analisando estruturam cada um a linguagem (o modo de cada um falar ao outro) com o objetivo de estarem juntos, descrevendo inclusive os medos mais urgentes (a dor psíquica) que impedem o analisando de experimentar o encontro de maneira mais plenamente humana.

Nesse sentido, atravessei com Katherine um momento de extrema fragilidade: uma ansiedade relacionada ao pavor frente à dependência e ao risco de ser invadida. As palavras a mim dirigidas, à semelhança de uma fábula, estavam vivas, próximas de uma verdade muito dolorida, e me convocaram a ir ao seu encontro de um modo que possibilitou a vivência de uma experiência transformadora juntas.

Ela se apresentara a mim com uma rigidez (exposta inclusive no corpo), se sustentando (precariamente, decerto) em suas intelectualizações, suas crenças a seu próprio respeito carregadas de certeza. Por meio delas, criava ilusões de permanência e de fixidez a respeito da experiência do *self* e de seus objetos internos.

Ogden pontua também a função da linguagem para desarrumar tais crenças e certezas e o fato de que ela adquire seu poder máximo não na oferta de *insights*, mas ao engendrar possibilidades, "ondas", com o objetivo de criar condições de ajudar analista e analisando a saírem do redemoinho em que estão presos – empreitada, assim afirma Ogden, nem sempre totalmente bem-sucedida. Volto a pensar em Katherine, propondo como hipótese que minha curta fala tenha bagunçado seus rígidos arranjos internos. O resultado fora o relato vivo, encarnado na tartaruga ferida, de suas próprias dores disfarçadas na frase que sempre repete: "no final, tudo se ajeita". Foi agora em seu retorno que passei a escutar tal fala insistentemente repetida: poderia comunicar esperança; acredito, porém, que diz da invariabilidade dos finais felizes, da defesa diante da possibilidade de contato com a novela humana, a qual inclui finais infelizes, desastres e naufrágios – estes também parte da experiência humana.

Reconhecemos a estreita ligação entre vitalização e vitalidade com a linguagem viva, com a manutenção da capacidade imaginativa do analista e de sua mente própria, com a criação da própria fala e da própria voz – criação esta vista por Ogden (2013c) como um "ato de liberdade" (p. 202): "Linguagem morta, estereotipada, a fala sendo emitida apenas através de lugares-comuns: é assim que as interpretações perdem a vitalidade, 'pré-embaladas enviadas a ninguém em especial por ninguém em especial'" (p. 199).

Assim como falamos de "imitação da vida", assistimos aqui à "imitação da análise" (Ogden, 2013c, p. 201). Uma análise encapada, plastificada, que prioriza a certeza e o conhecimento em oposição ao provisório, ao permanente sentido cambiante; paralisia e fixidez em oposição ao movimento, à mudança, ao que surpreende.

A linguagem viva buscando a restauração de vidas ainda não vividas

A fala com cada paciente é única: com cada paciente num modo diferente, com diferentes tons de voz, diferentes afinações, volume, uma comunicação que para outra pessoa precisaria ser dita de outro modo, pois para cada pessoa precisa ser dita de um jeito diferente, assim adverte Ogden (2016, p. 3). Quando escolho a palavra "delicadeza" para Katherine, talvez para outro paciente falar "fragilidade" seria possível e adequado. Com cada analisando, afirma Ogden, precisamos nos tornar uma pessoa diferente em algum grau, falando de modo diverso com cada um. Conversa verdadeira e íntima caminham *pari passu*. O ritmo também é diferente para cada um, sendo que o ritmo da conversa analítica é único, divergindo do de qualquer conversa. "E tal conversa é uma criação que somente *esse* paciente e *esse* analista (o analista que estou me tornando na análise) poderia trazer à vida *dessa* maneira particular" (Ogden, 2016b, p. 3, grifos do autor). Os grifos do autor apontam para o ineditismo de cada conversa analítica. Se a análise não se dá para esse paciente em particular, ela se torna genérica e impessoal para ambos os participantes. Esse modo especial da dupla de se encontrar é condição de manutenção de vitalidade no *setting* analítico; caso contrário, o tédio e a aridez podem dominar o cenário.

Ogden encaminha-nos em seguida para a pergunta: o que ele está fazendo com alguém em análise? E uma importante resposta é dada: cada paciente traz para a análise a sensação de que em um importante sentido "morreu" na infância, ou numa fase posterior, e espera que o analista o auxilie a restaurar "sua vida não vivida". A fonte da morte psíquica é uma série de eventos ocorridos na infância, que envolveram "agonias primitivas" (Winnicott, 1963/1994, p. 72), as quais o paciente não pôde suportar. Ameaçado por tais vivências de terror, o "paciente se ausenta de sua vida", protegendo-se assim de um colapso psíquico e de uma psicose. Paradoxalmente, os eventos aterradores não sendo experimentados, geram um estado psíquico tal que uma "vida não vivida" persiste.

Ogden destaca que todos nós temos aspectos não vividos de nossa vida que foram muito dolorosos de serem experimentados. O "não vivido" permanece como formas de limitações em nossa personalidade. O autor ressalta que estamos sempre envolvidos no trabalho inconsciente de sonhar – acordados ou dormindo, sozinhos ou com os outros – com o objetivo de integrar os aspectos não vividos de nossas vidas.

Tais ideias tão importantes aqui nos interessam na medida em que nos colocam como tarefa analítica o desenvolvimento de uma linguagem viva que possibilite o trabalho de restauração da vida não vivida do paciente. Ogden (2016a), em seu texto "O medo do colapso e a vida não vivida", a partir de uma reflexão sobre o texto de Winnicott (1963/1994), "O medo do colapso", desenvolveu seu pensamento sobre "a vida não vivida". É próprio do existir humano, como já foi dito aqui, a persistência de porções da vida que ainda não foram vividas e que clamam por integração com o propósito do indivíduo de completar-se – de vir a ser o que é. Fazendo sua própria interpretação do conceito winnicottiano de *breakdown*, Ogden o remete a uma quebra, a um corte no vínculo mãe-bebê, em que este é lançado a uma condição extrema de desamparo e ameaçado de não existência. O termo *breakdown*, para Ogden (2016a), refere-se à ruptura do vínculo mãe-bebê, não a um surto psicótico; a psicose constitui uma defesa contra a experiência de ruptura. Quando isolado de sua mãe, o bebê lança mão da defesa psicótica de desintegração como recurso paradoxal para livrar-se da agonia que surge de não conseguir se organizar: ele produz um estado de autoaniquilamento.

Como não tinha constituição psíquica suficiente para experimentar a quebra do vínculo mãe-bebê que ocorreu na infância, o indivíduo vive com medo de um colapso que já aconteceu, mas que ele não experimentou. Ogden (2016a) amplia o pensamento de Winnicott, supondo que o que mobiliza o paciente para encontrar a fonte do medo do *breakdown* é o sentimento de que partes dele estão em falta e que precisa encontrá-las para tornar-se inteiro: o que resta de sua vida é principalmente uma vida não vivida. Aqui, reconhecemos o que Ogden destaca como uma das mais importantes tarefas da análise: o indivíduo, não tendo experimentado partes do que aconteceu na primeira infância, clama por reivindicar essas partes, de modo a completar-se por meio da integração do máximo possível de sua *vida não vivida (não experienciada)*. Esta é uma necessidade universal: a necessidade de ter a oportunidade de tornar-se a pessoa com o potencial de ser que lhe é próprio. Devemos ressaltar que a hipótese de Winnicott (1963/1994), da qual Ogden partiu, é de que o medo do *breakdown* é um medo de um colapso que já aconteceu, mas não foi experimentado.

Ampliando o pensamento de Winnicott, Ogden (2016a) destaca que todos nós passamos, em diferentes graus, por *breakdowns* relevantes no vínculo mãe-bebê e nos defendemos deles por meio da ativação de organizações defensivas psicóticas.

Retornamos aqui à importância da capacidade de estar vivo e sempre, a partir dessa ideia, da necessidade de o analista auxiliar o analisando a sentir-se mais plenamente vivo por meio da integração de aspectos da vida não vivida. Permanecer vivo, em nossas experiências, constitui a base para o começo de um existir pleno. Entretanto, todos nós em alguns momentos perdemos tal capacidade, tornando-nos incapazes de nos sentirmos vivos dentro de nós ou para o mundo que nos cerca. Limitações (da capacidade de sentir alegria, de amar um ou todos os nossos filhos, de sermos generosos, de perdoar alguém) constituem aspectos de *nossa vida não vivida* e se referem ao que não pudemos ou continuamos incapazes de experienciar. A busca do não vivido é condição universal: o retomar as partes perdidas de nós mesmos.

É relevante destacar o que Ogden (2016a) afirma como um grande objetivo da análise: o analista ajudar o paciente a viver sua vida não vivida na transferência-contratransferência. A mais fundamental reivindicação do paciente se dirige à sua vida não vivida:

à procura de aspectos não vividos e não experimentados, no passado e no presente.

Sentir-se vivo pode ser demasiadamente dolorido para pacientes com formas agudas de medo de um *breakdown*, pois aponta para o quanto de sua vida não puderam viver: a vida lhes foi tirada, o que gera extrema dor.

Ogden (2016a) identifica, como atitude analítica fundamental para ajudar um paciente a experimentar aspectos perdidos de si mesmo, o reconhecimento e a valorização dos caminhos mais sutis e surpreendentes buscados por aquele, com o intuito de experimentar, pela primeira vez, eventos não vividos de seu passado. Um caso dele mesmo é descrito para ilustrar a morte já vivida na infância precoce: no cenário analítico fazem sua aparição tanto a esterilidade de ambas as partes como as inusitadas intervenções do psicanalista no sentido de um reconhecimento dos aspectos mais saudáveis da paciente.

Uma palavra

Palavra prima
Uma palavra só, a crua palavra
Que quer dizer
Tudo
Anterior ao entendimento, palavra
Palavra viva
Palavra com temperatura, palavra
Que se produz
Muda
Feita de lua mais que de vento, palavra
Chico Buarque de Holanda, "Uma palavra", 1997.

Reconheço em minha história com Katherine uma busca por me aproximar com intervenções construídas de um modo o menos estereotipado possível. Talvez o que de mais verdadeiro minha paciente tenha apresentado fora a decisão de interromper (como também o relato a respeito da tartaruga): uma decisão para se proteger momentaneamente do terror que representa sentir-se dependente. Ogden (2013a) nos aconselha (e o demonstra por meio de sua própria experiência clínica) a afinar nossa escuta, olhar e sons da fala para movimentos do paciente que poderiam ser interpretados como adoecimentos, reação terapêutica negativa, resistência etc.

São vários os exemplos clínicos desse autor em que nos é apresentado o atravessamento de momentos de desvitalização até que se alcance ou se recupere a vitalidade momentaneamente perdida pela dupla. Somos aqui remetidos de modo particular à história com Katherine, mas ainda a qualquer atendimento em que emergem ameaçadoras vivências estéreis, desprovidas de mudança e movimento. Uma atenção desatenta aqui requerida, já que, seguindo o pensamento de Ogden (2016a), é condição universal a busca de aspectos da "vida não vivida".

A palavra grávida, inexata, prenhe de (des)caminhos férteis, de atalhos imprevistos, que promove compreensão e não explicação, deve fazer parte do repertório anímico de todo analista, estando este de posse de sua imaginação e liberdade criativa. Mesmo que atravessemos desertos de desvitalização (e isso é certo de acontecer), o retorno aos territórios férteis deve manter-se no horizonte de toda análise que se pretende viva. Para isso, como adverte Ogden, é preciso treino e experiência: "Que ninguém se engane, só se consegue a simplicidade através de muito trabalho" (Lispector, 1977/2017, p. 47).

Referências

Andrade, C. D. (1967). *Obra completa*. Companhia José Aguillar.

Beckett, S. (2006). *Novelas e textos para nada*. Assírio & Alvin. (Trabalho original publicado em 1958)

Bion, W. R. (2014). Attention and interpretation. In W. R. Bion, *The complete woks of W. R. Bion*. Karnac Books. (Trabalho original publicado em 1970)

Bion, W. R. (2015). *Domesticando pensamentos selvagens* (Luiz Carlos Uchôa Junqueira Filho, Trad.). Karnac. (Trabalho original publicado em 1977)

Bion, W. R. (2019). Capacidade negativa. In W. R. Bion, *Capacidade negativa. O caminho em busca da luz* (Aile Stürmer, Trad.). Zagodoni. (Trabalho original publicado em 1977)

Goethe, J. W. (1984). Faust I and II. In S. Atkins (Ed.), *Goethe: The Collected Works* (S. Atkins, Trad.; Vol. 2). Princeton University Press. (Trabalho originalmente publicado em 1808)

Holanda, C. B. de. (1995). Uma palavra. In *Uma palavra*. Sony & BMG.

Lispector, C. (1980). *Perto do coração selvagem*. 9ª ed. Nova Fronteira.

Lispector, C. (2017). *A hora da estrela*. Rocco. (Trabalho originalmente publicado em 1977)

Melo Neto, J. C. (2003). Psicologia da composição. In J. C. Melo Neto, *Obra completa*. Nova Aguilar.

Ogden, T. (2013a). Analisando formas de vitalidade e de desvitalização. In T. Ogden, *Rêverie e interpretação. Captando algo humano*. Escuta.

Ogden, T. (2013b). Sobre a arte da psicanálise. In T. Ogden, *Rêverie e interpretação. Captando algo humano*. Escuta.

Ogden, T. (2013c). Sobre o uso da linguagem em psicanálise. In T. Ogden, *Rêverie e interpretação. Captando algo humano*. Escuta.

Ogden, T. (2014). *Leituras criativas. Ensaios sobre obras analíticas seminais.* Escuta.

Ogden, T. (2016a). O medo do colapso e a vida não vivida. In T. Ogden, *Livro anual de psicanálise* (Vol. XXX, T. 1, pp. 77-93). Escuta.

Ogden, T. (2016b). *Reclaiming unlived life: experiences in psychoanalysis.* Routledge.

Radiohead. (1995). Fake plastic trees. In *The bends* [CD]. EMI.

Winnicott, D. W. (1979). Dependência no cuidado do lactente, no cuidado da criança e na situação psicanalítica. In D. W. Winnicott, *O ambiente e os processos de maturação* (pp. 225-233). Artes Médicas. (Trabalho originalmente publicado em 1963)

Winnicott, D. W. (1994). O medo do colapso. In D. W. Winnicott, *Explorações psicanalíticas.* Artes Médicas. (Trabalho originalmente publicado em 1963)

8. Réquiem para os nossos mortos. Promessa de futuro aos que sobrevivem: a "forração melancólica" na pandemia[1]

Fátima Flórido Cesar
Marina F. R. Ribeiro

> *E o corpo fazia-se planta,*
> *e pedra,*
> *e lodo,*
> *e coisa nenhuma*
> Machado de Assis, *Memórias póstumas*
> *de Brás Cubas*, 1971, p. 16.

Somos convocados a um tempo de árduos trabalhos de lutos. Precisamos de coragem (considerando, etimologicamente, que o vocábulo provém de *cor*, ou seja, coração); mas, como qualquer guerreiro que esmorece e descansa entre uma batalha e outra, também esmoreceremos e teremos de lidar com menores ou maiores núcleos melancólicos.

Apresentamos como suposição que uma "forração" melancólica se estende pelos territórios pandêmicos. Uma fina tristeza comparecendo nos dias que se arrastam tediosos, se não lançarmos mão de

---
[1] Originalmente publicado no Jornal de Psicanálise, v. 1, p. 201-217, 2022.

nossa criatividade psíquica. Por lutos, nos referimos desde as perdas a que somos submetidos – restrição de mobilização, isolamento social, impossibilidade de contato físico –, até aqueles que nos desafiam tragicamente quando assistimos ou somos atingidos diretamente pelas mortes, pelas condições traumáticas dos que são internados, pela impossibilidade de rituais de sepultamento. Daí advêm desde menores sofrimentos melancólicos até estados de sermos esmagados por uma melancolia densa, pontuada por dores inconsoláveis, culpas e reparações infindáveis.

A partir do cenário desolador que vem a desenvolver menores ou maiores estados melancólicos, este capítulo se concentra, fundamentalmente, nas possibilidades de luto, assim como nos trabalhos de luto obstruídos. Dada a dor despertada em tamanhas situações inumanas, impõe-se como desafio o enfrentamento da inicialmente impensável travessia daquele que supostamente diria "eu sou a dor" até a fala que passa da agonia ao sofrimento e enuncia "eu sinto a dor". Esse é o caminho capaz de transformar o trabalho de luto impossível da melancolia até a entrada no processo de luto capaz de conciliar o indivíduo com seus objetos internos amados. Ao final, pensamos nos modos de o analista auxiliar o paciente nessa travessia, mantendo sua função vitalizadora nesse cenário pandêmico.

Dos barulhos encobridores ao silêncio de morte

No texto "A psicanálise e o sofrimento psíquico na atualidade. Uma contribuição com base em Melanie Klein e Winnicott", Figueiredo, em data anterior à pandemia (2018), já falara do "fundo depressivo" e das defesas hipomaníacas dominando nossa vida social e subjetiva – reflexões que apresentam relevância para a compreensão do cenário pandêmico.

De fato, as palavras de Figueiredo (2018) podem bem ser aplicadas ao momento atual: o autor fala de uma sociedade com a "morte na alma, tomada pelo tédio, pelo senso de futilidade, pela melancolia e pela pulsionalidade destrutiva" (p. 56), supondo aqui um *fundo depressivo* contra o qual se acionam defesas maníacas. O que ficaria mais evidente que o sofrimento profundo seriam essas defesas – a "sociedade do espetáculo" – que ocultam os vazios dos bastidores de um palco de grande produção de defesa maníaca.

Podemos relacionar tal pensamento ao que denominamos "forração melancólica" e à negação tanto da realidade da pandemia, da morte, como dos sentimentos de depressão e luto, quando testemunhamos a insistência em não usar máscaras, o comparecimento a festas, bares e restaurantes lotados.

Mais adiante no texto de 2018, entre os regimes historicamente determinados de cultura e sociabilidade, Figueiredo considera aqueles facilitadores dos processos de saúde e outros impeditivos. Estes últimos se referem às configurações históricas em que predominam adoecimentos conflitivos mais ou menos intoleráveis, e pelo traumático: são os fatores de doença. Ou seja, eles incluem tanto as configurações históricas dos conflitos intersubjetivos e intrapsíquicos muito intensos, dos quais resultam angústias e o acionamento de defesas, quanto as configurações históricas do traumático, geradoras de estados agonizantes e defesas mais primitivas contra os traumatismos precoces. Os dois casos, adverte Figueiredo, resultam em interrupções severas nos trabalhos psíquicos.

Vale ressaltar a diferenciação entre angústias – fenômenos do vivo quando se sente ameaçado – e agonias – fenômenos do moribundo em seus derradeiros momentos de uma vida já perdida, a morte já acontecida ou acontecendo. Conflitos insolúveis produzem fortes angústias; traumas já acontecidos geram estados agônicos.

Identificamos nos dois casos (naqueles em que predomina a angústia e nos dominados pela agonia) interrupções severas dos trabalhos psíquicos e, consequentemente, dos processos de saúde. É possível reconhecer a presença de ambos nesta pandemia: desde os adoecimentos que se constituem em torno de angústias e defesas ativas até estados agônicos.

Podemos complementar pensando a pandemia não apenas em suas condições sanitárias, mas no que possui de configuração sociocultural e histórica, destacando ainda a pulsionalidade destrutiva a que se refere Figueiredo como um acontecimento determinante de processos de adoecimentos psíquicos que abarcam desde as psicopatologias da agonia até relevantes defesas maníacas. De qualquer modo, um "fundo depressivo", o sofrimento profundo apontado pelo autor, ao qual associamos a "forração melancólica", se mantém mesmo quando os adoecimentos não eclodem de modo explícito.

Em contrapartida, assistimos a manifestações de franca mania, como assinalamos anteriormente, lembrando que o conceito de "defesa maníaca" foi proposto por Klein no trabalho "Uma contribuição à psicogênese dos estados maníaco-depressivos" (1935/1996). Fantasias e condutas maníacas implicam essencialmente processos de negação e de onipotência; negação de fragilidades e carências, de inadequações do próprio sujeito, negação das perdas e estragos causados por ele; negação, enfim das falhas e culpas imaginárias.

Cabe-nos com propriedade para a compreensão do sofrimento psíquico e das defesas acionadas nesta pandemia o assinalamento de Figueiredo de formas benignas e malignas de mania. Estas últimas podem ser capazes de obstruir o contato com a realidade, a elaboração das experiências emocionais: não se trata apenas de negar a realidade externa, mas

> *fundamentalmente, de negar, não fazer contato, não processar e não elaborar a realidade interna com o que pode comportar de dor e sofrimento, desprazer, decepção,*

> *medo e desamparo. Nesses casos, obviamente, as defesas maníacas interrompem trabalhos psíquicos, em particular, os trabalhos do luto e do morrer. (Figueiredo, 2018, p. 62)*

Se, indubitavelmente, a pandemia abre espaço para a necessidade de elaboração de lutos, o que acontece quando estes são negados? Como nos encaminharmos, individual e coletivamente, nessas condições, quando a realidade pede um contato com sentimentos depressivos de perda e restrições, sendo estes evitados tanto factualmente quanto na realidade interna? Podemos afirmar que uma forma maligna de defesa maníaca é assim assistida, conduzindo a processos de adoecimento coletivo.

Em contrapartida, Figueiredo destaca que Melanie Klein admite formas benignas e necessárias da mania ao longo do desenvolvimento emocional do sujeito, o que a leva a cogitar a existência de uma "posição maníaca" no processo saudável de desenvolvimento emocional do ser humano. Não seria de fato possível enfrentar certas passagens da vida sem o recurso a fantasias maníacas e suas negações onipotentes. Podemos aí reconhecer que as formas benignas de mania funcionam numa justa medida, facilitando trabalhos psíquicos e aliviando os excessos de angústia – fazem parte, portanto, dos processos de saúde, sendo necessárias para que enfrentemos o que se assiste de mortes e desamparo. Se entrarmos em contato permanente e sem "véus" que nos protejam a visão dessa trágica realidade, seremos impedidos de seguir a vida e de nos dedicarmos aos trabalhos de saúde e criação capazes de nos fornecer alento e força para o enfrentamento da realidade tanto externa como interna. Graças à defesa maníaca em sua feição benigna, seguimos trabalhando, escrevendo textos, criando, experimentando pequenas alegrias e prazeres, alimentando laços amorosos, sustentando a esperança necessária para seguirmos adiante.

No texto "A defesa maníaca", Winnicott (1935/1993) amplia o conceito kleiniano, considerando-a como a negação da realidade interna que traz a "morte dentro" (*death inside*). Em sua leitura desse texto, Figueiredo (2018) afirma: "é a 'morte dentro' que gera esse fundo depressivo a ser negado ou mascarado, e, diante desse fundo depressivo, a defesa maníaca instaura um movimento 'ascensivo'" (p. 64) – neologismo adotado por Winnicott. Também existe um movimento de "fuga para uma realidade externa", já que a interna está povoada de objetos mortos, procurando-se sinais de vida externamente, uma vez que a "sombra da morte" (Figueiredo, 2018, p. 64) impossibilita o vislumbre de tais sinais. Diante de tantas mortes reais, somos conduzidos a refletir sobre como a "morte dentro" se entrelaça com tal cenário – a intersecção das realidades interna e externa, ampliando e intensificando tanto a vivência da "morte dentro" como determinando o uso extremo de defesas maníacas benignas e perniciosas.

Como Klein, Winnicott (1993/1935) identifica tanto defesas benignas como defesas nocivas; porém, para o psicanalista inglês, ambas constituem defesa contra a "morte dentro", uma sob a forma ascensiva, outra pela fuga para a realidade externa, constituindo assim o duplo movimento maníaco: "para cima e para fora!". O autor esclarece que usa o termo "ascensivo" de maneira global para descrever as defesas contra a posição depressiva como o oposto do depressivo, seguindo a sugestão do dr. J. M. Taylor, de modo a ressaltar a defesa contra um aspecto da depressão "que está implícito em termos tais como 'um peso no coração', 'nas profundezas do desespero', 'sentir-se afundando' etc." (Winnicott, 1935/1993, p. 255). Deve-se pensar nas palavras "grave" e "gravidade" em oposição a "leve" e "levitação", todas elas com duplo sentido.

Para entendermos melhor o sentido da palavra "ascensivo", cumpre lembrar que Winnicott se refere aos balões, aviões e tapetes mágicos nos jogos de criança que incluem uma defesa maníaca, às vezes incidentalmente. O autor também a associa com o significado da ascensão na religião cristã: "Todo ano o cristão visita as profundezas da tristeza, do desespero e do desamparo através das experiências da Sexta-Feira da Paixão. O cristão médio não consegue manter esta depressão por tanto tempo e, desta forma, entra em uma fase maníaca no Domingo de Páscoa. A Ascensão marca a saída da depressão" (Winnicott, 1935/1993, p. 255). Se o "ascensivo" remete ao "para cima!", o "para fora!" representa a fuga da realidade interna para a realidade externa.

Figueiredo (2018, p. 65) identifica em Klein e em Winnicott o termo "triunfo maníaco", que pode se apresentar tanto sob a forma de uma "bem-aventurança despreocupada" como sob a forma de ódio e destruição dos inimigos. Em ambas, o triunfo maníaco é o avesso da depressão e marca a desvalorização da fragilidade, da solidão, das angústias e das agonias.

Aqui, chegamos a uma constatação que nos serve com veemência para o reconhecimento de um acirramento da caracterização por Figueiredo da cultura atual como uma "cultura da mania", a qual se instala sobre o fundo depressivo a que vimos nos referindo. Supomos que, nas circunstâncias atuais, tal fundo depressivo – um sofrimento profundo – ganha amplidão e, por conseguinte, as defesas maníacas, o triunfo maníaco e a violência implicada nesses movimentos ganham extremos de intensificação.

Dispositivos culturais contra o tédio, a melancolia e a desvitalização, a evitação coletiva de mortes e agonias conduzem a uma pseudovitalidade, afirma Figueiredo, identificando o que denomina "regime social de excitação" (2018, p. 65), na verdade, uma hiperexcitação que faz parte da defesa maníaca. Daqui supomos que as polarizações crescentes, assim como as decisões e posições sanitárias, se transfiguram em movimentos de excitação e de destruição que transcorrem de modo relevante nas redes sociais. As aglomerações, festas e celebrações negam a morte, desafiando-a num claro sentimento coletivo de onipotência-negação da impotência, da vulnerabilidade extrema, da finitude.

No texto que nos auxilia para a compreensão do que acontece coletiva e individualmente na atualidade, o autor se refere ao flerte com o perigo – com os abismos, diríamos – fazendo parte da cultura da mania. Agora, podemos pensar num regime em que se toureia, graças à negação e as autoanestesias, o vírus da Covid-19. Este último poderia ser visto como o derradeiro inimigo. Assiste-se, entretanto, ao desdobramento e à proliferação de fúrias e combates nos vários territórios de convivência – sejam presenciais, sejam virtuais: um verdadeiro êxtase ligado ao delírio de aniquilação, de si próprio e do outro.

O eloquente subtítulo do texto de Figueiredo – "A morte na alma em um mundo em estado de agitação" (2018, p. 77) – nos alerta para a realidade de um grande barulho que oculta um silêncio, este de morte – a falsa vitalidade – a "morte dentro" de Winnicott (1935/1993). Os objetos mortos ou agonizantes no interior do psiquismo, encapsulados nas criptas, geram as defesas maníacas, e "o que denominamos 'fundo depressivo' se instala e se fortalece sob o mascaramento que a negação onipotente socialmente instituída da morte e da realidade interna produz de forma incessante" (Figueiredo, 2018, p. 78).

Como não associarmos tanto o fundo depressivo como a ativação intensa das manias ao momento atual? Como não considerarmos que a morte na alma se oculta sob disfarce nos barulhos compartilhados e também nos barulhos individuais? E como testemunharmos e reconhecermos a "forração melancólica" quando a morte na alma chega até a superfície e se transfigura naquilo que se insistira em negar: as tintas sombrias da melancolia?

Os mortos insepultos

> *Todas as vidas são vidas heroicas.*
> Clarice Lispector, *Água viva*, 1998, p. 66.

Temos a necessidade, nós que sobrevivemos, de homenagear nossos mortos, de modo que a temporalidade obstruída do presente eterno, já que estagnado, ganhe movimento e resgate a direção para o futuro. Assim poderemos transitar do risco da melancolia (aquela que instala estados de estagnação e de não viver) para o luto que solicita travessia de dor, mas desemboca na escolha pelo continuar vivo e na criatividade psíquica.

A homenagem aos nossos mortos não é, entretanto, garantia para que encaremos com coragem a pandemia e reinventemos a vida a partir de uma criatividade possível. Dependemos das dimensões de saúde frente ao caos pandêmico e também, quando adentramos por uma reflexão sobre a clínica, de reconhecermos o papel do analista como aquele que, ao salvaguardar seus próprios recursos psíquicos, é capaz de convidar o paciente para o futuro e para o partilhar da esperança.

Em meados de 2021, com o cenário pandêmico se agravando, o atendimento *online* tornou-se um imperativo. Não é incomum que pacientes e nós, analistas que compartilhamos do mesmo destino, afirmemos que agora "a Covid chegou mais perto" – a morte, essa "indesejada das gentes" (Bandeira, 1930/1979, p. 202), mostra sua face de uma forma inumana: vitimando parentes, vizinhos, amigos, conhecidos. Novas cepas, a violência do vírus, as sequelas deixam todos sob estado de alerta e, assim, chegam aos consultórios quadros de sofrimento menos ou mais graves, destacando-se pânico, hipocondria, paranoia, depressão entre outras formas de adoecimento. Mas um fundo de melancolia se acentua agora diante do número crescente e à proximidade das mortes, lançando sua sombra tenebrosa sobre nossas mentes, que enfrentam, em desalento e impotência, a irrepresentabilidade e o imponderável. Vivemos tempos em que a desesperança, o terror do vazio e a suspensão da temporalidade nos aprisionam a um presente eterno.

A solidão da morte entre as máquinas, a asfixia quando o oxigênio nos falta, a escassez dos medicamentos de sedação que aliviariam a dor só fazem agudizar o sentimento de nossa morte como coletividade. Assistimos impotentes e desconsolados à ausência dos rituais fúnebres na atual condição em que nossos mortos são sepultados, ou mesmo antes, quando agonizam em impensável solidão. Se a morte de uma pessoa for marcada pelo luto, ela será objeto de narrativa e comoção. Os insepultos, por sua vez, terão uma morte sem narrativa, reduzida à quantificação numerária que normalmente aplicamos às coisas – números sem história e sem o discurso lutuoso da perda.

No estado pandêmico, somos ameaçados pela condição de perda de nossa humanidade e dignidade. Os lutos permanecendo, dificultam os atravessamentos que permitiriam aos nossos mortos ganhar morada em nossas lembranças e em nossos territórios internos espoliados pela dor.

Falamos aqui das mortes reais e da morte de nossa humanidade, mas, como afirmamos há pouco, um fundo de melancolia "forra" as vidas: assombram-nos – tanto a nós, analistas, como aos pacientes – um trauma coletivo e o assistir da catástrofe se desdobrando cotidianamente. Mas é preciso destacar, como afirmam os Rocha Barros (2021), que devemos estar atentos às "ressonâncias simbólicas" (p. 107) da pandemia na prática clínica – como a mente interpreta a vivência da pandemia.

E indagamos veementemente: como encaminharemos o processo analítico de modo a fazer frente aos estados emocionais despertados nesse cenário, os quais vão desde a negação até a agonia? O que esses autores denominam "potencial traumático da pandemia" (Rocha Barros & Rocha Barros, 2021, p. 107) nos alerta para a atenção aos vários modos de operar frente à catástrofe a ser enfrentada. Desde modos mais saudáveis de reagir (e aqui incluímos o sofrimento, impossível de ser negado na perspectiva de uma mente razoavelmente saudável) até condições de adoecimento em que destacamos as agonias perpassando os vários quadros psicopatológicos. De qualquer modo, o fato de cada um ter sua vivência singular não modifica a realidade de que algo comum atravessa todos nós humanos.

Impossível não nos referirmos e nos debruçarmos, mesmo que brevemente, ao que vimos aqui destacando: trauma e catástrofe. Recorremos novamente a Rocha Barros e Rocha Barros (2021), que definem trauma em sua associação a uma impossibilidade de formulação narrativa de memórias e experiências, à ausência de palavras para nomear vivências, ao esgotamento de recursos imagéticos e metafóricos. O próprio aparelho psíquico sofre uma "pane", um transbordamento e uma ruptura. Destacamos ainda a dimensão pregnante de trauma como colapso da temporalidade, como apresentam os autores:

> *Quando a construção interna do passado é esmagada por uma única visão terrífica, poderíamos imaginar que estamos diante de um processo traumático. O mesmo poderia ser dito do modo de se pensar o presente ou o futuro. O trauma poderia ser concebido então como um colapso dessa maleabilidade na concepção das vivências e antecipação do que o futuro trará. Portanto, talvez fosse possível dizer também que o trauma é uma forma de se pensar, um modo traumatizado de cognição. Sob o signo do trauma, as capacidades do pensamento para a criatividade e a inovação ficam hipertrofiadas. O trauma*

> *se pensa de um modo repetitivo, sofrido e sem esperança.*
> (Rocha Barros & Rocha Barros, 2021, p. 134)

Passamos agora a fazer uso de uma história clínica para ilustrar como o potencial traumático pandêmico pode afetar nossos pacientes, de acordo com as variadas formas de funcionarem psiquicamente. Destacamos, em particular, os encontros com uma paciente que arrastava mortes, lutos e paralisias e, ainda assim, lutava para seguir adiante.

Tintas de melancolia no cenário pandêmico

> *Nada se mexia, era a eternidade.*
> Jean-Bertrand Pontalis, "Perder de vista", 1991, p. 10.

Lembro-me de Antígona, personagem principal da peça de Sófocles que faz parte da Trilogia Tebana (1989) (ao lado de Édipo Rei e Édipo em Colono). Lembro-me porque ficamos sujeitos a uma amputação de nossa humanidade quando não podemos sepultar ou homenagear e venerar nossos mortos. Pano de fundo para o esfacelamento de nossa comunidade, nós que sobrevivemos, assim como Antígona, temos uma dívida para com aqueles que se foram de forma indigna.

Filha de Édipo, altiva e heroica, Antígona fez a escolha de lutar pelo sepultamento de seu irmão, mesmo que para isso viesse também a morrer. Ela segue, portanto, em luta para enterrar seu irmão Polinices, a despeito do decreto proibitivo de seu tio Creonte. Este decide: a Etéocles (o outro irmão de Antígona) seriam destinadas todas as honrarias fúnebres, ao passo que a Polinices seria negado o sepultamento, deixando-se seu corpo insepulto, sem homenagens e ao alcance dos cães e de aves carniceiras. Contudo, a irmã dos mortos, inconformada com o decreto proibitivo do tio, decide confrontá-lo.

Pede ajuda à sua irmã Ismene e, diante da negativa desta de desobedecer ao decreto de Creonte, Antígona assim a ela se dirige:

> *Não mais te exortarei e, mesmo que depois*
> *Quisesses me ajudar, não me satisfarias.*
> *Procede como te aprouver; de qualquer modo*
> *Hei de enterrá-lo e será belo para mim*
> *Morrer cumprindo esse dever: repousarei*
> *Ao lado dele, amada por quem tanto amei*
> *E santo é o meu delito, pois terei de amar*
> *Aos mortos muito, muito tempo mais que aos vivos.*
> *Eu jazerei eternamente sob a terra*
> *E tu, se queres, foge à lei mais cara aos deuses.* (Sófocles, 1989, p. 200)

E Antígona cumpre sua promessa: sepulta seu irmão Polinices. Ela é chamada a responder por seu ato perante Creonte, que se mostra irredutível e manda que seus servos a enterrem viva.

De Antígona, a peça, destacamos o que nos remete à história de encontros com uma paciente e seus trabalhos por vezes obstruídos frente às perdas vivenciadas. Nomeio-a Antígona.

Não há, porém, como sobrepor as "duas Antígonas": a primeira, de Sófocles, fez uma escolha de posse de heroísmo e altivez; a outra, que aqui descrevemos, se apresenta sob tintas de melancolia. Entretanto, segundo Cintra (2011):

> *com a ajuda de Freud, Melanie Klein percebe que há sempre algo de melancolia no luto normal e algo do luto normal na melancolia, ela aprende a pensar dialeticamente.*

> Os dois autores concordariam se disséssemos que, de certa forma, a melancolia é também um processo de luto que, no entanto, se extraviou. (p. 34)

Talvez aqui as duas se encostem em alguma semelhança: ambas se entregando à defesa de seus mortos, mas por motivos diversos, como veremos a seguir.

Como os humanos são diversos em suas feições anímicas, recebo muitos pacientes para os quais a pandemia se mantém longínqua – pano de fundo para outras questões. Outros, entretanto, são afetados de modo mais manifesto, como é o caso de Antígona, imersa em mortes, afogada em prantos na medida em que a catástrofe externa se cola à interna.

Assim como outros pacientes, chega necessitando de um cuidado com o apelo de resgatá-la do desastre que a ameaça de uma "experiência de terror [isto é, do trauma] ... que não engendra nem aprendizados nem experiência, mas um vazio representacional" (Viñar, 2017, p. 43). Acrescentamos que as mortes "reais" acordam, como pesadelos dos mais tenebrosos, seus objetos internos mortos, insepultos e ameaçadores do que resiste como vivo. A dor crua e indizível desce seu manto de terror sobre tantos e requer um trabalho para o resgate da temporalidade e para a saída de incomensuráveis zonas de mortificação e paralisia.

Vamos, portanto a Antígona.

Chega-me em leves passos, com uma doçura que não se desfaz nem nos momentos de dor aguda. Fala com acentuada delicadeza, mas ares de desvitalização vão aos poucos se revelando à medida que estreitamos nossos laços, sutis traços de dores ocultando sob a voz sempre calma um possível grau de esfacelamento. Logo sou cativada: sim, é doce, empatiza-se de modo ilimitado com a dor do outro, apresenta uma disponibilidade irrestrita, não resiste a chamados de socorro ou a gritos de angústia. Sou cativada no início mais por seu modo de apresentar-se – em vestes tão suaves – do que por seus movimentos de acolher as dores dos que a cercam. Desde sempre desconfio do entregar-se incauta em sacrifício ao sofrimento alheio. O quanto sofre por si? O quanto abre mão de escolher-se quando convocada ao cuidado do outro, deixando-se ao abandono ao flertar com abismos?

Chega no início da pandemia: a voz suave, os gestos lentos não disfarçam o estado de puro susto em que se encontra. Arrasta mortos, lutos não resolvidos. Acompanhara pai e mãe até o fim de suas vidas, numa vigília tão dedicada que a privara de passar os fins de semana com o marido e das viagens anuais para visitar os filhos e netos que moram fora do país – fonte de alento e de vida, nos momentos em que, como veremos mais adiante, é alcançada por estados mortificados. Fonte esta que forra em disfarce um chão de desespero.

Pouco antes do início da pandemia, quando já passara dois anos sem viajar, apesar de ainda atormentada por fantasmas de que não cuidara o suficiente da mãe ou porque em um ou outro momento ficara irritada com ela, prepara-se com alegria para finalmente reencontrar os filhos e netos. É quando são novamente impedidos: seu marido – aquele que ela sempre desejara avidamente que sobrevivesse à sua própria morte, aquele sem o qual não se via capaz de viver – apresenta um câncer de próstata já com metástase óssea. É depois desse diagnóstico que Antígona me procura, quando já então, após tratamentos intensivos, o câncer se apresenta sob controle, não havendo mais sinais de metástase. Não a acompanhei nesse período, mas me relata seu estado de desespero ao se ver ameaçada pela ausência do marido. Com a habitual delicadeza, segue a vida oscilando entre períodos de inquietação e conformismo.

É quando a pandemia cola sua face de paralisia a seu próprio estado interno – refém que fica dos pedidos de cuidado alheio e do acudir fragilidades. Sente-se aprisionada, a pandemia a impossibilita de ver seus filhos, e véus de infelicidade frente a tal impossibilidade também me conduzem ao desvelar de outras formas de paralisia. Por vezes, sinto-a também refém minha: quer mesmo ficar? Que inércia ou mesmo submissão pressinto em nossos encontros? O que nos liga? O que nos desliga? Viverá comigo, como em outros vínculos, amores que se transfiguram como anzóis na carne? Pois é assim que se tecem seus laços: eternamente responsável por quem cativa ou por quem é cativada.

Nossas sessões vão transcorrendo assim: Antígona emitindo vozes mistas de gentilezas e indignação porque seu horizonte de abertura e promessa do novo mantém-se impossibilitado, já que as fronteiras estão fechadas. Mas de que fronteiras fala? Sobrepõe-se a real dor da distância oceânica ao fato de que não haverá nunca uma porta, janela, saída para seus aprisionamentos internos? Paradoxalmente, assisto a uma ausência de fronteiras/pele, tamanha a porosidade diante do sofrimento alheio. Tudo está parado. O que mais está parado além desse cotidiano pandêmico que pode ser vivido em claustrofobia e sufocamentos?

Entretanto, os sustos prosseguem, estes que se apossam do corpo colocando-o em dores inesperadas; o ser tomado por novas ondas de irrepresentabilidade. Coloco aqui numa área de não sentido não apenas as aflições de Antígona, mas o que vimos enfrentando nesta pandemia quando retornamos – considerando nossos limitados recursos psíquicos frente ao hediondo da realidade com sua face tenebrosa de mortes, violências e desamparo – a vivências primitivas e estados regressivos.

O que aí assinalo tem sua razão, portanto, quando Antígona é apresentada aqui como exemplo paradigmático de alguém que vem enfrentando, entre afogamentos e retornos à superfície, a pandemia e o que esta impõe de destinos antes impensáveis. Para alguns, como para ela, os desafios dos aspectos mais sombrios da vida se sucedem. Continuamos juntas e sou testemunha de novo sobressalto: seu irmão desenvolvera um câncer de pâncreas. Acompanho-a no descrever das tentativas de tratamentos, melhoras e pioras se sucedendo até que o estado do irmão se agrava. Antígona relata que irmão e cunhada tinham um estilo de vida muito diferente do seu, priorizando trabalho e *status*, o que acabou incorrendo no afrouxamento dos laços afetivos que os ligavam. Nas últimas semanas de vida do irmão, enquanto a esposa deste se mantinha maniacamente no trabalho, Antígona se dedica em vigílias diárias, sendo impensável deixar de acompanhá-lo no hospital, mesmo considerando os riscos de contaminar-se por Covid-19. Seu irmão também tivera covid nesse período e recupera-se, mas, semanas depois, vem a falecer em função do câncer.

Antígona me relata com relativa tranquilidade a morte do irmão, não aparenta dor; lamenta-se, todavia, de não ter ido ao enterro. Seus filhos se indignaram com suas idas ao hospital e fora atravessada por um profundo sentimento de solidão por não ter sido compreendida em sua extremada dedicação. Na verdade, uma ferida atroz se constituíra a partir daí, um estado de desorganização que se contrapunha radicalmente ao estado de tranquilidade diante da morte do irmão. Quanto a este, despedira-se quase completamente, restava a dívida de não ter comparecido ao sepultamento.

Paulatinamente, foi-se desenhando à minha presença uma necessidade ilimitada de... cuidar? Socorrer? Daí, consequentemente, quitar dívidas, tourear culpas. E então, consequentemente, eu não assistia a um trabalho de luto, a dor não era pela perda, mas pelo que se devia. As dívidas se acentuavam em demasia, principalmente em relação à mãe: não passava um dia sem recordar-se de uma possível resposta irritada frente aos abusos daquela. Não passava um dia sem que não surgisse em sua mente repetidamente: "e se?", "e se?". E se tivesse segurado a travessa no lugar da mãe de modo a impedir que ela caísse? A queda e o AVC não poderiam ter assim sido evitados?

A culpa ocupava o lugar da saudade; o trabalho de luto arrastado ou mesmo impossibilitado.

Contratransferencialmente, experimentava a mesma indignação dos filhos e via avolumar-se a culpa em relação à mãe, ao marido, ao irmão. Mas o destino lançou impiedosamente – nesses tempos de desgraças e almas atormentadas – mais um difícil acontecimento em seu caminho. O marido de sua melhor amiga, também grande amigo, estava gravemente internado com Covid e, após um mês, faleceu. No dia de sua morte, pergunta ao telefone para a amiga se queria que fosse até sua casa. A amiga responde que sim e ela vai. Parentes e poucos amigos estavam lá, a amiga em dor profunda. "Como não abraçar?" A amiga também tivera Covid, "mas como não estar junto?".

Escuto-a, não tenho palavras, eu também paralisada. É visível uma culpa avassaladora: a culpa de optar por si. Carrega nos ombros o peso do mundo e é um peso maior do que é capaz de aguentar, ameaçando-a de desintegração.

Embora conduzindo a vida provida de criatividade psíquica tanto em relação ao trabalho quanto aos laços amorosos, um estado de mortificação a mantém carregando sobre seus ombros a culpa do herói frustrado por não ter salvado seus mortos. As escolhas (ou é escolhida pela culpa e autorrecriminações?) a mantêm isolada e insulada numa câmara mortuária. Terá saído da sala dos velórios? A "morte dentro" (Winnicott, 1935/1993) paralisa-a quando me relata sua sensação de que nada se movimenta, quando uma lentificação dos gestos insinua um quadro melancólico, que a impossibilita de vislumbrar o futuro e a esperança. Talvez seja menos o cuidado que a culpa que a liga aos outros.

Meu papel enquanto analista é de oferta do inédito: tudo começa pelo futuro, o qual convoca nossa presença na vida. O trauma congela o tempo: perde-se a historicidade, extraviam-se passado e futuro, apenas se mantém um presente eterno e claustrofóbico. Tal qual a Antígona de Sófocles, também Antígona, minha paciente, parecia encontrar-se emparedada, buscando frestas entre os tijolos pelas quais algum movimento inesperado pudesse vir a brotar. Assim, a pandemia nos alerta para a fundamental função analítica: sermos testemunhas da possibilidade de um futuro, ainda que incerto, escavando nas paredes aprisionantes frestas possíveis para o advento da esperança e de caminhos de fertilidade, mesmo que no cenário de um deserto de longas distâncias de árvores ressequidas e de carcaças de animais sucumbidos pela seca.

Nessa direção, sob a forma de narrativa, conto que o filósofo Edgar Morin, com 100 anos e tendo casado aos 88 com uma mulher bem mais nova, havia dito que precisávamos encontrar/inventar pequenos oásis de vida. Ela me responde: "mas tem que andar tanto. Estou tão cansada", com voz sem ânimo, sem alma, sequestrada por um estado desolado. Não desisto. Antes que termine a sessão, insisto, convidando-a para a experiência de sonharmos conjuntamente. Digo: "tive uma ideia: mandamos um *whatsapp* para o Edgar Morin perguntando como se encontra um oásis". Ela sorri... por gentileza? Mas também pude vislumbrar que algum fiapo de esperança emergira a partir de nosso encontro.

Luto e melancolia

> *O entardecer é o desembocar de todas as ausências. É o vento soprando saudades e dores. Não sei como ainda não morri. Mas estou morro não morro. E acho que é mesmo no entardecer que desemboco a morrer, cada tarde um bocado.*
> Marilene Felinto, *As mulheres de Tijucopapo*, 1992, p. 54.

Compreender Antígona e a pandemia passa necessariamente por uma leitura teórica do que se passa na melancolia. Temos como ponto de partida para o entendimento desse estado o texto de Freud (1917/2011) "Luto e melancolia"; entretanto, faremos uso também do texto de Ogden (2004) "Uma nova leitura das origens da teoria das relações objetais", e de algumas pontuações de Cintra (2011).

Ressaltamos que esse fundo depressivo, como nomeado por Figueiredo (2018), que permeia a sociedade contemporânea, ou a "forração melancólica" a que nos referimos, pode ganhar proeminência na constituição psíquica, levando ao adoecimento, se o cenário externo, aqui especificamente o pandêmico, ou esses veios subterrâneos de depressão e melancolia colam-se a uma predisposição do indivíduo à eclosão de um quadro psicopatológico.

É verdade que as condições externas trazem em seu bojo, como já vimos com Rocha Barros e Rocha Barros, um potencial traumático, mas o destino deste vai depender da economia psíquica individual. É predominantemente aos mortos insepultos internos que estamos nos referindo, às paisagens internas de "morte dentro" que se colam, ganhando espaço, rio que vinha silencioso, mas que se desdobra em pororoca ou turbulências. Eis o que aconteceu com Antígona: não foi porque não conseguiu ir até o fim em seus rituais fúnebres, mas porque já arrastava culpas e áreas internas de estagnação mesmo antes da pandemia.

É possível, por outro lado, se somos razoavelmente saudáveis, que enfrentemos as perdas (desde as restrições em nosso cotidiano até as mortes concretas) com a coragem necessária que um luto normal impõe. Dada a complexidade da realidade atual, ocorrem dramas tão extremos (como a morte de famílias inteiras) que será quase inevitável que se instale um quadro de desespero e, talvez, de melancolia. Essas circunstâncias trágicas não constituem, entretanto, a realidade de Antígona.

A melancolia, como destaca Freud logo no início de seu texto, é igualmente resposta à perda – aqui assistimos a um desânimo profundo, uma suspensão do interesse pelo mundo, uma perda da capacidade de amar e um rebaixamento da autoestima com autoacusações. Freud destaca que, no luto, embora se assemelhe à melancolia, não há o rebaixamento da autoestima. Esse retorno dos afetos ao eu foi bem ressaltado na citação de vocábulos com o prefixo *selbst* (*auto*) – *auto*acusação, *auto*depreciação e *auto*rrecriminação –, nos levando a identificar um movimento mortífero de retorno contra si.

Reconheço em Antígona, sob a forma de um permanente sentimento de culpa e de um arrastar de dívidas, a predominância de autorrecriminações. Relaciono esse movimento constante que atravessa suas relações com os objetos à descrição de Freud de uma clivagem do ego em uma voz autoritária, acusadora e sádica e, do outro lado, a uma dimensão do ego esmagada pela sombra do objeto que critica arduamente, elementos que levam à ideia de um superego cruel e arcaico. São essas autorrecriminações (sinais de um superego sádico) que me fizeram considerar uma tendência à melancolia no entendimento do funcionamento psíquico de Antígona e de seu relacionamento com suas perdas.

A essa altura de nossa reflexão, compartilhamos a seguinte indagação de Cintra (2011):

> *O que permite que o processo de luto se desenrole normalmente e o que leva ao luto patológico e à melancolia? Já podemos responder que um acontecimento violento demais é sempre difícil de assimilar e deixar passar, mas quando se articula com um amor, um ódio e uma culpa intensos demais, forma esta voz de recriminação absoluta, que vai atravessar o ego na forma de um enclave, que vai deixar abertos os ferimentos do passado, de tal*

> *forma que é impossível fechá-los, pois a libido escorre através do ferimento, e não existem nem amor nem perdão suficientes para ligar e transformar tantos afetos, instalando-se então um luto impossível, a melancolia. São quatro os fatores que contribuem para instalar-se a melancolia e não poder curar-se: a extrema tragicidade dos acontecimentos, a extrema intensidade dos afetos, a predominância de um superego purificado e inassimilável pelo ego e a impossibilidade ou intermitência de acesso do paciente ao processo analítico dando origem a uma reação terapêutica negativa. (p. 33)*

Consideramos esclarecedora tal explanação de Cintra e sua ênfase no papel do superego como "voz de recriminação absoluta" (esta ouvida em altos brados por Antígona) em sua fundamental relação com a melancolia.

Continuando agora com as mais relevantes considerações da melancolia por Freud, vale ressaltar que o melancólico não sabe o que perdeu em si mesmo em consequência da perda do objeto. Um aspecto se refere à perda do objeto, outro envolve a alteração do *self* como reação à perda do objeto. Na melancolia, o próprio eu torna-se pobre e vazio; no luto, é o mundo que assim se apresenta. Refiro-me a "tintas da melancolia" na medida em que identifico em Antígona uma manutenção de suas atividades cotidianas e um determinado desânimo que não se apresenta de modo exacerbado, como num quadro melancólico clássico. Entretanto, as autorrecriminações incessantes me conduziram a considerar uma melancolização de seu modo de estar frente à vida e às perdas. Além disso, à medida que o processo terapêutico avança, áreas de estagnação que pareciam pertencer exclusivamente ao marido, enquanto ela representava o polo vitalizador da relação, começam a ser reconhecidas em si mesma.

Ela mesma passa a identificar restos, resíduos internos à semelhança do estado caótico do quintal repleto de bagunças do marido. Um humor com tintas melancólicas ganha maior espaço quando se sente também paralisada e "pensando muito no fim da vida".

Outro aspecto relevante na teorização freudiana da melancolia diz respeito à ambivalência: as críticas do melancólico a si mesmo representam ataques inconscientemente deslocados ao objeto amado. Havia uma ligação libidinal a uma pessoa, mas uma decepção com o objeto amado leva a um estremecimento dessa relação. Em vez de deslocar a libido para outro objeto, a libido livre se retira para o eu, o que, como consequência, determinou uma identificação do eu com o objeto. Eis aqui a fundamental sentença de Freud (1917/2011): "dessa maneira, a sombra do objeto caiu sobre o ego" (p. 61). A ambivalência faz sua aparição no funcionamento psíquico de Antígona de modo indubitável em sua relação com a mãe, na qual se mesclavam e se mesclam cuidado, irritação e culpa.

O que acontecera na casa da infância, nesse laço primordial que se estende para além da despedida da carne, que, na verdade, se estende em tormento e tentativas desastrosas de prantear, de modo que acaba por manter o luto assim obstruído? O que a impossibilita de perder de vista, desprender-se dessa presença excessiva, dizer adeus?

Pontalis (1991) nos fala das dores do perder de vista que precisam ser atravessadas para que o luto seja possível. O psicanalista destaca uma "fragilidade essencial: a de não ser capaz de amar o invisível" (p. 205). Fragilidade esta de todo humano, poderíamos dizer? E, assim, no sonho, quando nossos mortos nos visitam, quando os lugares perdidos retornam, eis a tentativa de união do efêmero ao eterno. Como lidarmos com a ausência – que capacidade será esta de acalmar tal dor, de modo a que se configure um luto e não um estado melancólico?

> *Será que o mais insuportável na perda seria o perder de vista? Será que isto significa a retirada absoluta do amor da outra pessoa e em nós, a inquietação de uma fragilidade essencial: a de não ser capaz de amar o invisível? Primeiro seria preciso ver. Não apenas ver, mas ver primeiro, e poder sempre acalmar em nós a angústia suscitada pela ausência, garantindo que o objeto amado esteja inteiramente ao alcance do nosso olhar e que nos reflita em nossa identidade. Qual é a razão de sonharmos, afinal, a não ser a cada noite vermos o que desapareceu (os mundos, os lugares, as pessoas, os rostos), para confirmar sua permanência e para tentar unir o efêmero ao eterno? (Pontalis, 1991, p. 205)*

Mas retornemos à célebre sentença de Freud, agora com o auxílio de Ogden (2004). Quando Freud afirma que: "A sombra do objeto caiu sobre o ego", Ogden (2004) destaca que se dá uma mudança de "objeto perdido" para "objeto abandonado". O objeto abandonado é preservado por uma identificação com ele – "a sombra do objeto caiu sobre o Eu" –, diferentemente do luto, em que o objeto é perdido. Ogden contribui para a compreensão da famosa frase de Freud:

> *A metáfora da sombra sugere que a experiência do melancólico de se identificar com o objeto abandonado tem uma tênue qualidade bidimensional, que se opõe a um objeto vivaz e vigoroso. A dolorosa experiência de perda sofre um curto-circuito, através da identificação do melancólico com o objeto, ele nega, assim, a sua separação do objeto; o objeto sou eu e eu sou o objeto. Desta maneira, não há perda possível, um objeto externo (objeto abandonado)*

> *é substituído onipotentemente por um objeto interno*
> *(o Eu identificado com o objeto). (Ogden, 2004, p. 90)*

Mantendo uma relação com o objeto interno para o evitamento da dor, consequentemente, testemunha-se, na melancolia, uma falta de vitalidade derivada de seu desligamento de uma porção da realidade. O melancólico perde assim uma parte substancial de sua vida: "a vida emocional tridimensional, vivida no mundo dos objetos externos" (Ogden, 2004, p. 90). No mundo interno deste vemos povoado um desejo de aprisionar o objeto. Entretanto, um duplo aprisionamento se mantém: o objeto como prisioneiro eterno do melancólico (devido à sua internalização) e o melancólico também para sempre um prisioneiro do objeto.

O aprisionamento recíproco entre o *eu* e o objeto nos alerta para uma temporalidade específica em que o eterno é dominante. Em contrapartida, podemos pensar no luto como névoa que se dissipa. Ogden (2004) se refere ao estado "esmagado" do melancólico. Uma associação surge: em desenhos animados, se um personagem é atropelado, ganha de imediato uma bidimensionalidade para logo recuperar sua tridimensionalidade. No melancólico, mantém-se a bidimensionalidade, a sombra do objeto se arremessa e esmaga. Recobrar a tridimensionalidade, a capacidade de luto e a temporalidade em que ressurgem passado e futuro, e libertar o paciente das correntes de um tempo morto – presente eterno – passam a ser as tarefas da dupla analítica.

Também na pandemia destaca-se tal temporalidade estagnada: podemos identificar o tempo pandêmico como um tempo melancólico, quando as sombras dominam e a névoa não se dissipa – algo, como já foi falado, da ordem do traumático. O fundo depressivo assim imiscuindo-se nas vidas, cada qual com sua biografia, sendo capaz de enxertar um tempo morto e claustrofóbico, como o que acontece com Antígona, que descreve seus dias como sempre iguais e sem perspectivas do inédito ou visitação do novo.

Ogden (2004) destaca que o melancólico, diferentemente do enlutado, só foi capaz de estabelecer formas narcísicas de relação objetal, o que impossibilita o contato com a realidade da perda. A dor da perda é evitada às custas de grande gasto de vitalidade emocional: a relação bidimensional (como uma sombra) com o objeto interno toma lugar de uma relação tridimensional com o objeto externo mortal, fonte de decepções e abandono. O autor conclui que, na melancolia, ocorre uma substituição da realidade externa pela realidade interna.

Também a ambivalência é reforçada, como assinala Freud, com o conflito entre amor e ódio se destacando na relação, quando a melancolia não se dá apenas por morte, mas também por situações de decepção ou ofensa. Ogden (2004) assim ressalta que o vínculo de ódio pode ser mais poderoso que o de amor: o sadismo que surge a partir da perda ou da decepção dá origem a uma forma de tormento. Tal mistura de amor e ódio explica a "surpreendente durabilidade das relações internas patológicas" (p. 93). É o que se destaca na relação de Antígona com sua mãe, esta última fonte de provocações e insaciabilidade, despertando na filha um ódio estrangulado (disfarçado) sob a forma de reações de irritação.

Ogden identifica no conceito de ambivalência a mais importante contribuição para a melancolia e para a teoria freudiana das relações objetais: um sentido novo diverso do conflito entre ódio e amor. Tal conflito refere-se a um conflito entre o desejo de viver com aquilo que é vivo e o desejo de estar em concordância com o que é morto; entre estar vivo com a dor da perda e o desejo de ir se amortecendo para a perda e a realidade da morte; e, ainda, uma combinação entre ambos. Enquanto no luto o ego desiste do objeto, ao aceitar a realidade da morte e continuar a viver – ocorrendo um trabalho psicológico em que o objeto morre irreversivelmente na própria mente e na realidade externa –, na melancolia é dominante o desejo de amortecimento com o fim de se encontrar junto ao morto, autoaprisionado e sobrevivente em um mundo objetal interno atemporal, ainda que moribundo.

Daí Ogden (2004) destaca uma dimensão nova e fundamental acrescentada por Freud à teoria das relações objetais: "as relações objetais internas inconscientes tanto podem ter uma característica de vida e vivificadora, quanto de morte e amortecedora" (p. 97). Aqui, o autor nos dirige a atenção ao campo transferencial-contratransferencial, algo que lhe é muito caro e de muita importância no encaminhamento dos processos terapêuticos. O sentido de vitalização e desvitalização nas experiências da dupla analítica ganha importância frente ao que está vivo e o que está morto no mundo interno do paciente. Entretanto, podemos pensar que também dimensões de vitalização e desvitalização, de vivo ou morto, podem se estender a toda situação analisante, inclusive ao mundo interno do analista e ao seu encontro com o paciente.

É nesse sentido que fico atenta e inquieta diante das sensações despertadas em mim por algo que Antígona comunica, quando parece estar presente (ou ausente?) como refém, quando preciso cuidar sob determinada forma de vigília, tanto junto a ela como junto aos outros pacientes – dimensionando o quanto da sombra da pandemia abateu-se sobre o *eu*.

O analista em tempos de pandemia: como manter sua função vitalizadora?

A utopia está lá no horizonte.
Me aproximo dois passos, ela se afasta dois passos.
Caminhos dez passos e o horizonte corre dez passos.

> *Por mais que eu caminhe, jamais alcançarei.*
> *Para que serve a utopia? Serve para isto:*
> *para que eu não deixe de caminhar.*
>
> Eduardo Galeano, "Ventana sobre la utopia", 1994, p. 310, tradução nossa.

Para Winnicott (1990), a marca mais específica da natureza humana é a temporalidade: "O ser humano é uma amostra-no-tempo da natureza humana" (p. 29). Desde os primórdios, há uma familiaridade com o tempo: o que fomos/o que aconteceu, o que somos/o que está acontecendo, o que seremos/o que irá acontecer. Ser e acontecimento estão entrelaçados. Mas, como já vimos, o trauma congela o tempo, e o sujeito perde sua marca de humanidade na medida em que perde a historicidade: deixa de ter passado e, principalmente, de ter futuro, vivendo num eterno presente. O sonhar permite que nos preparemos e nos projetemos para o futuro, condição para o devir. Mas se o sonhar fica obstruído pelas condições traumáticas – individuais ou coletivas – esperança e futuro, os quais se conduzem em comunhão, esfumaçam-se em espaços existenciais de vazio (terrorífico) e paralisia.

O analista é alguém que convida para o futuro. Pois tudo começa pelo futuro, futuro este que convoca nossa presença na vida. O mais fundamental na função analítica é ser testemunha da possibilidade de um futuro, ainda que incerto, se disponibilizando como portador da esperança. Em tempos de pandemia, não há como prometer o futuro com previsão, nem individual, nem coletivo. Entretanto, o futuro estará aberto ao oferecermos nossa presença no caminhar com o paciente, compartilhando da comunidade de destino e de desamparo e da experiência de sonharmos conjuntamente.

O futuro é a abertura para o infinito, para o incomensurável das potencialidades, do que está por vir. A marca da saúde é viver no inédito: no que ainda não aconteceu. A função analítica passa por temporalizar o paciente, pois tudo está "achatado" em uma condição estéril de bidimensionalidade. O analista, com o seu rosto voltado para o futuro, trabalha conjuntamente com o paciente na recuperação de sua tridimensionalidade.

Na perspectiva de como atuar numa direção vitalizadora, de abertura de futuros junto aos pacientes na pandemia – particularmente junto a Antígona –, Bollas (1992) afirma: "Ajudar um paciente a transformar o fado em destino e entrar de posse dos futuros pode ser uma parte essencial do trabalho analítico" (p. 59).

As noções de fado e destino nos são importantes porque nos remetem ao que está paralisado em contrapartida ao que se desdobra em movimento, novidade e elaboração do que Bollas define como *self* pessoal. Temos como função auxiliar o pensamento do porvir sem a rigidez dos desígnios e, em meio à pandemia, abrir clareiras de futuros, pequenas que sejam, na tentativa de descongelar o tempo enrijecido.

Originalmente, fado e destino não se distinguiam, quando então, no século XVII, destino ganha um significado mais positivo, relacionado ao potencial na vida de alguém: uma pessoa pode realizar seu próprio destino se é determinada, se é agressiva o suficiente. Segundo Bollas, a ideia de fado, que deriva do latim *fatum*, ligado a oráculo e profecia, relaciona-se à cultura agrária, quando as pessoas dependiam de elementos externos a elas, das estações e do tempo. Destino, por sua vez, deriva do latim *destinare*, que significa segurar, tornar firme, estando mais relacionado às ações do que às palavras (Bollas, 1992, p. 47).

Quando recebemos uma pessoa adoecida, com sintomas limitantes e sofrimentos de toda ordem, podemos dizer que ela está fadada. A isso soma-se o futuro agora na pandemia, que tem o potencial de nos privar de perspectivas, de caminhos para além do labirinto: o fatídico nos ameaçando individual e coletivamente. Mas, na medida em que Bollas nos adverte que, lado a lado com o fado, encontra-se um destino, algo mais próximo do movimento para o futuro por meio do uso do objeto (a transferência), acenam-se no horizonte possibilidades de esperanças.

No fado, domina a sensação de uma pessoa que não se apropriou de seu *self* verdadeiro, que não foi encontrado e, portanto, não pode ser transformado em experiência. É importante destacar que a pessoa fadada não vivenciou a realidade como favorável, daí não podendo realizar seu idioma.

Podemos pensar, nestes tempos de catástrofe e cóleras, que tal realidade traumatizante impossibilita movimento e futuros, o presente sem porvir, os repertórios anímicos restritos a adoecimentos aprisionantes. Calejados por experiências fatídicas, estas definidas assim por sua imprevisibilidade, corremos o risco de uma imobilização capaz de roubar os futuros e o vir a ser do indivíduo e da comunidade. A consequência é a restrição da liberdade inconsciente e da criatividade psíquica. Não à toa, assistimos a movimentos culturais – artes de todos os tipos – como vetores lançados na tentativa de nos libertar das algemas que nos aprisionam ao pensamento atormentador e restritivo da iminência do desastre.

Referindo-se à pessoa aprisionada a um oráculo fatídico, Nettleton (2018) afirma:

> *Ela [a pessoa] se sente impotente para influenciar sua própria vida; aprisionada pelos ecos opressivos do passado, o futuro lhe parece desprovido de esperança. O trauma inicial e, em particular, a perda do objeto primário podem impactar não só no uso futuro desse objeto, mas também, crucialmente, nas articulações do self em evolução. Isso traz um luto inconsciente pela perda de selves potenciais.* (p. 46)

Remetemo-nos ao fado atingindo o indivíduo porque, na medida em que o futuro pandêmico nos assombra com névoas fatídicas, corremos o risco de que se entrelace o não futuro na biografia do indivíduo com as ameaças aprisionantes que vivenciamos enquanto coletividade. Eis o caso de Antígona, quando se vê enlaçada em redes de imobilidade e desesperança, atingida tanto pelos desencontros e perdas dos objetos primários quanto pelo desânimo por um cotidiano ativo, porém esvaziado de alma frente às impossibilidades impostas pela pandemia.

Continuemos com Bollas (1992) para maior compreensão do sentido do "fado":

> *A pessoa que se sente fadada pode imaginar futuros que carreguem o peso do desespero. Ao invés de sentirem a energia da pulsão de destino e de "possuir" futuros que a nutrem no presente e que servem criativamente para explorar caminhos para um percurso em potencial (através do uso objetal), a pessoa fadada projeta somente o oracular. Um olhar de relance de futuro, uma visão do fado, faz ecoar somente a voz da mãe, do pai ou do contexto sócio-cultural que oprime o self. Não há então, nenhum desejo de evocar futuros, uma vez que a pessoa não deseja evocar memórias dolorosas. Na verdade, podemos falar de repressão de futuros, da mesma maneira que falamos da repressão das memórias. Se eles contêm sofrimento demais, os futuros são tão sujeitos a serem reprimidos quanto as memórias dolorosas. (p. 58)*

Em contraposição, retomamos a noção de destino, este que tem sentido de trajetória na vida de um indivíduo para a realização de seu potencial único, de seu idioma pessoal. Ampliemos a noção de destino relacionando-o ao que nos promete de progressão e trajetória: ao descongelamento do tempo morto próprio do tempo pandêmico. A função vitalizadora do analista se apresenta, assim, no resgate do paciente de sua imersão no fatídico, um trabalho na contramão das condições desalentadoras da pessoa fadada a que se refere Bollas na citação anterior.

Escutando as memórias, abrir caminho para o "levantar" da repressão dos futuros; não há como oferecermos garantia, mas sim nossa "companhia viva" de modo tal a convidar ao imaginar de futuros "sem o peso do desespero". A função vitalizadora do analista pode se dar no sentido de resgatar o paciente das vozes passadas dos objetos primários que se vinculam (como no caso de Antígona) ao silêncio de desertos sem oásis, ou de distantes oásis – precisamos cuidar para que as dores pessoais do paciente não se colem de modo indissolúvel à situação coletiva que anuncia desamparo e tragédias. São esses os casos em que predominam condições psíquicas de porosidade extrema, em que não há fronteiras entre o eu e o outro, entre o interno e o externo. Pode mesmo ser o drama pessoal de Antígona, que se abre de modo radical às feridas alheias, em vigília junto ao leito do adoecido, esquecendo de si. Até onde ir quando se ouvem chamados agoniados? Como manter fronteiras capazes de mobilidade: portas e janelas que ora se abram e que ora se fechem? Uma posição absoluta – de modo geral, o absoluto é sempre aprisionante: presente morto ou passado que só chama para o lembrar-se, sem espaço libertário para o esquecimento.

Portanto, a função vitalizadora do analista poderá se apresentar por meio do convite aos futuros e ao resgate – por que não? – da utopia, entendendo por utopia, com Figueiredo (2003), que esta:

> *será encarada como uma tendência básica à antecipação, uma abertura e uma disponibilidade para o futuro independentemente de qualquer projeto político social*

determinado, embora, sem dúvida, comportando a esperança de uma vida melhor. Embora o futuro esteja aí implicado, não se trata de uma vivência ou fantasia de tempo futuro, mas de uma abertura para ele, sobre a qual uma vivência temporal pode de fato se assentar, contudo, sem a ela se confundir. (p. 160)

Em meio a mortes, entre o humano e o não humano, apostar nos futuros e na transformação de fado em destino. Afinal, como diz a canção, "para sempre, é sempre por um triz" (Holanda & Lobo, 1983).

Referências

Assis, M. (1971). *Memórias póstumas de Brás Cubas*. Abril Cultural.

Bandeira, M. (1979). *Estrela da vida inteira – poesias reunidas*. José Olympio. (Trabalho originalmente publicado em 1930)

Bollas, C. (1992). A pulsão do destino. In C. Bollas, *Forças do destino: psicanálise e idioma humano* (pp. 37-65). Imago.

Cintra, E. M. U. (2011). Sobre luto e melancolia: uma reflexão sobre o purificar e o destruir. *ALTER – Revista de Estudos Psicanalíticos, 29*(1), 23-40.

Felinto, M. (1992). *As mulheres de Tijucopapo*. Editora 34.

Figueiredo, L. C. (2003). O paciente sem esperança e a recusa da utopia. In L. C. Figueiredo, *Psicanálise: elementos para a clínica contemporânea* (pp. 159-189). Escuta.

Figueiredo, L. C. (2018). A psicanálise e o sofrimento psíquico na atualidade. Uma contribuição com base em Melanie Klein e D. Winnicott. In L. C. Figueiredo, *A psicanálise: caminhos no mundo em transformação* (pp. 55-82). Escuta.

Freud, S. (2011). *Luto e melancolia* (Marilene Carone, Trad.). Cosac & Naify. (Trabalho originalmente publicado em 1917)

Galeano, E. (1994). Ventana sobre la utopia. In E. Galeano, *Las palabras andantes*. Siglo XXI. Recuperado de http://resistir.info/livros/galeano_las_palabras_andantes.pdf.

Holanda, C. B. de, & Lobo, E. (1983). Beatriz. In *O grande circo místico*. Free Sound.

Klein, M. (1996). Uma contribuição à psicogênese dos estados maníaco-depressivos. In M. Klein, *Obras completas* (Vol. I). Imago. (Obra original publicada em 1935)

Lispector, C. (1998). *Água viva*. Rocco.

Nettleton, S. (2018). *A metapsicologia de Christopher Bollas: uma introdução*. Escuta.

Ogden, T. H. (2004). Uma nova leitura das origens da teoria das relações objetais. In T. H. Ogden, *Livro anual de psicanálise* (Vol. XVIII: O analista trabalhando, pp. 85-95). Escuta.

Pontalis, J.-B. (1991). Perder de vista. In J. B. Pontalis, *Perder de vista: da fantasia de recuperação do objeto perdido* (pp. 205-222). Jorge Zahar. (Trabalho originalmente publicado em 1988)

Rocha Barros, A. & Rocha Barros, E. M. (2021). Paisagens da vida mental sob a Covid-19. In A. Staal, H. B. Levine & D. Kupermann (Orgs.), *Psicanálise e vida covidiana: desamparo coletivo, experiência individual* (pp. 103-142). Blucher.

Sófocles (1989). Antígona. In Sófocles, *A trilogia tebana: Édipo Rei, Édipo em Colono, Antígona* (pp. 195-251). Zahar.

Viñar, M. N. (2017). The enigma of extreme traumatism: Trauma, exclusion and their impact on subjectivity. *The American Journal of Psychoanalysis*, 77, 40-51.

Winnicott, D. W. (1990). *Natureza humana*. Imago.

Winnicott, D. W. (1993). A defesa maníaca. In D. W. Winnicott, *Textos selecionados da pediatria à psicanálise* (pp. 247-267). Francisco Alves. (Trabalho originalmente publicado em 1935)

9. Palavras aladas guiando o encontro analítico[1]

Fátima Flórido Cesar
Marina F. R. Ribeiro

> *O pensamento parece uma coisa à toa, mas como é que a gente voa quando começa a pensar.*
> Lupicínio Rodrigues, "Felicidade", 1947.[2]

> *A natureza da gente não cabe em certeza nenhuma.*
> Guimarães Rosa, *Grande Sertão: Veredas*, 2006, p. 417.

"Há tantos devaneios tolos a me torturar, amiúde..."

Alice no país das maravilhas, Alice no país dos terrores. Alice me diverte colocando purpurina em seus sofrimentos, ou serão

---
1 Originalmente publicado na *Revista de Psicanálise da SPPA*, v. 29, p. 297-314, 2022.
2 Parte da letra da canção Felicidade , primeira gravação em 1947, pelo Quarteto Quitandinha.

melodramas em que "finge sentir que é dor, a dor que deveras sente?" (Pessoa, 1987, pp. 98-99).

O prazer nos une, assim como os sonhos, os assombros e os objetos culturais (músicas principalmente, e a adoração por ídolos da mesma geração). Em um de nossos encontros, me oferta: "Há tantos devaneios tolos a me torturar, amiúde". Não canta, apenas recita. Fico encantada, afinal nunca tinha prestado atenção no eloquente verso da canção "Chão de giz", de Zé Ramalho,[3] e me surpreendo com o modo pertinente como Alice o usou no contexto de seu drama, enquanto circulávamos em torno de assuntos outros. Saboreei o verso, que virou nossa senha de comunicação. Os devaneios tolos poderiam bem ser suas renitentes desconfianças em relação à fidelidade do marido; entretanto, nada foi falado a respeito, nada dito. Celebrei Alice e o verso, e nossos nós de ligação se estreitaram.

Winnicott (1969) ressalta a importância de o paciente chegar à compreensão, enquanto o analista aguarda. As duas áreas de brincar se sobrepondo (Winnicott, 1971b): assim aconteceu conosco. Podemos afirmar que, nesse momento, se deu uma criação a dois. A poesia nos embalando e nos oferecendo uma comunicação não restrita a uma intervenção epistemológica interpretativa, mas abrindo espaço para o campo do sensível, de trocas pré-verbais e dos processos de transformação psíquica. Se aqui nomeamos interpretação, esta se deu no entre, na área intermediária, de uma terceiridade emergente no campo do encontro.

Flanamos, Alice e eu juntas, por planícies onde o encontro se dá em meio à poiesis: nomeamos esse lugar de encontro de inconsciente, não sistemático, nem reprimido e que funciona em outra lógica.

---

3   Musica do disco *Zé Ramalho* (1978).

> *Podemos pensar que, quando tem essa qualidade onírica e de poiesis, a narrativa da dupla analítica possibilita pensar os pensamentos ainda não pensados, os elementos psíquicos em estado bruto, que ainda não encontraram uma mente para serem contidos; ou, em outras palavras, uma outra mente para "habitar". Como escreve Mia Couto (2012, p. 101) "O segredo é estar disponível para que outras lógicas nos habitem, é visitarmos e sermos visitados por outras sensibilidades"; e construirmos uma narrativa inédita e transformadora, sonhando os sonhos ainda não sonhados na sala de análise. (Ribeiro, 2019, p. 179)*

No lugar da interpretação passível de nos direcionar a uma prática de decodificação, podemos usar narrativas imaginativas, termo de Grostein (2010), construídas a partir das mentes do analista e do analisando, ou contação de histórias, ou, ainda, o conceito de construções em análise de Freud (1937). Se as narrativas de Grostein (2010) são preponderantemente visuais, podemos pensar as palavras trocadas entre paciente e analista em sua materialidade e sonoridade – assim como se saboreiam palavras e versos num poema. Seja que nomeação escolhermos, é a imaginação e o onírico que deverão estar no centro da comunicação.

> *O trabalho do analista passou a ser visto como algo que não pode ser descrito simplesmente pela interpretação. Tornou-se necessário valorizar o potencial da "experiência emocional e seus significados" para o desenvolvimento do pensamento em si. Deste modo, o processo analítico passou a usar mais construções e descrições para lidar com a complexidade dos processos mentais. (Chuster, Soares & Trachtenberg, 2014, p. 74)*

Estamos numa direção ético-técnica de imaginarização, o interesse genuíno do analista, o investimento no psiquismo do paciente e um entorno maleável. É o modo de presença, não simplesmente haver outro sujeito presente, mas a necessidade de o analista estar ali com certas qualidades. Podemos falar de uma substância-forração intersubjetiva que vai sendo criada entre analista e analisando, de modo a facilitar que, com o passar do tempo, isso propicie confiança no vínculo, e advenha um campo de criação entre dois ou de palavras aladas – estas isentas de fixidez, humildes, com um tanto de imprecisão e deslizes, e, apenas nessas condições, possibilitadoras do contato real e humano entre analista e paciente.

Seguindo Bollas, na leitura de Nettleton (2017): "Bollas propõe, pois, um novo modelo psicopatológico, no qual os elementos constitutivos da psique incluem tanto as ideias recalcadas quanto as que são convidadas e recebidas no inconsciente por razões criativas" (p. 34). É isso que Bollas chama de inconsciente receptivo ou, em algumas passagens, o inconsciente recebido. Será da dimensão criativa desse inconsciente receptivo que emergem nossas trocas? Pois é quando as palavras guardam certa imprecisão que poderão ser geradoras de potência e criatividade, as reticências, o dito e o não dito.

Em torno da imaginação, que, segundo Ogden (2010), é sagrada na sala de análise, vão se tecendo histórias, num diálogo recíproco paciente-analista, com este último conduzindo o processo.

Na verdade, as reflexões acima se inspiram nas proposições de Ogden (2020) sobre *psicanálise epistemológica* e *psicanálise ontológica*: a primeira relacionada ao conhecimento à e compreensão, tendo Freud e Klein como principais autores, e a segunda, relativa ao ser e ao tornar-se, e tendo Bion e Winnicott como referências. O texto intitulado "O que você quer ser quando crescer?" destaca logo de início que, enquanto para Winnicott a psicanálise deixa de ser centrada no sentido simbólico do brincar para a experiência de brincar, em Bion, a experiência de sonhar considerada em todas suas formas se sobrepõe ao sentido simbólico dos sonhos. A psicanálise epistemológica busca a compreensão de sentidos inconscientes, e a psicanálise ontológica tem como objetivo que o paciente descubra sentidos de maneira criativa, de modo a se tornar mais plenamente humano.

A essa altura, deve ter ficado claro que temos nos debruçado sobre o campo da psicanálise ontológica, que tem sido o caminho da psicanálise contemporânea. De fato, observamos uma mudança de ênfase da psicanálise epistemológica, a qual busca chegar ao entendimento do mundo interno inconsciente do paciente e de seu relacionamento com o mundo externo, de modo a alcançar mudanças psíquicas. Aqui, a interpretação tem importância central a partir do reconhecimento da questão que provoca angústia. Ogden destaca que seu artigo é uma descrição do que aconteceu em seu próprio pensamento: "o enfoque mudou das relações inconscientes de objetos internos para a luta de cada um de nós por tornar-se mais pleno e as experiências mais vivas e reais" (Ogden, 2020, p. 24).

Mas, embora a ênfase deste capítulo, e de todo o livro, seja na psicanálise ontológica, é fundamental acompanharmos a advertência de Ogden de que elas se enriquecem mutuamente e não existem de forma pura.

A respeito do título de seu artigo, destaca:

> *Winnicott fazia a mesma pergunta a todos os adolescentes que atendia: "O que você quer ser quando crescer?" A pergunta que todos podemos fazer ao longo da vida, desde muito cedo até o momento antes de morrer: Quem gostaríamos de nos tornar? Que tipo de pessoa gostaríamos de ser? De que maneiras não somos quem somos? O que nos impede de sermos mais como a pessoa que*

> *gostaríamos de ser? O que poderíamos fazer para nos tornarmos mais como as pessoas que sentimos ter o potencial e a responsabilidade de ser? São essas as perguntas que trazem os pacientes à análise, mesmo que pensem que seja para alívio dos sintomas. Às vezes, o objetivo do tratamento é conduzir o paciente de um estado em que não é capaz de fazer essas perguntas para outro no qual seja capaz de fazê-lo. (Ogden, 2020, pp. 23-24)*

Assim, o propósito da psicanálise ontológica é facilitar os esforços do paciente por tornar-se si mesmo, o que se desenha com Alice. Antecipando o trecho a seguir, já mencionara como nossas áreas de brincar se sobrepuseram:

> *A psicoterapia se efetua na sobreposição de duas áreas do brincar, a do paciente e a do terapeuta. A psicoterapia trata de duas pessoas que brincam juntas. Em consequência, onde o brincar não é possível, o trabalho efetuado pelo terapeuta é dirigido no sentido de trazer o paciente de um estado em que não é capaz de brincar para um estado em que o é. (Winnicott, 1971b, p. 59)*

Na psicanálise ontológica, ocupamos um lugar de espera; assim, o primeiro movimento explícito (não desconsiderando que nas entrelinhas do encontro se teciam compreensões em suspensão) viera de Alice; e novamente fazemos uso das palavras de Winnicott:

> *Estarrece-me pensar quanta mudança profunda impedi, retardei pela minha necessidade pessoal de interpretar. Se pudermos esperar, o paciente chegará à compreensão criativamente, e com imensa alegria; hoje posso fruir mais*

prazer nessa alegria do que costumava com o sentimento de ter sido arguto. (Winnicott, 1969/1975, pp. 121/122)

Foi mesmo com júbilo que acolhi o verso-canção de Alice – dali, brincamos a partir não da experiência de buscar autoentendimento, mas do processo de nos tornarmos mais plenamente humanas. Além da alegria experimentada por nós duas, ela pôde receber reflexivamente meu encantamento, como o encantar-se da mãe com as proezas de sua criança.

A experiência relatada com Alice foi predominantemente ontológica e envolveu modos diferentes de ação terapêutica. Acerca desse aspecto, Ogden destaca oferecer um contexto interpessoal que, na relação analítica, leva a ganharem vida formas de experimentar estados de ser antes impensáveis para o paciente. Quando comentávamos a letra da canção "Chão de giz", Alice me falou de suas fantasias de que seria uma música dedicada a uma "mulher da vida". Em vez de buscar uma compreensão do conteúdo da comunicação, ficamos juntas tentando entender o sentido da letra, mais como uma atividade lúdica do que decodificadora. Até pesquisas no Google fizemos e, desse modo, distanciávamo-nos cada vez mais de suas terapias anteriores, nas quais se enredava em ruminações ressentidas sobre o passado com a mãe ou sobre o pai desconhecido – uma clínica do passado, com seus riscos de aprisionamentos circulares e claustrofóbicos. Entrávamos no campo do brincar, Alice precisava se apropriar da leveza que eu percebia nela e da alegria de se sentir vista e celebrada: estávamos, portanto, numa dimensão ontológica.

Ainda segundo Ogden, talvez a maior contribuição para a psicanálise ontológica de Winnicott sejam seus conceitos de objetos e fenômenos transicionais: uma área de experimentação, para a qual contribuem tanto a relação interna como a externa, que não é para ser disputada: é lugar de repouso para a perpétua tarefa humana de manter ambas separadas, mesmo que inter-relacionadas. Para que o bebê e o paciente adquiram um estado de ser, é necessário um estado de ser correspondente na mãe ou no analista. O lactante cria o que de fato está ao seu redor esperando para ser encontrado – o objeto é criado e encontrado, e isso tem de ser aceito como um paradoxo, e não resolvido por um refraseado que por seu brilhantismo pareça eliminar esse paradoxo (Winnicott, 1971c).

Seguindo com Winnicott, trata-se de um estado de ser que subjaz à experimentação intensa que diz respeito às artes, à religião, ao viver imaginativo. Também podemos pensar que o encontro analítico se constitua como lugar de repouso, de aceitação do paradoxo, de experimentação, e que, com essas qualidades, possibilite que tanto paciente quanto analista adquiram um "estado de ser".

Entendamos "o estado de ser", como o denomina Ogden (2020), fazendo uso de suas próprias palavras:

> *Para Winnicott e Bion, a necessidade humana mais fundamental é ser e tornar-se mais plenamente si mesmo, o que, a meu ver, envolve tornar-se mais presente e vivo para os pensamentos, sentimentos e estados corporais; tornar-se mais capaz de sentir os potenciais criativos e encontrar formas de desenvolvê-los; sentir que se está a propiciar ideias próprias e a exercer sua própria voz; tornar-se uma pessoa maior (talvez mais generosa, compassiva, amorosa ou aberta) ao relacionar-se com os outros; desenvolver mais plenamente um sistema de valores e um conjunto de padrões éticos humanos e justos; e assim por diante. (p. 34)*

Aqui, retomamos o início deste artigo, pensando que as palavras aladas se localizam mais na psicanálise ontológica do que na epistemológica. Ogden fala da necessidade de desenvolver um "estilo analítico" próprio, de modo a não adotarmos "uma técnica" herdada de gerações anteriores. Assim, inventamos a psicanálise, para cada um de um jeito, respondendo espontaneamente, ora usando palavras, ora formas não verbais, a resposta espontânea chegando sob a forma de ação.

Assim aconteceu com Mel – oscilando entre um retraimento opositor, um exibicionismo em meio ao qual navegávamos por águas rasas, ou, ainda, embora raramente, trocando compreensões mais próximas de um incipiente contato verdadeiro. Naquele dia, em particular, Mel dissera que não queria falar e que estava com sono, então a analista disse: "tudo bem, você pode dormir que eu te acordo quando terminar a sessão". Ela deitou, e como estava frio, perguntei à menina desamparada[4] se queria que a cobrisse com uma manta que tenho disponível. Ela assentiu com um leve som. Cobri-a e depois de um tempo falei algo do tipo "estou aqui... blá-blá-blá", palavras plastificadas e inócuas, impessoais e passíveis de serem facilmente assim percebidas por Mel. Com a cabeça coberta, ela emitiu um sonoro: "Psiu!". Eu disse: "Ok! Desculpe, rompi nosso trato". Depois de um tempo, ela tirou o rosto para fora da manta e falou: "Por que nada me motiva?". Dali começamos uma conversa, e ela pôde ser mais próxima e verdadeira como poucas vezes tínhamos experimentado; ou seja, a dimensão ontológica do encontro analítico predominou nesse momento.

---

4 Neste momento em que escrevo "menina desamparada", veio-me à mente, inesperadamente, o conto de Andersen "A pequena vendedora de fósforos", que comovia as crianças por seu tom e final tristes. A menina vendia fósforos no meio da neve, mas, sem conseguir nem vender nem se aquecer mais, tenta usar um a um para esse fim. Ela reza (em alguma versão para a avó já falecida, em outra frente a uma imagem de Nossa Senhora), até que um grande clarão surge, e no apagar do último fósforo, também se apaga a menina (Andersen, 2010).

A psicanálise ontológica de Ogden

Seguimos agora apresentando três exemplos clínicos da psicanálise ontológica. Os dois primeiros são do próprio Ogden (2020), em que a palavra ganha asas e simplicidade, paradoxalmente habitante de uma complexidade que se tece na sombra, nos veios subterrâneos do entrecruzamento das mentes do paciente e do analista e na direção de auxiliar o paciente a se tornar o mais plenamente humano, e o mais plenamente si mesmo. Um terceiro exemplo que selecionamos vem de Bollas, autor que oferece em seus relatos clínicos várias ilustrações que nos remetem à psicanálise ontológica.

"Por que não tomou um chá com a filha?"

Ogden (2020) relata uma experiência em um "Grupo Balint" na Clínica Tavistock, o qual participava junto com sete clínicos gerais e um psicanalista. Num dos encontros, um dos médicos relatou o telefonema que recebeu de uma paciente contando que a mãe idosa, também sua paciente de muitos anos, havia falecido enquanto dormia na casa da filha. Ele então se dispôs a ir até a casa para constatar o óbito e providenciar a rápida retirada do corpo. O que impressionou Ogden nesse episódio foi a pergunta do psicanalista coordenador do grupo: "Por que não tomou um chá com a filha?". Com isso, pontuou que o médico deixara de viver a experiência silenciosa de partilhar a dor daquela perda, apenas com sua presença implicada. Aquela pergunta tão simples captou a essência do que Ogden nomeia como psicanálise ontológica.

"Você assiste TV?"

Outra vinheta clínica apresentada por Ogden (2020) refere-se ao atendimento de Jim numa enfermaria de adolescentes de internação de longo prazo.[5] O paciente chegava acompanhado por uma enfermeira, permanecendo em silêncio por um longo tempo, não parecendo saber por que estavam ali. As perguntas de Ogden apenas levavam a respostas monossilábicas, a ponto de este afirmar: "Achei as sessões com Jim difíceis, e tive a sensação de não saber coisa alguma como trabalhar com ele e, portanto, com qualquer paciente" (Ogden, 2020, p. 36).

Após cerca de cinco meses, Jim chegou à sessão apático, inexpressivo, com olhos que pareciam de um "pássaro morto", dizendo: "Jim está perdido. Desapareceu para sempre" (Ogden, 2020, p. 36). Ogden sentiu que havia ocorrido uma morte psíquica e que poderia ocorrer um suicídio real. Então, falou ao paciente: "Jim está perdido e desaparecido há muito tempo, mas só agora isso pode ser dito" (p. 36). Nessa mesma sessão, notou que "o ruído de fundo habitual em sua mente – pensamentos que vêm e vão, a 'visão periférica da *rêverie*', as sensações corporais, o coração batendo, a respiração sensível – havia desaparecido". Segue relatando seu medo "de que não apenas Jim desaparecera, mas também estava ocorrendo com ele: tudo se tornara irreal. Sentia o terror do afogamento, ao mesmo tempo que se assistia indiferentemente se afogando" (p. 37). Apavorado com os encontros (eram cinco por semana) com Jim, "sentia-se à deriva, desorientado na relação com ele" (p. 37).

Então, para sua surpresa, no meio de uma sessão, Jim disse inexpressivamente, como se não falasse com ninguém: "Você assiste TV?" (p. 37). Ogden não identificou na pergunta um comentário simbólico, mas uma maneira de indagar: "Quem é você?", e respondeu:

---

5 Ogden ressalta que as apresentações dos casos são ilustrações e não representam uma técnica analítica. Alerta para a não indução ao envolvimento com o processo secundário, visando motivos e explicações, no lugar de experimentar a maneira pela qual o paciente se apresentava, contando quem era naquele momento.

"Sim, assisto. Assisto bastante TV" (p. 37). Depois de um tempo de silêncio, Ogden lhe disse:

> Você já viu alguém acender um fósforo num lugar escuro, talvez numa caverna, de maneira que tudo se ilumine, se torne visível – ou ao menos quase tudo – e depois, no instante seguinte, escurece de novo, mas não fica tão escuro como antes? (Ogden, 2020, p. 37)

A experiência de Ogden de se perder junto com Jim, abstendo-se de fazer perguntas, deixando-se ficar na assustadora condição de estar à deriva, ambos perdidos e desaparecidos para sempre, foi essencial para seu paciente. Também foi fundamental não investigar possíveis sentidos simbólicos, o que impossibilitaria a experiência de vida que estava ocorrendo – algo que fazia contato com o *ser*, mais do que com o *compreender*. De qualquer maneira, para Ogden, a parte mais importante de sua resposta fora a metáfora do fósforo – uma descrição em vez de explicação, algo do *estado de ser* que estava ocorrendo: "a experiência sensorial de acender o fósforo, iluminando momentaneamente o que havia sido invisível (nós dois como pessoas individuais), seguida por um sentimento de que a escuridão não era tão absoluta quanto antes" (Ogden, 2020, p. 38).

"Ah! Uma aranha!"

Esse relato está presente no texto de Bollas intitulado "A celebração do analisando pelo analista" (1992), em que o autor destaca a importância de uma tarefa analiticamente mais difícil: "a psicanálise dos instintos vitais do paciente: seu amor pelo analista, suas integrações criativas no trabalho analítico, suas realizações admiráveis na vida (e na análise)" (p. 94). É o que denomina *celebração do analisando pelo analista*: o analista registra afetivamente a presença do instinto vital no paciente, quando percebe nele fatores positivos, não significando elogio ou gratificação: "A celebração afetiva que o psicanalista faz da chegada das representações instintuais e as elaborações articuladas do *self* verdadeiro são pré-requisitos para qualquer interpretação subsequente de conteúdo" (1992, p. 98).

Vemos aqui uma clara intersecção com a dimensão ontológica, que, no relato a seguir, traz com mais vigor a precedência da celebração afetiva em relação à interpretação de conteúdo (que corresponderia à dimensão epistemológica, mas tem um lugar próprio nas trocas entre analista e analisando).

Trata-se de uma situação de supervisão do atendimento da paciente Elena, de 11 anos, filha única de pais exigentes e obsessivos, trazida à terapia devido a terrores noturnos e comportamento retraído na escola. Seu sofrimento aparentemente tivera início quando estava assistindo televisão e vira um filme sobre monstros, sendo que, de repente, o rosto do monstro se desintegrou. Elena ficou desorientada, não conseguiu dormir e foi levada pelos pais a um hospital.

Elena era doce e simpática, mas, assim como os pais, obsessiva e aflita frente a qualquer bagunça. Numa das sessões de terapia, desenhou um prédio grande: no andar térreo fez uma televisão, e em um dos quartos de cima, imaginou uma aranha: "Farei uma aranha enorme!". A terapeuta então respondeu: "Você criou uma coisa terrível, como aranhas negras e suas teias". E Elena retrucou: "Na verdade queria fazer uma bicicleta enorme, mas não consigo" (Bollas, 1992, pp. 95-96).

Para Bollas (1992), a terapeuta teria presumido que a intenção do desenho era realizar uma elaboração associativa do medo original, o que considerou correto, porém discordou de sua intervenção. O fato de a mãe ser muito exigente e, frente a uma bagunça normal de criança, ficar colérica levou Bollas a associar a visão do rosto do monstro à experiência emocional de Elena em relação ao rosto da mãe, que, pela raiva, se desintegrava em monstruosidade. Concluiu então que a mãe havia agredido a vida instintual da filha sem nunca lhe oferecer um *container* para receber seus instintos. Quando Elena cria uma aranha, introduz a vida instintual, e parece gostar disso, enfatizando que a aranha será enorme. Diante disso, sugeriu como melhor intervenção a celebração, por parte da terapeuta, da vida instintual, mediante um *simples* comentário: "Ah! Uma aranha!". Assim, daria um reconhecimento afetivo ao valor da representação instintual: o que está vivo, o movimento silencioso dos instintos, também lembrando a interpretação comum da aranha como representação dos órgãos genitais femininos. Vemos claramente neste exemplo como a simplicidade da intervenção sugerida se aproxima do simples caracterizado por Ogden.

Bollas segue a supervisão pontuando que, depois de celebrar a chegada da sexualidade da menina, seria importante analisar seu significado – introduzindo aqui a dimensão epistemológica no entendimento do caso. Mas ressalta que, primeiramente, ao exclamar: "Ah! Uma aranha!", ocorre um encorajamento do processo representacional, *não o conteúdo da representação*: "A celebração afetiva que o psicanalista faz da chegada das representações instintuais e as elaborações articuladas do *self* verdadeiro são pré-requisitos para qualquer interpretação subsequente do conteúdo" (Bollas, 1992, p. 98).

Aqui, podemos reconhecer a pontuação de Ogden de que as psicanálises ontológica e epistemológica não aparecem em forma pura, mas se enriquecem mutuamente: em Bollas primeiro se apresenta o reconhecimento afetivo (ontológico), depois a análise do conteúdo (epistemológica).

Os deslimites da palavra: a incerteza é viva, a certeza aniquila a criação

Ainda acompanhadas de Ogden, a partir de seu texto "How I talk with my patients"[6] ("Como falo com meus pacientes", 2018), que procura lançar luz sobre o uso das palavras, assim como sobre a necessidade de nos calarmos, de modo tal que alcancemos o paciente, lembramos da importância de evitar o "uso da linguagem que convida o paciente a se envolver predominantemente no pensamento do processo secundário consciente, quando dimensões inconscientes do pensamento são as que são solicitadas" (Ogden, 2018, p. 399). Para tanto, propõe que utilizemos mais a descrição, em oposição à explicação, a fim de facilitar o processo analítico. Também a certeza por parte do analista impossibilita tanto o processo analítico quanto o potencial do paciente para o crescimento psíquico.

O propósito deste capítulo se direciona, então, a destacar o predomínio, na comunicação analista-analisando, do processo primário, e não o aprisionamento no processo secundário: é no campo da experiência, e não das intelectualizações, que o encontro vai acontecer. Quando nos referimos a um predomínio do processo primário, pensamos na ressonância entre inconscientes: são as palavras aladas, que precisam incluir mal-entendidos, para que convidem a conjecturas, à humildade frente ao desconhecido da condição humana.

Como falar com o paciente ganha prevalência em relação *ao que queremos dizer*, ressalta Ogden (2018). Assim como o processo primário é inseparável do processo secundário, igualmente são ligados *o que dizer* com o *como dizer*; entretanto, a ênfase estará neste último, o que Ogden nomeia de "fora de si" do analista, seus

---

6 Todas as citações extraídas deste artigo foram traduzidas por nós.

mal-entendidos. Ele também enfatiza que descrever a experiência em oposição a explicá-la facilita que o discurso aborde melhor o que ocorre no nível inconsciente no encontro analítico.

O pensamento paradoxal de Ogden continua na afirmação de que o contato paciente e analista se dá paralelamente ao incomunicável do imediatismo da experiência vivida por ambos. Podemos entender melhor essa afirmação quando ele se refere à brecha entre as mentes humanas:

> *Assim, ao falar com pacientes, minha própria experiência é incomunicável; a experiência do paciente, inacessível: eu nunca poderei conhecer a experiência do paciente. Palavras e expressões físicas estão muito aquém de comunicar a experiência de vida do paciente ou a minha própria. Apesar disso, o paciente e eu podemos ser capazes de comunicar algo próximo a nossas experiências vividas pela re-apresentação da experiência. Isso pode envolver o uso de uma linguagem que é particular para cada um de nós e para o evento emocional que está ocorrendo, por exemplo, por meio de metáfora, ironia, hipérbole, ritmo, rima, sagacidade, gíria, sintaxe e assim por diante, bem como de expressões corporais como mudanças no tom de fala, volume, andamento e qualidade do contato visual.* (Ogden, 2018, p. 400)

Comunicamos, pois, alguma coisa próxima à experiência, introduzindo "o como dizer" – as inúmeras maneiras de nos falarmos na sala da análise, já elencadas aqui, até diversas expressões corporais em torno de mudanças de tom de voz. Reconhecemos de imediato algo muito distante de palavras e atos plastificados, uma multiplicidade de formas e possibilidades de comunicação-palavras e atos com asas, no sentido de um direcionar-se para trocas na direção da liberdade inconsciente e da ampliação do tornar-se humano.

São extremamente interessantes as colocações de Ogden de que a "brecha entre as mentes", ou a divisão entre a subjetividade do paciente e do analista, não é para ser superada: "é um espaço no qual uma dialética de separação e intimidade pode dar origem à expressão criativa. A oportunidade de imaginar criativamente as experiências do outro não aconteceria se a comunicação individual fosse possível" (Ogden, 2018, p. 400). Um outro paradoxo é assinalado: as partes deixadas de fora das comunicações abrem um espaço em que podemos ser capazes de preencher a lacuna entre nós e os outros.

Se não é possível conhecer a experiência de outra pessoa, consequências importantes no modo de falar com o paciente são assinaladas por Ogden, que sempre nos alerta para o fato de que tudo vai depender do paciente, do que está acontecendo naquele momento entre as partes da dupla analítica. Tal assinalamento, presente em vários textos do autor, conduz para uma forma não rígida de falar com os pacientes. Uma consequência importante é não tentarmos nomear o que eles estão sentindo, dada a impossibilidade de saber isso; mas nos limitarmos a dizer o que estamos pensando:

> *Quando falo com um paciente sobre o que sinto que está acontecendo emocionalmente na sessão, posso dizer algo como: "Enquanto você estava falando [ou durante o silêncio], esta sala parecia um lugar muito vazio [ou lugar tranquilo, ou lugar confuso, e assim por diante]". Ao me expressar assim, deixo em aberto a questão de quem está sentindo o vazio (ou outros sentimentos). Foi o paciente, ou eu, ou algo que nós dois temos inconscientemente criado juntos? (o "campo analítico" [Civitarese, 2008, 2016;*

> *Ferro, 2005, 2011] ou o "terceiro analítico" [Ogden, 1994]). Quase sempre, são todos os três – o paciente e eu como indivíduos separados, e nossas cocriações inconscientes. (Ogden, 2018, p. 401)*

Fazer perguntas como "Por que você faltou ontem?", por exemplo, direciona o paciente a conversar de modo superficial, consciente, em termos de causa e efeito; consequentemente, de acordo com o processo secundário. Quando se percebe fazendo esse tipo de pergunta, Ogden se interroga sobre o que pode estar acontecendo em termos inconscientes que pode estar assustando-o.

A certeza também vai interferir negativamente no processo analítico quando os pais são responsabilizados pela situação emocional atual do paciente, tanto por este quanto pelo analista. Embora o paciente possa ter sido gravemente negligenciado, Ogden ressalta a importância de não focarmos seu adoecimento ligando-o à culpa dos pais. Se assim procedermos, iremos roubar dele a possibilidade de experimentar sua vida de modo mais complexo e humano, podendo inclusive incluir uma compreensão do senso de responsabilidade pelo sofrimento vivido na infância.

Então, em vez de pensar numa "técnica" derivada de ideias ligadas a "escolas particulares" do pensamento analítico, ancorada num sentimento de certeza, Ogden pensa em *estilo clínico* como uma criação própria, um processo vivo que se origina a partir da experiência e da personalidade do analista.[7]

Vamos assim delineando a função vitalizadora do analista ancorada em sua pessoalidade, aberta à imprecisão e à incerteza como fontes de criatividade. Em vez de usarmos aqui o termo "técnica",

---

[7] Destacamos que Ogden se inspira nas ideias de Bion de que o analista trabalha com a sua personalidade.

pensamos no desenvolvimento de um "estilo clínico", como sugere Ogden (2018). Uma das observações mais interessantes do autor diz respeito ao uso da descrição no lugar da explicação, afirmando, dessa forma, a libertação tanto do paciente como do analista: "meramente descrever, em oposição a 'descobrir as causas' para o que está acontecendo, reflete meu senso de humildade diante de tudo que é 'humanamente compreensível ou humanamente incompreensível' (Jarrel, 1955, p. 62) na vida de meus pacientes e na vida da análise" (Ogden, 2018, p. 404). Mais uma vez, ressaltamos aqui a simplicidade necessária na comunicação, enraizada em veios ricos de complexidade. Estamos nos referindo a descrições sucintas de estados de sentimentos. Entretanto, lançamos um paradoxo: o simples também é prenhe de riqueza e requer trabalho psíquico da dupla, para que, a partir da fala, se deem aberturas para a expansão psíquica, não apenas do paciente, mas também do analista. O erudito pode vir a flertar com a arrogância que leva à destruição e à ruptura do vínculo. A arrogância impossibilita o encontro.

Eis um exemplo da descrição dado por Ogden (2018): se um paciente chega na sessão apavorado, antigamente ele poderia perguntar: "O que te apavora?". Numa experiência recente em que a paciente compartilhou estar com receio de vir vê-lo, ele disse: "Claro que você está"; sua explanação esclarecendo o valor da descrição foi a seguinte:

> *Minha resposta foi o que considero uma descrição em ação, isto é, uma descrição exatamente como ela é, ou seja, que tem medo de mim, e uma forma de acolher suas fantasias em vez de tentar dissipá-las apresentando razões conscientes, "lógicas" (processo secundário) para elas ou por meio de tranquilização. (Ogden, 2018, p. 404)*

Acolher a densidade da experiência emocional requer que estejamos abertos aos nossos próprios recursos anímicos, uma densidade que vem sob a forma de leveza, palavras com asas. Nesse exemplo, os bastidores (o pensamento mais "esticado" de Ogden, nem por isso dissociado de um flanar pela comunicação mútua inconsciente entre paciente e analista), o que vem etre parênteses ("o que você está sentindo agora parece apenas natural") ganhou breves palavras de alcance: "Claro que você está".

Entre o desejo de ser compreendido e o desejo de não ser compreendido

As palavras dizem e não dizem, os silêncios são espaços vazios ou comunicam eloquência. Assim, habitamos o imponderável, afirmação que talvez melhor explicite o objetivo deste capítulo: a comunicação como possibilidade de não comunicação – um resto. Parafraseando o umbigo do sonho, também podemos falar do "umbigo da conversa analítica". Assim como "a vida é etecétera" (Rosa, 2006, p. 110), também o são as palavras quando precisamos abdicar do desejo de tudo entender e de conquistar um ilusório controle. Precisamos manter palavras cambiantes, assim como na brincadeira de bambolê: então está lá, rodando com maestria em torno do quadril, e, como os bem-vindos mal-entendidos de Ogden (2018), cai a grande argola, vamos de novo – esse é o jogo.

Foi assim com Estela. Entre tristezas, emergem palavras, intrigantes e belas. Ela me relata que, numa aula do curso de Psicanálise, a professora falara que o paciente estava esgarçando. Seus olhos brilham enquanto ela faz gestos com as mãos retratando o esgarçar. Estávamos no jogo do bambolê, e, surpresa, digo: "ele estava colapsando". Foi quando meu bambolê caiu. Percebi o escorregão quando realizei que colocava no jogo palavras minhas, fixas, descoladas da conversa e do que era esgarçar para Estela. Levanto meu bambolê, retorno ao balanceio, dou lugar à fala de minha paciente. Seu esgarçar se remetia a quando os tecidos se gastam, e, como se a dançar com as mãos, ela fala de seu encantamento frente às fibras se afastando. Ela transformou o que eu sonhara como catástrofe em algo belo, e eu falei para ela dessa capacidade, lembrando do verso da canção de Caetano e Jorge Mautner (1974): "Tristezas são belezas apagadas pelo sofrimento/ Belezas são coisas acesas por dentro". Esgarçar passou a ser uma palavra da dupla analítica. Gosto de convidar alguns pacientes a saborearem palavras, nem todos entram na brincadeira. Estela entra e me ensina, a partir de seu dialeto (é de região distante). Por exemplo: "vamos falar potocas" – potocas, aprendo, é jogar conversa fora, jogar palavras ao léu, saborear leveza. A palavra potoca só entra quando as belezas estão acesas, dia de tristeza não é dia de potoca.

Não entendi de todo seu encantamento pelo esgarçar, ela é arquiteta de formação e só pude entender o belo na efemeridade – algo entre o velho e o antigo. Ela me diz que o texto de que mais gosta de Freud é "A transitoriedade" (1916/2010). Digo apenas: "é muito bonito mesmo", e fica um resto de não entendimento, algo que vai ao encontro das afirmativas de Ogden (2018) de que "nós falamos com um desejo simultâneo de ser compreendido e de ser mal-entendido, e que ouvimos os outros tanto com o desejo de compreender como de não compreender" (p. 412). O desejo de não ser compreendido vai ao encontro da necessidade de manter uma faceta do eu que permanece isolado, como diz Winnicott (1963/1979). É interessante quando Ogden diz que o desejo de ser compreendido carrega um desejo para o fechamento. Em contrapartida, o desejo de ser mal compreendido carrega o desejo de sonhar consigo mesmo e não ser visto pelo analista. Não "saber muito" (Winnicott, faz-se necessário, na medida em que pretendemos respeitar o desejo de autodescoberta do paciente). Aqui também me encanto com o dizer de Ogden (2018): "O trabalho de compreensão acarreta o perigo de 'matar' uma experiência que estava viva em uma sessão analítica. Uma vez que uma experiência tenha sido 'compreendida', ela é morta. Uma vez que uma pessoa é 'entendida', não é mais uma pessoa viva, reveladora e misteriosa" (p. 412).

Desse modo, ficamos Estela e eu encantadas com a palavra esgarçamento; entretanto e paradoxalmente, mal a entendi, e, suspensa em meu não compreender tudo, ela se manteve viva e interessante para mim.

Contra a interpretação? As vadias palavras

> Porque a maneira de reduzir o isolado que somos dentro de nós mesmos, rodeados de distâncias e lembranças, é botando enchimento nas palavras.
> É botando apelidos, contando lorotas. É, enfim, através das vadias palavras, ir alargando os nossos limites.
>
> Manoel de Barros, Livro de pré-coisas, 1985, pp. 33-34.

Iniciamos este capítulo buscando possibilidades outras para libertar a "interpretação" de seu sentido de decodificação e trazê-la para o campo da vitalização do par analítico. Fomos assim passeando por textos e histórias clínicas que alertavam para o risco da proeminência do conteúdo e do processo secundário. A imprecisão e a incerteza instaladas no que várias vezes nomeamos de "palavras aladas" possibilitam que o vivo do fenômeno, com rasgos e deslizes, a experiência do encontro analítico, mantenha-se. Palavras e silêncios vivificadores, ao liberar as amarras do anseio pelo tudo saber.

Seguimos assim na direção do que Ogden denomina psicanálise ontológica, diversa da psicanálise epistemológica, em que a ação terapêutica principal é a interpretação. Já vimos que as duas psicanálises se enriquecem mutuamente – a primeira relativa ao ser e ao tornar-se, a segunda ao entender e conhecer. A interpretação não está banida, mas seu alcance se dará em função de "como falar" e não "o que" falar, como ensina o texto de Ogden.

Já vínhamos com essas questões quando encontramos o capítulo "Contra a interpretação" (2020) em livro homônimo da ensaísta, crítica de arte, filósofa e ativista Susan Sontag. Embora ela discorra sobre a interpretação da obra de arte, suas reflexões vão ao encontro do que aqui pensamos sobre como nos aproximar e pensar a experiência do encontro analítico. Na maior parte do texto, a autora critica a interpretação, mas veremos que, também, diz que a questão não é que as obras de arte não podem ser interpretadas, mas sim "como interpretar". Na direção do que pensamos em psicanálise, critica a ênfase excessiva no conteúdo que provoca a arrogância. O que é necessário "é um vocabulário descritivo e não prescritivo para as formas" (de arte) (Sontag, 2020, p. 21). De modo similar, enfatizamos um enfoque menor no conteúdo e uma atitude humilde. Assim como Sontag (2020) defende uma reverência/respeito à obra de arte, também precisamos (fazendo uso de suas palavras) de uma "descrição cuidadosa, aguda, carinhosa" (p. 22) do encontro analítico.

Se a interpretação é tradução, ela mata a obra de arte, assim como mata o encontro analítico. Mas, em contrapartida, ela considera que, em alguns contextos culturais, a interpretação é um ato que libera – é uma forma de rever, de fugir do passado morto –, enquanto em outros é reacionária, covarde, asfixiante.

Perguntamos: não podemos transpor tais modos diversos de interpretação – um que liberta, outro que aprisiona e asfixia – para determinadas intervenções psicanalíticas?

De qualquer forma, Sontag (2020) considera que o nosso tempo é predominantemente de uma interpretação reacionária:

> *numa cultura cujo dilema já clássico é a hipertrofia do intelecto em detrimento da energia e da capacidade sensorial, a interpretação é a vingança do intelecto sobre a arte. Interpretar é empobrecer, esvaziar o mundo para erguer, edificar um mundo fantasmagórico de "significados".... O mundo, nosso mundo, já está suficientemente exaurido, empobrecido.... Chega de imitações, até que voltemos a experimentar de maneira mais imediata aquele que temos. Quando reduzimos a obra de arte ao seu conteúdo e depois interpretamos isto, domamos a obra de arte. A interpretação torna a obra de arte maleável, dócil. (p. 16)*

Se associarmos à interpretação em psicanálise, podemos reconhecer as intervenções equivocadas que se baseiam em buscas de entendimento via causa e efeito e processo secundário – o predomínio do intelecto como projeto, assim como frente à obra de arte, domar, buscar o domínio do encontro, matando a experiência que liga a dupla analítica. No lugar do intelecto, Sontag (2020) convoca o sensorial: "o que importa é recuperarmos nossos sentidos. Devemos aprender a ver mais, ouvir mais, sentir mais" (p. 23). Podemos associar aqui a proposição da autora à psicanálise do sensível: "nossa tarefa é reduzir o conteúdo para ver a coisa em si.... A função da crítica deveria ser mostrar como é que é, até mesmo que é que é, e não mostrar o que significa" (p. 23).

Continuamos aptos a alinhar as ideias de Sontag à dança/enlace da dupla analítica, não pela via cognitiva, mas pelo sensível, como quem tenta pegar com as mãos um objeto cujas partes escapam, os restos, o que não se compreende: "o silêncio nos poemas reafirma a mágica da palavra, escapou da garra brutal da interpretação" (Sontag, 2020, p. 19).

As belas palavras de Clarice Lispector traduzem o verbo que voa e escapa, as palavras aladas, aquelas que sustentam a experiência viva. A linguagem é o modo de respeito ao indizível, a humildade de voltar do encontro com as mãos vazias e livres do anseio pela compreensão:

> *A realidade é a matéria-prima, a linguagem é o modo como vou buscá-la – e como não acho. Mas é do buscar e não achar que nasce o que eu não conhecia, e que instantaneamente reconheço. A linguagem é o meu esforço humano. Por destino tenho que ir buscar e por destino volto com as mãos vazias. Mas volto com o indizível. O indizível só me poderá ser dado através do fracasso de minha linguagem. Só quando falha a construção, é que obtenho o que ela não conseguia. (Lispector, 1979, p. 172)*

Referências

Andersen, H. C. (2010). *A pequena vendedora de fósforos* (M. L. X. de A. Borges, Trad.). Zahar.

Barros, M. (1985). *Livro de pré-coisas*. Record.

Bollas, C. (1992). A celebração do analisando pelo analista. In C. Bollas, *Forças do destino. Psicanálise e idioma humano* (pp. 93-109). Imago.

Chuster, A., Trachtenberg, R., & Soares, G. (2014). *W. R. Bion: a obra complexa*. Sulina.

Couto, M. (2012). *E se Obama fosse africano? Ensaios*. Companhia das Letras.

Freud, S. (2010). A transitoriedade. In S. Freud, *Obras completas* (Vol. 12; Paulo César Lima de Souza, Trad.). Companhia das Letras. (Trabalho originalmente publicado em 1916)

Freud, S. (1976) Construções em análise. In S. Freud, *Edição standard das obras psicológicas completas de Sigmund Freud* (pp. 291-332). Imago. (Trabalho originalmente publicado em 1937)

Grotstein, J. S. (2010). *Um facho de intensa escuridão. O legado de Wilfred Bion à psicanálise* (M. C. Monteiro, Trad.). Artmed.

Jarrell, R. (1955). To the Laodiceans. In R. Jarrell, *Poetry and the Age* (pp. 34-62). Vintage.

Lispector, C. (1979). *A paixão segundo G. H.* Nova Fronteira.

Nettleton, S. (2018). *A metapsicologia de Christopher Bollas. Uma introdução.* Escuta.

Ogden, T. H. (2010). *Esta arte da psicanálise* (D. Bueno, Trad.). Artmed.

Ogden, T. H. (2018). How I talk with my patients. *The Psychoanalytic Quarterly, 87*(3), 399-413.

Ogden, T. H. (2020). A psicanálise ontológica. O que você quer ser quando crescer? *Revista Brasileira de Psicanálise, 54*(1), 23-46.

Ramalho, Zé. (1978). Chão de giz. In *Zé Ramalho* [Vinil]. CBS.

Ribeiro, M. F. R. (2017). Narrativas imaginativas na sala de análise. W. Bion, Antonino Ferro, Thomas Ogden e Mia Couto. *Rev. Latinoam. Psicopat. Fund., 20*(1), 181-193.

Ribeiro, M. F. R. (2019, jan./jun.). A função psicanalítica da personalidade. A narrativa do analista e do escritor. *Cad. Psicanál. (CPRJ), 41*(40), 169-187.

Rosa, J. G. (2006). *Grande Sertão: Veredas.* Nova Fronteira.

Roussillon, R. (2019). *Manual de prática clínica em Psicologia e Psicopatologia.* Blucher.

Sontag, S. (2020). Contra a interpretação. In S. Sontag, *Contra a interpretação* (pp. 11-23). Companhia das Letras.

Veloso, C., & Mautner, J. (1974). Lágrimas negras [Gravado por Gal Costa]. In *Cantar* [Vinil]. Universal.

Winnicott, D. W. (1969). Uso de um objeto e relacionamento através de identificações. In D. W. Winnicott, *O brincar e a realidade* (pp. 121-131) Imago.

Winnicott, D. W. (1971a). Objetos transicionais e fenômenos transicionais. In D. W. Winnicott, *O brincar e a realidade* (pp. 13-44) Imago. (Trabalho original publicado em 1951)

Winnicott, D. W. (1971b). O brincar – uma exposição teórica. In D. W. Winnicott, *O brincar e a realidade* (pp. 59-93) Imago.

Winnicott, D. W. (1971c). A criatividade e suas origens. In D. W. Winnicott, *O brincar e a realidade* (pp. 95-120) Imago.

Winnicott, D. W. (1979). Comunicação e falta de comunicação levando ao estudo de certos opostos. In D. W. Winnicott, *O ambiente e os processos de maturação* (pp. 163-174). Artes Médicas. (Trabalho originalmente publicado em 1963)

Winnicott, D. W. (2019). *O brincar e a realidade*. Ubu.

Posfácio

Claudia Mazzini Perrotta

> *tudo claro*
> *ainda não era o dia*
> *era apenas o raio*
> Leminski, 2002.

"O que fazer quando a noite perdura e o dia não chega?", pergunta Tomás e tantos outros que chegam à clínica de psicanálise com uma angústia intensa, à flor da pele, uma tristeza sem fim. "Ainda há uma manhã para cada noite", responde a(o) analista imbuída(o) de sua função vitalizadora. E segue buscando cultivar *um tantinho de fé num campo de desespero*. Apega-se ao raio, certa(o) de que, mesmo não sendo ainda a manhã radiante, há de alcançá-lo com sonhos e gestos, ancorando-se na esperança de *resgatar Tomás de seu turbilhão de tormento e adoecimento*.

São inúmeras as narrativas de situações disruptivas, traumáticas, que fazem prevalecer a desconfiança quanto a se, de fato, a manhã virá... Talvez seja ainda mais frequente na sala de análise o vazio de palavras quando o corpo é atingido por angústias intensas, sem moldura, dores conhecidas, mas (ainda) não pensadas, daquelas que pedem doses extras de sustentação amorosa da parte da(o) analista para reavivar a *centelha vital* que, é certo, todas e todos nós já trazemos para o encontro – chegamos equipadas(os), com algo muito singular a ofertar a nossas(os) anfitriãs(ões). São nossos dons, inatos e que, sem o saber, ansiamos que sejam muito bem recebidos, com gestos de hospitalidade amorosa ao nosso espernear inicial.

Cantada em verso e prosa, e muito bem descrita neste livro, é a mãe, ou substituta(o) à altura, que tem como função primordial abrir as portas, nos recepcionar no mundo humano, contribuindo enormemente para nos garantir um vir a ser, mesmo diante de inúmeras situações disruptivas que temos pela frente, acionando nossa reserva de vitalidade diante da miséria humana. *As potencialidades herdadas só poderão amadurecer na dependência de um ambiente favorável. O ímpeto vital, a centelha vital do bebê só pode se desenvolver a partir do amor da mãe, este visto como condição essencial para a saúde emocional do bebê: ele necessita de modo absoluto do amor da mãe*, lembram Fátima e Marina, pautadas em Winnicott.

Porém, como bem lembra Hannah Arendt (citado por César, 2012), o germe da novidade será sempre um fator de desestabilização. Há sempre presente uma tensão: ainda que a chegada da criança porte a possibilidade da renovação do mundo, este corre os riscos inerentes ao questionamento do estrangeiro em relação ao já constituído historicamente, a toda tradição cultural.

"Receber é criar um lugar: abrir um espaço em que aquele que vem possa habitar; pôr-se à disposição daquele que vem, *sem pretender reduzi-lo à lógica que impera em nossa casa*", adverte Larrosa (2010, pp. 187-197, grifos nossos). Não podemos nos esquecer: "a função vitalizadora, que deve estar presente de modo fundamental no cuidador, deve se dar de tal forma que haja espaço para um "deixar estar", para que o processo vital aconteça de tal forma que a sensação não seja de que a vitalidade foi incutida, inserida, mas que é, acima de tudo, do próprio indivíduo" (p. 121 deste livro) – o piquenique é sempre da Mel, afinal. *A não vida equivale à submissão extrema* [à lógica que impera em nossa casa] *que substitui a espontaneidade pelas organizações defensivas* – nomeadas falso *self* nas teorizações de Winnicott e já apontadas por Ferenczi, como bem destaca Figueiredo neste livro.

Eis o grande desafio: encontrar a medida certa do amor, ainda que ele paradoxalmente transborde – e vá se modificando no decorrer do processo de amadurecimento: da implicação absoluta, empática, de modo a garantir a adaptação às necessidades urgentes para a sobrevivência do bebê, despertando sentimentos de confiabilidade e esperança, à implicação relativa, em que, mesmo ausentes-presentes, em reserva, nos mantemos em estado de concernimento, comunicado de inúmeras formas, das mais silenciosas, inconscientes, às mais estridentes – mas sempre de modo a não obturarmos o desejo de a criança encontrar *fora da boca, algo que valha a pena ser encontrado, descobrir a mãe por trás do seio ou da mamadeira, o quarto por trás da mãe, e o mundo para além do quarto.*

Então, identificada(o) primordialmente com a mãe suficientemente boa de Winnicott, a(o) analista precisa *sustentar a esperança do desejo de viver do paciente, ofertando-lhe um entorno facilitador do desatar os nós próprios das dificuldades de viver e, em casos mais graves, de alcançar a vida.* Uma analista que permanece em estado de vitalidade, como tão bem descreveram Fátima e Marina, em disponibilidade para ser criada, *mesmo que ocorram momentos em que algo da vitalidade esmorece.* É preciso que estejamos sempre ligadas(os), *empática e vivamente, às necessidades de quem é cuidado – a criança e o paciente – preservando a atenção às manifestações de vida psíquica.* Para tanto, é *fundamental a instalação de um cenário-enquadre, espécie de "forração", de modo que a relação de confiabilidade e de enriquecimento mútuo possa vir a acontecer.*

Mas, além desses importantes apontamentos, que indicam ao leitor-analista um sem-número de possibilidades para que, na sala de análise, possa *ser ele mesmo, mas portar-se com "atitude profissional"*, temporalizando *o paciente e sua dor – desde as mais agudas (as agonias) até os conflitos de ordem neurótica*, de modo a *auxiliá-lo a viver uma experiência com início, meio e fim, como no jogo da espátula: uma experiência criada por si, que o levará à integração de si mesmo e de sua relação com o mundo, a partir de um relacionamento real e vivo* – somos brindadas(os) com as ricas considerações acerca do contexto histórico que engendrou teorizações dessa natureza, sempre pautadas e geradas a partir da prática clínica.

Nesse sentido, Figueiredo nos adverte: *se o analista se enrijece por conta de filiações rígidas a correntes e teorias, "o brincar transformador" se perde e o analisando não consegue usar o analista de modo a acessar o que tem de mais verdadeiro de si mesmo* (p. 106 deste livro). Por isso a preocupação do autor, tão bem marcada nos textos que compõem este livro, e em tantos outros que enriquecem sobremaneira a psicanálise, de discernir linhagens, historicizar e precisar conceitos e controvérsias. Com a nomeação das duas grandes matrizes – freudo-kleiniana e ferencziana – e caracterização de suas maneiras de pensar o sofrimento humano, Figueiredo emoldura as situações traumáticas que se fazem presentes na clínica, de modo que nos sentimos encorajadas(os) a nos dedicar ao cuidado de nossas(os) pacientes com implicação e reserva, desmistificando figuras que impedem gestos amorosos saudáveis.

Afinal, o buraco pode ser fundo. Mas do chão não passa. Desde que, como analistas, sigamos tocando as pessoas que nos procuram na clínica com *parafusos de veludo*, ou *dedos na ponta das palavras*.

É o que encontramos neste livro, afinal: formas muito próprias de caracterizar a função vitalizadora do analista, contribuindo para que nossas(os) pacientes possam vislumbrar as manhãs que se seguem a cada noite e trazendo algum frescor de chuva na alma em sofrimento.

Referências

César, M. R. de A. (2012). A educação em um mundo à deriva. In G. J. Aquino & T. C. Rego (Eds.), *Hannah Arendt pensa a educação* (pp. 36-45). Segmento.

Larrosa, J. (2010). *Pedagogia profana – danças, piruetas e mascaradas* (5ª ed.). Autêntica.

Leminski, P. (2002). Melhores poemas (F. Goes & A. Marins, Orgs.; 6ª ed.). Global.

Série Psicanálise Contemporânea

Adoecimentos psíquicos e estratégias de cura: matrizes e modelos em psicanálise, de Luís Claudio Figueiredo e Nelson Ernesto Coelho Junior

O brincar na clínica psicanalítica de crianças com autismo, de Talita Arruda Tavares

Budapeste, Viena e Wiesbaden: o percurso do pensamento clínico- -teórico de Sándor Ferenczi, de Gustavo Dean-Gomes

Clínica da excitação: psicossomática e traumatismo, de Diana Tabacof

Chuva n'alma: A função vitalizadora do analista, de Fátima Flórido Cesar, Marina F. R. Ribeiro e Luís Claudio Figueiredo

De Narciso a Sísifo: os sintomas compulsivos hoje, de Julio Verztman, Regina Herzog, Teresa Pinheiro

Do pensamento clínico ao paradigma contemporâneo: diálogos, de André Green e Fernando Urribarri

Do povo do nevoeiro: psicanálise dos casos difíceis, de Fátima Flórido Cesar

Em carne viva: abuso sexual de crianças e adolescentes, de Susana Toporosi

Escola, espaço de subjetivação: de Freud a Morin, de Esméria Rovai e Alcimar Lima

Expressão e linguagem: aspectos da teoria freudiana, de Janaina Namba

Fernando Pessoa e Freud: diálogos inquietantes, de Nelson da Silva Junior

Figuras do extremo, de Marta Rezende Cardoso, Mônica Kother Macedo, Silvia AbuJamra Zornig

O grão de areia no centro da pérola: sobre neuroses atuais, de Paulo Ritter e Flávio Ferraz

Heranças invisíveis do abandono afetivo: um estudo psicanalítico sobre as dimensões da experiência traumática, de Daniel Schor

Histórias recobridoras: quando o vivido não se transforma em experiência, de Tatiana Inglez-Mazzarella

A indisponibilidade sexual da mulher como queixa conjugal: a psicanálise de casal, o sexual e o intersubjetivo, de Sonia Thorstensen

Interculturalidade e vínculos familiares, de Lisette Weissmann

Janelas da psicanálise: transmissão, clínica, paternidade, mitos, arte, de Fernando Rocha

O lugar do gênero na psicanálise: metapsicologia, identidade, novas formas de subjetivação, de Felippe Lattanzio

Os lugares da psicanálise na clínica e na cultura, de Wilson Franco

Luto e trauma: testemunhar a perda, sonhar a morte, de Luciano Bregalanti

Metapsicologia dos limites, de Camila Junqueira

Os muitos nomes de Silvana: contribuições clínico-políticas da psicanálise sobre mulheres negras, de Ana Paula Musatti-Braga

Nem sapo, nem princesa: terror e fascínio pelo feminino, de Cassandra Pereira França

Neurose e não neurose, 2. ed., de Marion Minerbo

A perlaboração da contratransferência: a alucinação do psicanalista como recurso das construções em análise, de Lizana Dallazen

Psicanálise de casal e família: uma introdução, com organização de Rosely Pennacchi e Sonia Thorstensen

Psicanálise e ciência: um debate necessário, de Paulo Beer

Psicossomática e teoria do corpo, de Christophe Dejours

Razão onírica, razão lúdica: perspectivas do brincar em Freud, Klein e Winnicott, de Marília Velano

Relações de objeto, de Decio Gurfinkel

Ressonâncias da clínica e da cultura: ensaios psicanalíticos, de Silvia Leonor Alonso

Sabina Spielrein: uma pioneira da psicanálise – Obras Completas, volume 1, 2. ed., com organização, textos e notas de Renata Udler Cromberg

Sabina Spielrein: uma pioneira da psicanálise – Obras Completas, volume 2, com organização, textos e notas de Renata Udler Cromberg

O ser sexual e seus outros: gênero, autorização e nomeação em Lacan, de Pedro Ambra

O tempo e os medos: a parábola das estátuas pensantes, de Maria Silvia de Mesquita Bolguese

Tempos de encontro: escrita, escuta, psicanálise, de Rubens M. Volich

Transferência e contratransferência, 2. ed., de Marion Minerbo

GRÁFICA PAYM
Tel. [11] 4392-3344
paym@graficapaym.com.br